ソクラテスの死とキリストの死

日本における講演と説教

ベルトールト・クラッパート［著］
武田武長［編］

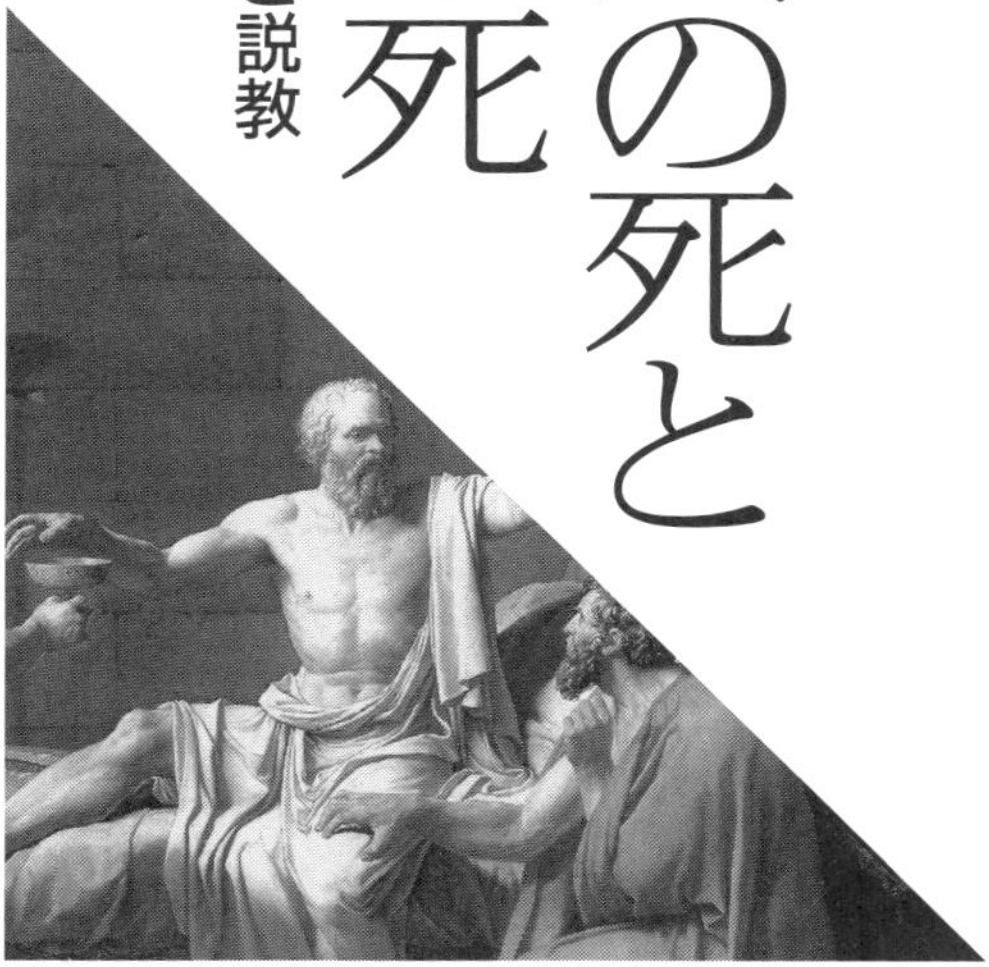

新教出版社

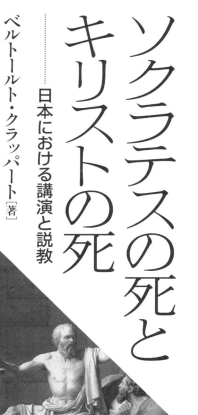

装丁　桂川　潤

日本の読者へ

過去の私の日本滞在の際に知遇を得た新教出版社の小林望社長の依頼を受けて、かつて日本で行なった私の講演と説教を集めた拙著『ソクラテスの死とキリストの死』のために序文を書くことを嬉しく思っています。

まずこの講演集を日本で出版する勇気を持った出版者としての小林氏自身に私は感謝しなければいけません。宗教改革以来神学がどれほど出版社と書店を必要としてきたか、そして今日もそうであることを、多くの人は知りません。出版人は〈神学と書籍印刷と書籍販売〉というこのプロセスにおいて傑出した役割を果たしています。マインツのグーテンベルクによる印刷術の発明なしにはルターは何者であったでしょうか。ヴィッテンベルクの印刷所なしにはルカス・クラナッハ父子は何者であったでしょうか。迫害下にあった者たちを勇気づけるために書かれた『キリスト教綱要』がバーゼルで首尾よく印刷されなかったとしたら、カルヴァンは何者であったでしょうか。試練の中にあって最もよく読まれ・迫害下の途上で歌われたユグノーたちと改革派の人々の書であったジュネーヴ詩篇歌がなかったとしたら、改革派の人々は何者であったでしょう次に、私のさまざまな講演や説教を翻訳してくれた全ての方々に感謝しなければなりません。か。

〈翻訳（Übersetzung）〉とは、比喩的に言えば、船で積荷をもう一方の岸に運ぶこと、つまり〈向こうへ置く（über-setzen）〉ことを意味します。その際、一方では、船の積荷、つまり内容を向こう岸に運ぶこと、そしてそれを渡航中に失わないことが大切です。他方では、しかし、新しい岸に到着すること、つまりテキスト（本文）を新しい言語と文化のコンテキスト（文脈）の中へと翻訳することが大切です。日本語の高い文化の中へと翻訳者たちの努力によって到達した新しい岸なのです。わけても、かつてベルリンでフリードリヒ―ヴィルヘルム・マルクヴァルトのもとで博士論文を書いて学位を得、二〇〇三年にはヴッパータール神学大学の客員教授として講義と演習を担当した、私の長年にわたる友人である武田武長教授が、幾編かの翻訳を担当してくれただけでなく、講演や説教を選び心のこもった編集をしてくれたことに大変感謝しています。

私の人生における日本との関わりや素晴らしい日本のキリスト者たちや日本の人々との関わりは、もうすでに長く続いています。私は一九三九年にインドネシアのスマトラでドイツ人宣教師の子どもとして生まれ、子どものときに、日本の真珠湾攻撃の後、ヒトラーと同盟を結んでいた日本軍によってやはり宣教師の娘で後の私の妻も一緒にスマトラにあったオランダの強制収容所から解放されました。天皇誕生日には私たちは練兵場に呼び集められ、一列に並んで天皇賛歌「君が代」に耳を傾け、手を挙げて「神」として天皇に挨拶するように強制されました。ただ後の私の妻の母親だけは、第一戒の故に、この命令に従わず、日本兵による鞭打ちに処せられたのです。日本軍は東欧におけるドイツのヒトラーの軍隊と同様に恐るべき残虐性をもって満州や東南アジア諸国に侵攻しました。スマトラの人々は今でもよく言います――「オランダの植民地政府による三〇〇年間の抑圧と搾取は屈辱的でひどいものだった。しかし、日本人による三年半のインドネシア占領は殺人的で殲滅的だった」と。

日本人とのその次のドイツにおける出会いは学生のとき、またボン大学でのW・クレックの助手をしていたときに与えられました。わけてもスイスのロイエンベルクでのバルト学会で出会った滝沢克己とは、神学のさまざまな主題について、また仏教とキリスト教の宗教間対話について詳細な書簡を交わしました。滝沢は有名な日本の哲学者で、禅仏教徒の西田幾多郎の弟子として一九三〇年代にボンでバルトのもとで神学を学んだ人物です。滝沢との交流と対話の結果、バルトの『教会教義学』第一巻第二分冊は、宗教改革の義認論神学に内容的に並行するものとして浄土真宗に関する啓蒙的な付論を含むこととなりました。バルトは『教会教義学』第四巻（一九五八）で「諸々の光についての教説」を展開した後では、博愛的な浄土真宗をイエス・キリストの光・全ての肉なるものに注がれる霊のしるし（ヨエル3章、使徒言行録2章）として、単なる「宗教の危機」というレッテルよりもっと肯定的に評価することが出来たでしょう。

その滝沢の弟子でありまた私の長年の親友となった寺園喜基教授をはじめ幾人かの日本人がやがてボンやヴッパータールにやって来ました。ボン大学のクレックは「日本と日本人について私はあまり多くのことを知らない。これらの賢い人々の世話を君が引き受けてくれないか」と言って、彼らの個人的また学問的な面での世話役を私に委ねました。クレックとH・G・ガイヤー共同のゾツィエテートで私たちは西田の著作について議論しました。寺園教授はその後ボンで西田と滝沢とバルトについての博士論文を書いて学位を得、ヴッパータール神学大学で一学期間客員教授として講義し、また最近ではバルトと滝沢の往復書簡を翻訳出版しました。

さらに私はもうひとりのすぐれたバルトの弟子であった故小川圭治教授との忘れがたい出会いをあげることができます。彼は長年にわたって日本におけるバルト協会・ボンヘッファー研究会共同の神学研修会の指導的責任を担ってこられ、かつて私の招きでヴッパータール神学大学で日本の神学と教会の歴史について講演もし、神学百科事典（TRE）にその主題についての項目を執筆されました。彼はバルトのもとで博士論文を書き学位を得て帰国するとき、バルトに尋ねたといいます――「われわれはそもそも日本においてあなたの神学を続けていくべきでしょうか、またどのように続けていくべきでしょうか？」その問いにバルトはこう答えたそうです――「あなた方はそうすべきです。しかし、あなた方はこの神学をイエス・キリストによってもっと深くもっと包括的に、この私の教義学が成立した西欧というコンテキストにおいてではなく、アジアの領域において展開すべきです！」

日本におけるバルト神学受容の諸問題についての私の探求の歩みの中で、かつて戦時の天皇制国家体制下において、当時の国家体制に癒着した政治主義的なバルト解釈が存在したこと、バルト神学を皇国主義戦争のイデオロギーとして誤用しさえしたことがあったことを知りました。そして、それを或る若手のバルト研究者は戦時中、ヒトラーの不法国家に反対するバルトの抗議著作『義認と法』（一九三八年）の中のいわゆる「国家の天使論的基礎づけ」に基づいて、行なったのでした。同様にこのような誤用は日本においてルター神学に関しても存在しました。私は東京で保守的なルター神学者北森嘉蔵と会ったことがあります。彼は『神の痛みの神学』（一九四六年）において、神風特攻隊として戦死した息子たちを痛む日本の父たちの痛みを、十字架につけられたお方についての父なる神の痛みに不当な仕方でなぞらえましたが、その後東京神学大学の学生運動に対立した大学当局側に立った人物です。彼においてルター神学のこうしたナショナリスティックでイデオロギー的誤用がまぎれもなく起こったことが私にははっきりしました。

このような誤解や誤用が可能だったのは、一九三〇年代からのバルトの政治的著作や『一つのスイスの声』（一九三八―一九四五年）に収められたバルトの政治的論文が誤用されていたか、あるいは全く知られてはいなかったことにもよるでしょう。ヴッパータールで私の指導のもとでバルトの倫理学と日本の天皇制に関する博士論文を書いて学位を得た私の弟子天野有教授が、称讃すべき仕方でバルトの神学的・政治的著作を次々と日本語に翻訳し、新教出版社から刊行してその欠けを補っています。

バルトにおける神の国と神の義（マタイ6・33）の神学に政治的次元を発見するというこのコンテキストには、一九四七年のダルムシュタット罪責告白の受容も属しています。ダルムシュタットにおける告白教会のこの罪責告白と日本におけるその受容は、現在の日本の首相とその党の政治的社会的イデオロギーに向けての躓きの石（衝撃）であるだけでなく、ドイツのコンテキストにとってもそうであるし、そうであり続けています。バルトとイーヴァントの筆になるこのダルムシュタット罪責告白は、今日までドイツ福音主義教会（ＥＫＤ）全体によってではなく、ただラインラント、ヴェストファーレン、ベルリン・ブランデンブルクの三つの州教会によってのみ、ユダヤ人とヨーロッパ諸国民に加えられた民族主義的犯罪としてのドイツの教会とドイツの国民の誤謬の道に対する罪責告白として採択されているに過ぎません。しかし、罪責告白なしに諸国民のための未来は存在しません。比喩的にいえば、バックミラーなしに車を運転することは無責任であり危険です。そして記念し記憶することなしにメシア的希望は存在しないし、この希望の実現の明け初めへの実践的歩みは存在しません（Ｍ・ブーバー、Ｊ・モルトマン）。

壊滅的な地震と津波が引き起こした原発事故によって、ヒロシマ・ナガサキ以後二度目となる放射能汚染によって衝撃を受け、ドイツでは〈考え直し〉が生起しました。メルケル首相は、世界で最も安全だといわれた日本の原子炉が地震・津波に持ちこたえられなかった後で、緑の党の長年の要求を受け入れて、突然驚くべき仕方で欧州内で一方的にドイツの原子力発電からの撤退を宣言しました。残念ながら現在の日本の政府は日本の原子力産業と原子力ロビーの路線を抑制なしに続行しています。しかし、原子力技術と原子炉は人間には制御不可能な技術であることが全世界の前で判明しています。使用済み核燃料の安全な保管貯蔵のために一〇〇万年間（！）をも必要とするのです。ドイツではその中間貯蔵施設は今日まで決まっていません！　すでにそのことだけでも人間の思い上がりを明らかにし、このテクノロジーの狂気を人間の被造的権限と支配能力を超えた〈主《あるじ》なき権力〉（K・バルト）として紛れもなく明らかにしています。「原子力エネルギー？――いいえ、結構！」――そういうステッカーが私の日本製の車にも貼ってあります。

核問題は平和問題に直接触れることになります。「日本に投下された〈原子爆弾〉と呼ばれた大量絶滅兵器の形態で戦時に開発されたものを、平和のために〈改宗〉させて使用することは出来ない」――これはイーヴァントの言葉です。それに反してわれわれが今日再び経験しているあらゆる核兵器システムの拡張と新鋭化はとどまるところを知りません。ドイツは現在の政府のもとで再び世界で三番目に大きい武器輸出国となって、サウジアラビアやクウェートに武器を輸出しています。両国はそれぞれ自国の民主的な反対派を抑圧し、イラクのIS（「イスラム国」）を支援し、そのことによってこれらの武器をもISに供給しています。「ドイツの国土から二度と戦争が起きてはならない」というドイツ国民の約束はすでに破られましたし、このことによってあらためて反故にされたのです。しかし、日本においても現政権は、勝利した参院選後には、アメリカ合衆国とNATOの軍事的〈域外派兵〉にさらに強力に参加することが可能となるように、日本国憲法の〈平和条項〉を削除する意図をもっています。

それにもかかわらず、世界のエキュメニカルなキリスト者たちにとっては、旧約の預言者たちの平和のヴィジョン（イザヤ9・5以下、ミカ4章）に従って、またユダヤ教のメシア的な平和の希望（レオ・ベック）に耳を傾けつつ、そしてなおさらのこと、われらの主・平和のメシアなるイエス（エフェソ2・14）に従って、繰り返し新しい「平和への歩み」（Schritte zum Frieden, 一九八三年出版の拙著のタイトル）を踏み出すことが、イスラエルの神であり・メシアなるイエスの父である方の明白な誡めであり続けるのです。ディートリヒ・ボンヘッファーのファネーにおける平和説教（一九三四年）は忘れられてはなりません。それは、最初に選ばれた神の民イスラエルと教会外のあらゆる平和運動との密接な協力のもとにおいて、あらゆる諸国民からなるエキュメニカルな神の民の永続的な委託であり続けなければならないのです。それゆえ、あきらめることは全世界のキリスト者たちにとって許されていません。なぜなら絶望は諸国民の悪しき道を強化し倍加するからです。むしろ、一九六八年のその死の直前に電話で――絶望していたエドゥアルト・トゥルンアイゼンに向けて――語られたあのカール・バルトの最後の言葉が想い起こされるべきです。「さあ、意気消沈だけはしないでおこう！　世界は神が統治しておられるのだよ！」

山上の説教の中のメシア・イエスの約束は、キリスト者たちにとって変わることのない導きの言葉にして委託です――「幸いだ、平和を造り出す者たち！　彼らこそ神の子ら（ＪＨＷＨ［アドナイ］の息子たち娘たち）と呼ばれるであろう！」（マタイ５・９）

ヴッパータール　二〇一六年七月二六日

ベルトールト・クラッパート

ソクラテスの死とキリストの死

目　次

1　ソクラテスの死とキリストの死

ソクラテスとキリストを巡るディートリッヒ・ボンヘッファー。
キリスト教と非キリスト教的・異教的知恵との出会いを示す卓越した例(1)

ソクラテスの死（Sterben）とイエス・キリストの死（Sterben）との違いはどこにあるのでしょうか?

この問いに対して深く考え抜かれた警句《アフォリズム》が、ボンヘッファーの『抵抗と信従』（＝『獄中書簡集』）[1a]の中にあります。それはエーバハルト・ベートゲ宛に書かれたものであり、その警句の意味について私は一度ベートゲに尋ねたことがあります。その警句とはこういうものです。「ソクラテスは〈死に逝《ゆ》くことSterben〉を克服した。キリストは〈死 Tod〉を克服した」（一九四四年三月二七日付書簡）。[2] この最初の文章（「ソクラテスは〈死に逝くこと〉を克服した」）は、ボンヘッファーが〔かつて数学期間にわたって〕[3]アドルフ・フォン・ハルナックの演習に参加し、そこでソクラテスの死（Sterben）について学び、そして深く印象づけられたことがまとめられているのです。あの当時、つまり〔一九世紀から二〇世紀への〕変り目の時期には、ソクラテスの死《シュテルベン》とイエス・キリストの十字架上の死《シュテルベン》との比較を主題とした幾つもの著作がありました。その一つに、アドルフ・フォン・ハルナックの「ソクラテスと古代教会」（一九〇〇年）という論文もあります。ボンヘッファーはまた、ハルナックのかの有名な『キリスト教の本質』に関する講義（一八九九／一九〇〇年〔冬学期〕）冒頭でなされた指摘のことも知っておりました。この講義はシュライエルマッハーの『宗教論』（一七九九年）からちょうど一世紀後になされたものです。その講義をアドルフ・フォン・ハルナックはこういう指摘をもって開始したのでした。

〔イギリスの哲学者〕ジョン・スチュアート・ミル（一八〇六―一八七三年）はこう言った。ソクラテスという名の人がかつて存在したという事実を人類はいくら想い起しても十分ではない、と。ミルの言うことは正しい。だが、更にもっと重要なのは、イエス・キリストという名の人がかつて人類の真ん中にいた、という事実を絶えず新たに人類に想い起させることである。(4)

今日《こんにち》ではこの〔かつてなされた、ソクラテスとイエス・キリストとを比較して論じるという〕議論は、残念ながらほとんど知られておらず忘れ去られてしまいました。しかしながら、この議論は、新約聖書における〔イエス・キリストの〕受難史理解のためにも、新たに重要なものとなりうるでありましょう。

1　ソクラテスとボンヘッファーとの幾つかの共通点

まずは全体的なことについて述べます。それは、ボンヘッファーは大いに感嘆しつつソクラテスについて語っているのであり、またイエス・キリストの死《シュテルベン》と比較する際も、決して〔ソクラテスを〕貶《おとし》めたり見下《くだ》したりするという意図をもってしているのではない、ということです。「ソクラテスは〈死に逝くことSterben〉を克服した」。ここには、死《シュテルベン》の被造物的次元に関するボンヘッファーの認識が含まれています。つまりそれは、限りある被造物としてのわれわれ〔人間〕が自らに引き受けねばならない死《シュテルベン》、そして、すでにこの人生においてずっと以前からそのために備えねばならぬところの死《シュテルベン》、ということです。そしてボンヘッファーは、このような死《シュテルベン》の被造物的次元を、マルティン・ルターのあの偉大な小冊子である「〈死に逝くこと〉への準備についての説教」（一五一九年）の言う意味においても理解したのでした。この小冊子においてルターは、アルス・モリエンディ（ars moriendi）、すなわち、〈死に逝くこと〉への準備の技法について次のように書き記しました。

> 第一。死《トート》はこの世とそのすべての営みからの別離であるから、人は自分のこの世の財産を然るべく適宜に整理し、あるいは死後に残された〔遺族近親〕友人たちの間に、けんか争論、その他いざこざのたねが残らないように整えておくことが必要である。そしてこのことは、この世からの身体的もしくは外面的な別離であり、こうして〔この世の〕財産への別れの挨拶と別離がなされるのである。
>
> 第二。人はまた霊的にも〔この世から〕別離をしなければならない。すなわち、私たちを

侮辱したすべての人々を、ひたすら神のゆえに友愛の情をもって赦すように。また逆に、私たち多くの者も侮辱したにちがいないすべての人々から、やはり同じくひたすら神のゆえに赦しを乞うように……。それは、〔私たちの〕魂がこの世のことを背負ったままでい続けることのないためである。[5]

「ソクラテスは〈死に逝くこと〉を克服した」という文章には、〔しかし〕ボンヘッファーにとってはさらにそれ以上のことが含まれています。一九四四年から一九四五年へと向かう年の変り目に、ボンヘッファーは、有名な詩であり最後の詩ともなったあの「良き力に」の中で、こう表現しています。

　そしてあなたが、重い杯を、苦《にが》い苦しみで今にも溢れんばかりに満たされた杯を、われわれに渡されるなら、われわれはそれを、感謝をもって、震えることなく、あなたの良き、愛に満ちた手から受けよう。[6]

この数行〔の言葉〕は明らかに、あのゲッセマネの歴史とくっきりした対照をなしています。ゲッセマネでイエスは、ご自分の父の杯を「震え慄《おのの》きつつ」[7]〔マルコ14・33〕、そして「死ぬほどの苦悶」のうちに〔マルコ14・34〕、神の父としての御手から受けとるのです〔マルコ14・32―42

並行）。そして、言うまでもなくボンヘッファーは、この数行の詩を作る際にこの場面を想い浮べていました。

それは、つまりこういうことです。ボンヘッファーはすでに一九三五―三七年の間に書かれたあの『キリストに従う Nachfolge』の中で「随従と十字架」(8)について語っているのではありますけれど、彼がキリストの死《トート》を死ぬのではない、ということです。キリストがゲッセマネにおいてすでに先取りしつつ苦しみ抜いたあの死《トート》、そして、ローマによる拷問の道具としての十字架での死《シュテルベン》において、「わが神、わが神、なにゆえ私をお見棄てになったのか」（マルコ15・34）という叫びをもって成し遂げたところのあの死《トート》。そのようなキリストの死《トート》を、ボンヘッファーは死ぬのではない、ということです。

ボンヘッファーは、人の一生という観点から言えば、むしろ、ソクラテスに対応しつつ、いや実に、ソクラテスの足跡に従いつつ（Nachfolge）、殉教者の死を死ぬのです。というのは、ソクラテスもまた勇気ある仕方で、倒錯した国家に抵抗する自らの確信を守り抜き、犯罪的国家に対して自分自身の生命を犠牲にしてまで真理と正義の側についたからです。この意味において、ソクラテスは、「震えることなく」死《シュテルベン》の杯を受け取ったのです。

事実、ボンヘッファーはソクラテスのごとくに死にました。すなわち、勇気をもってフロッセンビュルクの処刑台に向かって最後の歩みを歩み抜いたのです。その際ボンヘッファーは、そこに居合わせた収容所付きの医者に消え難い印象を残しました。この医者は〔処刑の〕一〇年後、〔その時のボンヘッファーの様子を〕こう報告しています。こんなにも落ち着きはらって勇敢に、そして静かに処刑台に向かっていった人間を今まで私は見たことがないと。〔そしてこう記しています。〕

このまったく珍しいほどに好感の持てる男が、すべてを委ねるようにして、そして、聴き届けられることを確信するようにして〔バラック建ての部屋で〕捧げている祈りの姿は、私をきわめて深いところで揺さぶった。〔その後《のち》〕処刑場に着いてからも彼は短い祈りを捧げ、それから勇敢に、そして静かに絞首台への階段を上《のぼ》っていった。死はその数秒後に訪れた。私は、これまでのほぼ五十年にわたる医者としての生活の中で、こんなにも神にすべてを委ねつつ死に逝く人をほとんど見たことがない。(9)

ここに報告されているのと同じことを、『最後の階段』という映画もまた映像化しています。こうしてボンヘッファーも、ソクラテスと同じように、杯を「感謝をもって、そして震えることなく」、神の父としての御手から受けとります。つまりソクラテスはどうしたかと言いますと、周知のように、彼は死の直前、アスクレピオスという医療の神にお供え物〔の鶏〕を供えるように〔友人に〕頼んだのであり、そのようにして、国家の誹謗中傷――すなわち「ソクラテスは無神論者であり、青年たちをかどわかし無神論に導いている」(10)――に対して、自らの死の宗教的次元を暗示し、そして立証しているのです。そこではソクラテスは、真理を愛するという哲学的次元を越えています。それゆえに、ボンヘッファーは一九四四年七月二〇日のクーデター失敗後、ソクラテスの死を仄《ほの》めかしながら、「永遠の自由への途上にくりひろげられる最高の祝宴」（一九四四年八月一四日）についての詩を作ったのです。しかしこれについては、のちにもっと述べることにします。

ソクラテスとボンヘッファーとの歩みにおける共通点は、さらにほかにもあります。ボンヘッファーの両親は、首都ベルリン〔防衛〕司令官パウル・フォン・ハーゼ将軍〔＝ボンヘッファーの母の従弟《いとこ》〕[11]を介して、息子を刑務所から解放するために逃亡計画を企てさせていました。それは、レナーテ・ベートゲ〔＝ボンヘッファーの姪〕が刑務所に工員服を密かに持ち込み、それを着て脱獄し、人殺しのナチ政権の手から逃れる、というものでした。ボンヘッファーは、しかし、〔クーデターに参画したかどで〕兄のクラウス・ボンヘッファー（一九四四年一〇月一日）とレナーテ・ベートゲの父リューディガー・シュライヒャー（同年一〇月四日）が逮捕された後《のち》、両親に短い知らせを届けさせました。そこにはこうありました。「僕は逃亡しない！」と。[12] 同じように、すでにその二千年以上前にソクラテスは、脱獄を手助けしようとする弟子たちの申し出に応じることを断わったのでした。なぜなら、苦難と〈死に逝くこと〉とにおいて真理のために証しすること——すなわち、行いや行動による証し——は、教えること〔という教授活動〕による証しとまさに同じほどに、いや、もしかするとそれよりはるかに重要なことかもしれないからです。ですからボンヘッファーは一九四四年一月二三日付書簡で、テーゲル刑務所からエーバハルト・ベートゲに宛てて、ソクラテスについてこう書き記しています。

> 教養と死《トート》というテーマをめぐって君がソクラテスを想い起しているのは、もしかするととても実り多いことかもしれない。僕はそれについてさらにもっと熟考してみなければならない。この問題全体に関して、僕にとって明白なのは、そもそもただこのことだけだ。つまり、危険に直面したときに無力で使い物にならぬ「教養」など決して教養ではない、ということだ。教養は、危険や死《トート》に立ち向かってゆくことができるものでなければならない。……〔その際〕教養が、たとえ死《トート》を「克服する」ことはできないのだとしても。ところで、克服する、とはどういうことだろうか？[13]

　逃亡〔計画〕を放棄するという自らの決断に対する答えとして、ボンヘッファーは、一九四四年一〇月五日「ヨナ」という詩を書いたのだ——こう言って、エーバハルト・ベートゲは私に次のように語ってくれました。ボンヘッファーは、自らもその一員であったナチズム時代の市民層の無能ぶりに対する罪責を自ら引き受けたいと願ったために、逃亡するという考え（ご存じのようにヨナは逃亡するわけです！）に屈することはできないしまた屈したくはないということを、この「ヨナ」という詩で表現しようとしたのだ、と。この市民層は、一九四〇年代に至るまでヒトラー〔の侵略〕戦争に加担し続けました〔ほんの一例として、〔一九四四年七月二〇日のクーデター計画の中心人物であった〕フォン・シュタウフェンベルク伯爵が〔一九三九年九月の〕ポーランド侵攻や〔一九四一年初めから二年間に及ぶ〕北アフリカ侵攻に参加したことを考えてみてください！〕。[14] そしてまた、この市民層は、共産主義者や社会主義者やユダヤ人たちとは違って、十分に力強く抵抗したわけでもなく、また〔したとしても〕その抵抗はあまりに遅すぎました。

ソクラテスは、自らの哲学という〈教えの証し〉の帰結として、殉教というかたちでの倫理的な〈生の証し〉を、信頼に足る仕方で実践しました。そのようにボンヘッファーもまた、ソクラテスの足跡に従い《ナッハフォルゲ》つつ生きたのです。ですから、私たちは、限界状況の際には、やはり私たち自身の生命を賭けてという仕方でも、自らが〔日頃〕教えている真理のための証しをしなければなりません。なぜなら、「生命は、全財産・あらゆる価値の内の最高のものなのではない！」からです。このことを、私たちは、〔ドイツの詩人・思想家〕シラー〔一七五九―一八〇五年〕の〔没後二百年の〕年である二〇〇五年を振り返りつつ想起すべきでしょう。

ここで、これまで見てきたソクラテスとボンヘッファーとの共通点をまとめてみましょう。それらの共通点は、ボンヘッファーのあの最後の詩である「良き力に」に認めることのできるものです。

（1）ソクラテスは、毒杯を「震えることなく」受けとりました。プラトンが『パイドン』の中で描写しているとおりです。「それから、彼〔＝獄中で毒を手渡す役目の僕《しもべ》〕はソクラテスに杯

（kulix）をさしだしました。あの方は、それをいかにも落ち着いて受けとられたのです、エケクラテス、少しも震えることなく、顔の色も顔つきも全然変えられずに」（117B）。[15]

（2）ソクラテスは杯を――「悲劇の人間ならばそう言う」であろうような――悲劇的「運命 Geschick」としてではなく、むしろ、神々の手から受けとるところの天命（Schickung）として受けとります。だからこそ、杯を受けとったとき、ソクラテスは、それを手渡した僕《しもべ》にこう問うたのでした。「この飲みものを少しばかり、ある神さまに捧げるのに使うのはどうだろう？　かまわないかね？　それとも駄目だろうか」[16]。喜捨もしくは御神酒《おみき》とは、人が神々に捧げるすべての飲食物中の第一のものです。つまりここにおいて、《ソクラテスは無神論者であり、若者をかどわかしている》との国家による告発に対峙しつつ、ソクラテスは自らを宗教的人間として証明しているわけです。

さて、そう問われた僕《しもべ》は、神々への喜捨の可能性を斥けます。なぜなら、杯には飲むのにぎりぎりの量の毒しか入っていないという理由からです。これを聞いたソクラテスは答えます。「『わかった。……だが神々に祈りを捧げることなら許されているだろうし、またそうしなければならない、この世から、かしこへと居どころをうつす旅路に幸あるように[17]、とね。これが僕の祈りだ、どうかかなえられますように』。こう言われると同時に、あの方は杯に口をあてて、いとも無造作に、平然と飲みほされました」[18]。

こうして、異教徒ソクラテスは、この世界から彼岸の世界への幸ある旅立ちのために自分の神々に呼びかけます。同様に、〔先ほど述べた〕ボンヘッファーの「ヨナ」の詩では、船乗りたちは助けを求めて自分たちの神々に呼びかけます。こうして、ボンヘッファーは、「キリスト者も異教徒も」という〔もう一つの〕詩において、こう書き記すのです。

人々は自分たちの窮乏に苦しみつつ神のもとにゆき、
……死からの救いを乞い求める。
人々は皆、キリスト者も異教徒も皆、そうする。[19]

（3）ソクラテスは杯を神の御手から受けとりました、しかも感謝しつつ、感謝の態度において。すなわち、彼は医療の神であるアスクレピオスに対して、最後の言葉を振り絞って、〈永遠なるものの世界の中への魂の幸ある旅立ち〉がうまくいっていることを感謝したのです。すなわち、こうあります。「もうほとんどお腹《なか》のあたりまで冷たくなっていましたが、そのとき、あの方は顔の覆いをとって――〔それまで〕覆ってあったのですが――言われました。これが最後のお言葉になったわけです。『クリトン、私たちはアスクレピオスに鶏をお供えしなければならない。忘れないで供えてくれ』」。[20]

ソクラテスの死（Sterben）のもつ模範的姿は、〈究極以前のもの〉の領域に属しており、この〈究極以前のもの〉の領域は、〈究極のもの〉――すなわち十字架上でのキリストの死――によって廃棄されるのではなく、むしろ、この〈究極のもの〉によって、それ自身の尊厳と評価とを得るのです。

そのことが示されるのは、とりわけ、ボンヘッファーの倫理学草稿の一つで、一九四〇年に記された「遺産と没落」という項目でなされている、西洋に関する分析においてです。そこで、ボンヘッファーは、キリストと古典古代《アンティーケ》の諸伝統――すなわちギリシア的およびローマ的諸伝統――との関係に関する基本的考察を展開しています。「西洋における古典古代の真正の遺産は、ただキリストとの関係においてのみ存在する」[21]と、まずは基本的なことが語られます。まさにこの関係を、その後、ボンヘッファーは、一九四四年三月二七日に〔ベートゲ宛書簡中で〕書かれたあの警句《アフォリズム》において語り直すことになるわけです。

その際、ギリシア的・ローマ的諸伝統への価値評価は、キリストの受肉によって基礎づけられる、いや、それどころか要求されます。「キリストの受肉がキリスト教的認識の前景にヨリ強く登場する場合には、〔ギリシア・ローマの〕古典古代とキリスト教との和解が追い求められることになるであろう」[22]。

一九四一年から四二年にかけての倫理学草稿中の「良心」の規定、すなわち――キリストへと関係づけられているところの〈究極のもの〉としての良心、とは区別された――〈究極以前のもの〉としての「良心」という規定においても、ボンヘッファーは、ソクラテスの伝統における良心のもつ「形式的規定」をまったく正当なものとして認めます。

《自らの良心に反して行動する》などということが決して勧められるものではありえない、というのは正しい。この点で、あらゆるキリスト教倫理は一致している。だが、それは一体どういう意味なのか。良心とは、自分自身の意志と理性とを越えた或る深いところから語りかけてくるところの、自分自身との一致を呼び求める人間実存の呼び声なのである。良心は、失われた一致に対する告発として、かつ、自分自身を失うことのないようにとの警告として現われ出る。……このような形式的規定において、良心とは一つの法廷、つまり、それに反して行動することが最も咎められるような法廷である。良心の呼び声を軽蔑するならば、その結果、必ずや、……自分自身の存在の破壊、人間実存の崩壊が起こらざるをえない。……このような形式的意味における良心に対して暴力を加えようとするような責任的行動なるものは、実際、非難されるべきものであろう。……かくして、良心の呼び声は、その根源と目標とを、その人自身の自我の自律性のうちに持っているのである。[23]

したがって、この「自然的人間における良心の呼び声」[24]は、決して飛び越えられたり、いわんや軽蔑されたりする、などということがあってはなりません。むしろ、この「自然的人間における良心の呼び声」は、〈究極のもの〉との関係における〈究極以前のもの〉として、それ自身の限界と限定的意味とを持つのです。

私は、ソクラテスの模範的な死《シュテルベン》という伝統への価値評価が、更にボンヘッファーの二つの詩においてもなされているのを見ます。

(1) 最初に挙げるのは、一九四四年七月八日に書かれた「私は何者なのか？」という詩です。ここで私がとりあげるのは、この詩の第一部です。それは三つの節から成っています。ヘンキュスはその著『自由の秘義』(二〇〇五年) において見事な分析をしていますが、それによるとこの詩は、「牢獄における語り」(122)、として理解されねばならないとのことです。私はこの詩の最初の部分を、まずは以下に引用する場面を背景とした上で読みたいと思います。その場面とは、プラトンの先ほどの『パイドン』中の、ソクラテスの死をめぐってなされているものです。

ソクラテスは沐浴をすませて入ってこられると、腰を下ろされましたが、その後はあまり多くを語られませんでした。そこへ十一人の刑務員の配下の者が来て、あの方のそばに立ってこう言いました。「ソクラテス、あなたに対しては、わたしはほかの人たちの場合のように、苦情を言うことはありません。ほかの人たちときたら、わたしが長官の命令で毒を飲むように伝えると、わたしに向かって腹を立てたり、呪ったりするのですからね。しかしあなたは違います。これまでここにおられたあいだにも、わたしは、あなたがいままでここ［＝牢獄］に来た人たちの中で最も高貴な、最も親切な、最もすぐれた人であることを知りました。そしてとりわけいまも、わたしに対して腹を立てたりせず、責任者が誰であるかを知って、その人たちに怒りを向けてくださるものと確信しています。さあわたしが何を言いにきたかはおわかりでしょう？　ご機嫌よろしゅう。逃《のが》れられない運命を、できるだけ心静かに耐えるようにしてください」。こう言いながら彼〔＝配下の者〕は涙を流し、向うを向いて出てゆきました。(25)

こうして、ソクラテスはこの「配下の者」の描写を通して人物評価されているわけですが、同様にボンヘッファーも、一緒に獄に囚われている人々の目を通して解釈されている自分の姿を見るのです。〔すなわち、「私は何者なのか」という詩の第一部は、こうです。〕

私は何者か？　かれらはよく私に言う、
私が自分の獄房から
平然と明るく、しっかりとした足どりで、
領主がその館から出てくる時のように歩み出る、と。

私は何者か？　かれらはよく私に言う、
私が自分の看守たちと
自由に、親しげに、はっきりとした口調で、あたかも私のほうが命令すべき者であるかのように話し合っている、と。

私は何者か？　かれらは私にこうも言う、
私が不幸の日々を
冷静に、微笑みつつ誇り高く、
勝利に慣れた人のように耐えている、と。(26)

この、他者によってなされる特徴づけは、〔ボンヘッファーの〕良心の中に映し出されているものです。この特徴づけは、詩の第二部になると、ボンヘッファー自身による正反対の苦しげな自己評価によって限界づけられることになります。但し、だからといって、〔第一部でなされた他者による特徴づけの〕真理性が棄て去られてしまうのでは決してありません〔むしろその「限界づけられた真理性」として保持されています〕。というのも、ボンヘッファーは、その第二部冒頭でこう問うているからです。「私は本当に、他の人々が言うような者なのだろうか？」(27)と。

（2）さて次に挙げるボンヘッファーの詩は、「自由への途上の宿駅」です。というのも、一九四四年七月二〇日の反ヒトラー・クーデターが失敗した直後の八月一四日に作られたこの詩の第四節にも、ソクラテス的伝統が入り込んでいるからです。そのソクラテス的伝統はこの詩全体を規定しているというわけではありませんが、しかし確かに、その伝統はこの詩のうちに聴き取られるべきもの、もしくは、同時に聴き取られるべきもの、なのです。

いざ来たれ、永遠の自由への途上にくりひろげられる最高の祝宴。
死よ、われらの過ぎ去りゆく身体（Leib）と、まどわされた魂（Seele）との、
重苦しい鎖と壁を取りこぼて。[28]

この詩のテキストは〔実際〕ソクラテスと関わりを持っています。なぜなら、ここでの「祝宴」とは、ボンヘッファーの詩では、「身体」と「魂」との「重苦しい」――地上の（ヘンキュス181）――「鎖と壁」を「取りこぼつ（取り壊す）こと」を意味しており、そしてこれは確かに、「身体は魂の牢獄である（soma sema psyches）」というあのソクラテス的理解を暗示するものとしても理解されるべきだからです。

ユルゲン・モルトマンは、〔終末論を主題とする『神の到来』の中で〕「不死の魂と生きられなかった生」という見出しを持つソクラテス論において、ボンヘッファーのこの詩には言及することなしに、ソクラテスの死《シュテルベン》に関連しつつ、自由の祝祭について語っています。

死《トート》は死すべき体（Körper）からの解放であるがゆえに、死《トート》は魂の祝祭である。死に逝きつつ、魂は自らの永遠の故郷《ふるさと》への帰郷を祝う。死《トート》は魂の最高の友である。死《トート》は魂を、体という

獄舎から解放し、また、体の好ましからざる欲求や痛みから解放する。体という異郷から、魂は、自らの永遠の神的イデアの国〔という故郷《ふるさと》〕へと帰郷するのである。（Das Kommen Gottes, 1995, 77）(29)

2　ソクラテスとキリスト者との相違

ボンヘッファーは、外部から加えられた自らの死、すなわち、国家による合法的死刑判決にもかかわらず犯罪的な仕方で加えられた自らの死を死にました。かくして、ボンヘッファーは、ソクラテスの模範的な死《シュテルベン》と類似し対応した仕方で、自らの死を死にました。これが私たちが今まで見てきたことです。ソクラテスの死《シュテルベン》はボンヘッファーを深く捉え、また、深くその印象を彼に刻みつけました。そしてそれは次のような意味においてでした。つまり、教養は、限界状況にあってはその諸帰結をも引き受けねばならず、死《トート》と危険とに立ち向かってゆかねばならないのだ、と（一九四四年一月二三日付書簡）(30)。

しかしながら、ボンヘッファーはすでに一九四〇年の倫理学草稿において、〔ギリシア・ローマの〕古典古代の遺産とキリストの十字架との間に横たわる相違についても注意を促していました。一方において、キリストの受肉は、人間的なるもの一切を受容するという意味で、古典古代の遺産との繋がりを打ち建てています。しかし他方において、キリストの十字架は、〔古典古代の遺産との」相違を際立たせるのです。「キリストの十字架がキリスト教宣教を支配しているところ、そこでは、キリストと古典古代との間に横たわる断絶が強調されることになるだろう」[31]。

モルトマンは、やはり先ほどのソクラテス論において、ソクラテスとボンヘッファーとの相違を特に明らかに示すようなソクラテスの哲学的態度のもたらす諸帰結についても記しています。それは、〈激情に左右されないことLeidenschaftslosigkeit〉、そしてまた、自分の苦しみに対しても他者の苦しみに対しても〈無感情（無感動）であることApathie〉、という態度を養う教育のことです。

〈魂のびくともしない自由〉という意識は、人生に対する或る特定の態度を基礎づける。それは、……［自分自身のであれ他者のであれ］痛みに対して距離を保つという態度であり、また、……死《トート》に対して距離を保つという態度である。……ただ〈激情に左右されないこと〉だけが、知恵ある人間の徳——平静・落ち着き・物事に超然としたあの明るさ——を生み出すのだ[32]。

ソクラテスの死《シュテルベン》とのこのような相違。そしてまた、ソクラテス的伝統とのこのような断絶。それは、一九四四年七月八日に作られたあの「キリスト者も異教徒も」という詩において示されています。その第一節では、まずは、キリスト者と異教徒との共通点が、二重に記された「皆《みな》が」という言葉によって強調されます。そしてそこには異教徒ソクラテスもまた含まれていると言っていいでしょう。「人々は皆、キリスト者も異教徒も皆、そうする［＝神や神々へ呼びかける］」。この詩の最初の構想では、ボンヘッファーは「紙切れに……こう書き留めていた。……『人々は自分たちの窮乏に苦しみつつ神のもとにゆく。人々は、ご自身の窮乏に苦しんでおられる神のもとにゆく』と」（ヘンキュス136）。

さてこうして、詩の第二節の枠となる部分は今やまったく非ソクラテス的な内容であり、ただキリスト者にのみ関係づけられています。すなわち、ここでは、あのソクラテス的〈無感情（無感動）Apathie〉に代わって、〈キリストにおける神の苦難〉に対するキリスト者の〈共感共苦 Sympathie〉が登場するのです。

人々は、ご自身の窮乏に苦しんでおられる神のもとにゆき……
キリスト者は、ご自身の苦難の中におられる神のかたわらに立つ。[33]

ヘンキュスは正当にもこう指摘しています。ここでボンヘッファーは、受難物語における女性たちのことを暗示しているのだと。彼女たちのことが、ヨハネ19・25ではこう言われています。イエスの母とほかの女性たちが「イエスの十字架のかたわらに立っていた」。

「キリスト者も異教徒も」の詩を書いて間もなく、ボンヘッファーは、一九四四年七月一八日付ベートゲ宛書簡において、この〔ソクラテス的伝統の〕逆転および断絶に注意を促しています。

これこそ、宗教的人間が神から期待していること一切の逆転だ。人間は、この無神的な世界に苦しみ給う神の苦難を共に苦しむようにと呼び出されている。……宗教的行為がキリスト者をつくるのではない。〈この世の生活のただ中での神の苦難〉に参与することがキリスト者をつくるのだ。これが「悔改め／方向転換《メタノイア》」だ。つまり、真っ先に自分自身の様々な窮乏・問題・罪・不安を考えることが、ではなく、イエス・キリストの道の中へと――〔すなわち〕イザヤ書五三章が今成就される！　というあのメシア的出来事の中へと――自分が巻き込まれる、ということ、これが「悔改め／方向転換《メタノイア》」なのだ。（WEN 395）[34]

ユルゲン・ヘンキュスは、このような、〈一般的な宗教性〉から〈キリストへの特別な随従《ナッハフォルゲ》〉への転回もしくは悔改め／方向転換《メタノイア》を、正当にもこう解釈しています。

〔「キリスト者も異教徒も」の詩の〕第一節では、キリスト者の独自性というものは現われてこない。そこでは、キリスト者は異教徒と同じような姿で立っており振舞っている。そこでは、キリスト者は異教徒と一緒の人間である。第一節では、〔人間の〕一般的状態がそのまま語られている。それが第二節になると変わる。第二節では、文法的には命令形が使われているわけではないが、しかし、静かな招きの声を聴き取ることができるのである〔＝第二節の一～三行（邦訳では一～四行）〕。《人々よ、どうか気づいてくれ。自分たちがそのもとに〔助けを乞い求めて〕向かうその神とは、実は、〈共に苦しみつつそばにおられる〉という在り方における神なのだ、ということに》、と。そして、同時に、或る自明の要請がなされる〔＝第二節の最終行〕。《キリスト者よ、どうか、そのような神の呼び声を信じ、そのような神を恥じることなく、むしろ、そのような神に応答し従ってくれ》、と。……いずれにせよ、このような第一節から第二節へと視点が入れ替わることによって、さして固有のものをもたぬキリスト者から、きわめて特徴のはっきりとしたキリスト者が生じるのである。第一節の〔人間の〕一般的状態は今や背後に退き、一つの尺度が立ち現われる。すなわち、「キリスト者は、ご自身の苦難の中におられる神のかたわらに立つ」という尺度が。(141)

このようなソクラテス的伝統との相違は、しかしながら、一九四一年から四二年にかけて記された倫理学草稿中の「良心」概念の分析(35)においてのみならず、〔獄中で作られた〕ヨナおよびモーセについての詩においても現われてきます。

これらの詩において、ボンヘッファーは、自らをヨナとモーセに同一化しつつ、あの倫理学草稿中の西洋分析において師アドルフ・フォン・ハルナックと一線を画するようにしてすでに見ていたものを詩の形で具体化しているのです。その西洋分析においてすでに見ていたものとは、こうです。「われわれの父祖たちの系譜は、イエス・キリストの出現の背後にまで遡り、イスラエルの民にまで至る」[36]と（一九四〇年）。

ヨナの詩では、ボンヘッファーは、〈罪責の引き受け〉という聖書的テーマを主題化しています。〈罪責の引き受け〉というこのテーマは、「自律した良心」という〔ギリシア・ローマの〕古典古代の伝統が——カントまで含めて——知らなかったものです。というよりむしろ、かえって古典古代の伝統はこのテーマに異議申し立てをしているのです。ボンヘッファーは、倫理学草稿において、まず、「罪責の引き受け」について語り[37]、その後、ソクラテス的伝統における「自律した良心」に関する項の中で、次のように続けます。「この〔〈罪責の引き受け〉について述べたところの〕すべてに反対して、紛れもなく高貴な、或る抗議の声が挙げられる。その抗議の声は、良心という高等法廷から挙げられる。すなわち、この良心は……他者のために罪を担うことを拒む。……かくして、良心の呼び声は、その根源と目標とを、その人自身の自我の自律性のうちに持っているのである」[38]。

このような「自律した良心」に対して、〈キリストへの随従《ナッハフォルゲ》〉と〈世における神の苦難に参与すること〉とは、徹頭徹尾非ソクラテス的な、他者の罪責を引き受け告白するという在り方をその本質とします。他者の罪責の引き受けとその告白。そのことがあのヨナの詩[39]において印象深く語られます。「するとヨナが言った、『私がそれだ！　私は神の前に罪を犯した。私の生命は失われた。……罪責は私のものだ』」[40]。

その際〔しかし〕、このヨナの詩には、ソクラテスの生のあの要素、つまり、ヘンキュスがこの詩の解釈として正当にも「逃亡計画の終焉」と名づけた要素が入り込んできて〔も〕います(255)。

さて、モーセの詩[41]においては、ボンヘッファーは、今度は、〈責任からなされる罪責の引き受け〉を主題化するために、聖書のまさに中心的人物まで引っ張り出します。

その際、罪責を担うことは、モーセという人物にあっては、二重のそれです。一つはモーセ自身の罪責です（民数記20・10、詩編106・33）。それについて、モーセはこのボンヘッファーの詩の中でこう語ります。「それゆえ今日あなたの刑罰を執行して下さい。私を長い死の眠りへと取り去って下さい」[42]。

そしてもう一つは、他者の罪責、すなわち民全体の罪責です。その罪責を、モーセは、そして同時にボンヘッファーもまた、引き受けるのです。「罪を罰し、しかも喜んで赦される神よ、私はこの民を愛しました。私はこの民の恥と重荷を負い、またその救いを見ました――これで十分です」[43]。

ボンヘッファーはすでに一九三二年から三三年にかけて、ヴォルフ・ディーター・ツィンマーマン[44]に対して、自分は三九歳で死ぬだろうと語っていたそうです（ヘンキュス232）。ですから、そのボンヘッファーが「モーセの死」という詩において主題化しているのは、単に彼の個人的な死や個人的な罪責の引き受けにはとどまりませんでした。むしろ、そこで問題にされているのは――

―ヘンキュスの言うように――「荒野世代の罪あるイスラエル全体に対してのモーセの連帯」でもあったのです。「実にモーセは、〔イスラエルの民全体を守るものとしての〕背中だった。この背中は、弱り果てた者らを担った。そして、味方も敵もその怒りをこの背中に投げつけたのだった」（ヘンキュス246）。

さて、しかしながらヨナの詩とは違って、モーセは、と同時にボンヘッファーは――ソクラテスとは異なりつつ――幻《ヴィジョン》という仕方で、かれらそれぞれの民〔＝イスラエル／ドイツ〕の、〈救いに満ちた、かつ義なる将来〉を仰ぎ見ます。例えば、ヒトラー後の時代のためのドイツの法治国家的・社会福祉国家的新秩序を構想した「フライブルク覚え書」に対してボンヘッファーが果たした刺激のことを考えてみてください(45)。さて、そのような〈救いに満ちた、かつ義なる将来〉の実現成就に、モーセ／ボンヘッファーが、自ら参与することは叶《かな》いません。モーセ／ボンヘッファーは、しかし、その実現成就をはるかかなたから幻《ヴィジョン》という仕方で仰ぎ見ることはゆるされています、そして事実、仰ぎ見るのです。

> 山の頂から彼［モーセ］は、かなたに救いの土地を見る……。彼が責任を担うようにと委ねられたその民は、自由の土地へと本当に移り住むのである。……神の信実を確信しつつ、この不信実な僕《しもべ》(46)は平安のうちに死に逝くことがゆるされる。（ヘンキュス246）

3　ソクラテスと十字架につけられたキリストとの本来の相違

すでに〈罪責の引き受け〉と〈キリストの苦難／神の苦難との共感共苦《ミット・ライデン》〉ということが、ソクラテスにおける良心の自律性と教養に対する〔キリスト者の〕明瞭な相違であるとすれば、そもそもソクラテスと十字架につけられたキリストとの本来の相違とは何でしょうか。それは、《十字架につけられた方は、最も深き〈神に見棄てられた状態〉(46a)の死《トート》、最も包括的な代理の死《トート》を死に給う》ということです。

一九四四年一月二三日付書簡で、ボンヘッファーは、ソクラテスについて、また、〈死の克服〉というキーワードについて、まずはベートゲの問いに答える形で語っていました。それは、ベートゲがボンヘッファーに次のように書いてきていたからです。

> 教養、死に逝くこと、高貴さ、こういったものを僕は非常に興味深く思っている。けれども、僕はまだ、君のように深刻な情況を体験したことがない。もし今、まさに現実に起こっていることを見渡すことができたとしたら、その情況にどのようにして打ち勝ったらよいのか、僕は自分に自信がもてない。ソクラテスふうの教養と死〔と言うべきか〕？〔それとも〕自分をごまかさず、といって活動で自分の気をまぎらすこともせず、あるいはそれ〔＝危険

と死という情況」に耐えることもできない者としての、しかしキリスト教信仰においてそれを克服することを知っている者としての教養人〔と言うべきか〕？[47]

ベートゲは、ここで「克服」という言葉を、キリスト教信仰に取っておきのものとして用いており、ソクラテスのあの模範的な死《シュテルベン》に関連させることは――もしくは、関連させようとは――しませんでした。

〔先ほど言いましたように〕一九四四年一月二三日付書簡で、ボンヘッファーは今度は自分から〔ベートゲに向けて〕こう問いかけます。「教養は、危険や死《トート》に、立ち向かってゆくことができるものでなければならない。……〔その際〕教養が、たとえ死《トート》を『克服する』ことはできないのだとしても。ところで、克服する、とはどういうことだろうか？」[48] そしてその二ヵ月後の一九四四年三月二七日、ボンヘッファーはこう表現したのです。「ソクラテスは〈死に逝くこと Sterben〉を克服した。キリストは〈死 Tod〉を克服した」[49]。その際、彼は、ベートゲとは違って、ソクラテスとキリストのいずれに対しても「克服する」という動詞を用いており、そして、「危険や死」の克服ということに関して、ソクラテスにとどまらず、更にローマの詩人ホラティウスを引用します。「破滅が彼を襲おうとも、彼は恐れず怯《ひる》まず動揺せぬであろう」[50] と。

さてしかし、「克服する」とは、両者それぞれの場合、なにか別のことを意味しているに違いありません。それでは、その根本的な相違とは一体何でしょうか？

その根本的な相違とは、〈十字架におけるキリストの代理〉に関するボンヘッファーの印象深い言葉によれば――そしてそれはルターに方向づけられたものですが――こうです。

ソクラテスは〈死に逝くこと《シュテルベン》〉――「死ぬ技法 ars moriendi」――の意味において死を「克服して」います。つまり、ソクラテスは、〈死に逝くこと《シュテルベン》〉を模範的な仕方で自らの手に受けとり、自らの責任として担うのであり、この〈死に逝くこと《シュテルベン》〉を覚悟し、そのためのあらゆる準備を、家族の者らと共に、また哲学における弟子たちと共になすのです。ルターのあの「〈死に逝くこと〉への準備についての説教」の言う意味においても、自らが〈死に逝くこと《シュテルベン》〉への準備は――すでに言いましたように――すべての人間の責任です。

それに対して〔しかし〕、キリストは、〈罪責の引き受け〉としての死《トート》、裁きとしての死《トート》、最も深き〈神に見棄てられた状態〉の死《トート》、を死にます。キリストが死《トート》を克服する、というのはこういうことです。すなわち、キリストは、唯一罪なき方として〔すべての人間の〕代理として父の裁きにご自身を委ね、最も深き〈神に見棄てられた状態〉の中で神に身を捧げつつ、あの〈罪人に〉死をもたらす死《トート》(50a)を克服するのであり、律法《トーラー》に服従しつつ、イスラエルの神に対して信実であり続けるのであり、かくして、父はこの方を死者たちの中から復活せしめ給うのです。このような「克服」は、人間の手と力の内にはもはやありません。〈死に逝くこと《シュテルベン》〉への準備とは相違して、人間は――ルターの「〈死に逝くこと〉への準備についての説教」によれば―― 死《シュテルベン》において人間に出会うことができ実際出会うであろう〈罪と死《トート》と地獄〉という諸力の克服を、ただ神ご自身にのみ委ねるべきなのです。なぜなら、この神こそが、キリストの十字架において、あの〔罪人に〕死をもたらす死《トート》を克服するために〔必要な〕一切をなし給うたからであり、その証明として、キリストを死《トート》から復活せしめ給うたのだからです。

ルターのあの一五一九年の〔〈死に逝くこと〉への準備についての〕説教においても、キリストとの関連で、死《トート》の「克服」という言い方は現われています。ルターはこう警告します。「君は死《トート》を、死自身のうちに、あるいは君自身のうちに、見たり考えたりしてはならない。さもないと、君は失われ、……〔死によって〕克服〔!〕されてしまう。むしろ、君は……死を、倦まずたゆまず……キリストのうちに見なければならない」。この方において、「死は……絞め殺され、克服〔!〕されて」いるのだからである、と。[51]

したがって、「〈死に逝くこと《シュテルベン》〉への」責任ある「準備」の意味での克服と、「ただキリストのみによるあの〔罪人に〕死をもたらす死《トート》の克服」とは、区別されるべきであり、混同されてはなりません。そして、このように区別することによって、ソクラテスにおけるあの〈死に逝くこ《シュテルベ》と《ン》〉の克服もまた、その威厳と輝きとを得るのです。つまりそれは、あの〈究極以前のもの〉の領域――すなわち、責任ある被造物としての人間に、神から命じられている事柄の領域――においてのこと、なのです。

私たちは、あの「キリスト者も異教徒も」という詩の最初の二つの節をすでに見ました。

(1)「人々は自分たちの窮乏に苦しみつつ神のもとにゆく」

（２）「人々は、ご自身の窮乏に苦しんでおられる神のもとにゆく」

そしてこの第二節にはすでにキリスト者とソクラテスとの相違が現われていることもすでに見たとおりです。それら二つの節とは違って、第三節は、主語の位置に神が置かれて始まり（ヘンキュス142）、そこでは、十字架につけられたキリストにおいてなされた――すべての人間を含み入れるところの――神の排他的な行為が語られます。そこでは、ソクラテスの死《シュテルベン》と十字架につけられたキリストの死《シュテルベン》との深い相違が示されるのです。〔その第三節はこうです。〕

神は、自分たちの窮乏に苦しむすべての人間のもとにゆき、
身体と魂〔すなわち、ソクラテスの意味での魂のみならず！〕とを、
　ご自身のパンで満ち足らせ、
キリスト者と異教徒のために〔それゆえ異教徒ソクラテスのためにも〕十字架の死《トート》を死に、
　かれらのいずれをも赦す。(52)

それゆえ、この終末論的に〈究極的なるもの〉という意味において、ボンヘッファーはあのきわめて深い警句《アフォリズム》をもってこう表現したのでした。「キリストは、『最後の敵 eschatos echthros』としての〈死 Tod〉（Ｉコリント15・26）を克服した」(53)と。それゆえ、ボンヘッファーは、ここにおいて、ソクラテスの模範的な〈死に逝くこと《シュテルベン》〉とは区別された、キリストの代理的な死《トート》の持つ排

他性と独一性とを表現したのです。

キリストは、確かに殉教者の死をも死にましたが、しかしまさに単に殉教者の死を死んだというだけではありませんでした。十字架の下でのあの百人隊長の告白が示すように（ルカ23・47）、キリストは、確かに一人のユダヤ人としての殉教者の死をも実証しつつ死にました。そして実際、十字架の下での百人隊長《ケントゥリオ》の告白――「まことに、この人間は義人であった」（ルカ23・47）――と、ソクラテスの死についての報告の結びとの間にある共通性は、見逃されてはならないでしょう。その結びとはこうです。「これが、エケクラテス、僕たちの友、僕たちが知るかぎりでは、同時代の人々の中で、最もすぐれた、しかも最も賢い、最も義しいというべき人のご最期でした」[54]。

しかしながら、キリストは、この〈義人という視〉点を越えて、あの絶対的な〈神の闇〉の死《トート》（マルコ15・33）を死ぬのであり、最も深き〈神に見棄てられた状態〉の死《トート》（マルコ15・34）を死ぬのです。キリストは、「最後の敵」としての死《トート》を、〈すべての人間を〉代理しつつ死ぬのです。ご自身を否認するペトロを、ご自身を裏切るユダを、ご自身を死に向けて拷問するローマの拷問者たちを、ご自身を十字架刑に処するローマと結託したサドカイ派の祭司長集団を、代理しつつ死ぬのです。キリストは、ご自身を迫害するパウロのために〈代理しつつ〉死ぬのです。

この解釈において、ディートリッヒ・ボンヘッファーは、マルティン・ルターのあの大ガラテヤ書講解（一五三一／三六）におけるガラテヤ3・13の印象深い解釈に従っています。そこにおいてルターは、忘れがたい仕方で、イエス・キリストの代理のこのような排他性を詳細に言い表わしています。そしてまた、キリストは、〔最後の〕晩餐において、かれらすべての者のための代理をします。すなわち、《わたしの死は、「〔全体を〕包括するような多数の者のための」死（マルコ14・24）――イスラエルと諸民族世界とのための死――であるのだ》と。キリストは、〈神に見棄てられた状態〉ゆえの叫びを発する直前に、ご自身を拷問した者たちのためにこう祈ります。「主よ（HERR）、かれらに、かれらの罪を負わせないでください！」（ルカ23・34）。代理、という決定的次元がキリストの死（Sterben）の中には含まれており、この次元こそがソクラテスにおいては見出されないもの、そして〔「キリスト者も異教徒も」の詩の第一節にある〕「皆、皆」のための――すなわち、イスラエルと諸民族世界のための――キリストの死（Sterben）の特別な次元を成しているものなのです。

　だからこそ、ボンヘッファーは、イエス・キリストによる死（Tod）の克服との比較におけるソクラテスにおける〈死に逝くこと〉（Sterben）の克服について語ったあの警句《アフォリズム》（一九四四年三月二七日）を、次のように補足したのでした。

　〈死に逝くこと《シュテルベン》〉に処するということは、未だ、〈死《トート》〉に処することを意味しない。〈死に《シュ》逝くこと《テルベン》〉の克服は人間の可能性の領域内にあるが、〈死《トート》〉の克服とは復活のことだ。［ソクラテス的・中世的な］死ぬ技法（ars moriendi）からではなく、キリストの復活から、新しい風・洗い清める風が現在のこの世界の中へと吹いてくることができるのだ。……もしも一握りの人間であっても、このことを本当に信じ、そして自分たちの地上の行動がそのことによって動かされるならば、多くのことが変わるだろう。復活から生きること——これこそがイースターなのだ。(55)

ギリシアの哲学者アルキメデスの言葉——「私に立つべき場所を与えよ、そうすれば私は世界を動かすだろう」——は、この手紙の中で、ボンヘッファーによって、〈究極のもの〉に向けての終末論的解釈を得ているのです。

キリストの十字架のこの〔代理という〕次元こそが、私たちが想起すべきものなのです。あのソクラテス的・プラトン的伝統はイスラム教徒の学者たちによって西洋に伝えられたものであり、それは決して忘却されてはならない伝統です。しかし、私たちヨーロッパ西洋のキリスト者が、そのソクラテス的・プラトン的伝統を更に越えて想起すべきは、キリストの十字架のこの〔代理という〕次元であり、また、これをもって、私たちは宣教において、試練の中にいる者たち・絶望している者たち・自分自身や人生のことで気力を失っている者たちを慰め励ますべきなのです。そしてそのことを、〔事実〕ボンヘッファーは、ルターの十字架の神学からして、〈魂の配慮〉をもって〔牧会者として〕行なったのでした。

ボンヘッファーは、一九四〇年九月から一〇月にかけての倫理学草稿において、「この人を見よ（Ecce homo）」という文章の中で次のような計り知れぬほど深い言葉を記しています。「イエス・キリストの身体に対して、この世界は激しく荒れ狂っている」。この世界。それは、十字架につけられた方が、そのために代理しつつ〔身代わりとなって〕死に給い、そして神の前で執り成し給う世界、です。[56]

ボンヘッファーは、更にこう続けます

和解者の姿が……神とこの世界との中心へと、あらゆる出来事の中心点へと、歩み出て来られる。……いかなる悪の深淵も、世界を神と和解せしめ給うこの和解者に対して隠されたままでいることはできない。だが、神の愛の深淵は、この世界の最も深い無神性をも包みこむ。正しく敬虔な考えの一切を――われわれの理解を越える仕方で――逆転しつつ、神はご自身を、この世界に対して罪ある者として宣言し、そしてそのことによって、この世界の罪を取り除き……この世界に無罪を宣告し給う。神はわれわれの罪をご自身の身に負うことを欲し給い、罪がわれわれにもたらした刑罰と苦難とをご自身に引き受け給う。神が無神性のために身代わりとなり、愛が憎しみのために身代わりとなり、聖なる方が罪人のために身代わりとなる。今や、神がご自身に引き受け、忍び、苦しみ、贖い給わなかったようないかなる無神性・憎しみ・罪ももはやない。今や、神との和解を与えられず、神との平和のうちにいないような、いかなる現実も世界ももはやない。このことを、神は、ご自身の愛する御子イエス・キリストにおいてなし給うた。この人を見よ！[57]

二〇〇六年五月二六日付の、ユルゲン・ヘンキュスから私宛ての手紙があります。それは、ヴッパータール教会立神学大学で催されたボンヘッファー国際会議が終わったあとのことであり、その国際会議では、私はヘンキュスのボンヘッファー・ゼミナールに参加しておりました。さて、その手紙で、ヘンキュスはこう書いてくれました。

私が発見したと思っていたこと。それは、プリンツ・アルブレヒト通り〔のゲシュタポ地下牢〕からのボンヘッファーの詩に現われているソクラテス関係のものでしたが、それはすでにあなたによって文章化されておりました。しかも、よりよく根拠づけられた仕方で、また、或るポイントを突いた仕方で、です。そのポイントですが、最初、私にはそれに対する抵抗感がありました。しかし今は、そのポイントがきわめて熟考するに価するものだと思っています。つまりそのポイントとはこうです。《「震えることなく」という姿で、ボンヘッファーは、ソクラテスの傍らに立っている。それゆえ、なおも〈究極以前のもの〉の中に立っている。それに対して、イエスは「震えおののきつつ」、ただ彼のためにだけとっておかれているところの深みを歩み抜いておられるのであり、そして、このことを受けいれるすべての人のために、イエスは、復活において、究極の将来を切り拓いておられるのだ》と。

（1）　原題は次のとおり。»Sokrates überwand das Sterben, Christus überwand den Tod«. Dietrich Bonhoeffer über Sokrates und Christus. Ein leuchtendes Beispiel für die Begegnung von Christentum und nichtchristlich-heidnischer Weisheit. 以下、注はすべて訳者による。なお、本講演は、そのエッセンスが日本バルト協会二〇〇六年度年次研修会（箱根にて。二〇〇六年九月五日）および西南学院大学神学部公開講演会（二〇〇六年九月一二日）において講演されたもののオリジナル版である。本文における［　］はクラッパート教授の、〔　〕は訳者の補足である。

（1a）　E・ベートゲ編『ボンヘッファー獄中書簡集――「抵抗と信従」増補新版』村上伸訳、新教出版社、一九八八年。なお、〈Widerstand und Ergebung〉は本来「抵抗と忍従」と訳されるべき点については同〈訳者あとがき〉四八七―四八八頁（および二五五頁）参照。

（2）　前掲書二八三頁参照。村上訳は〈Sterben〉を「死ぬプロセス」と訳出するが、拙訳では一貫して「〈死に逝くこと〉」と訳すことにしたい。但し、〈Tod〉（死）との区別が特に問題とはならないように思われる場合に限って「死」と訳すことにする（その場合でも、いずれのドイツ語が用いられているかを、必要に応じて示すことにする）。

（3）　一九二四―一九二六年（一八―二〇歳）の六学期間（E・ベートゲ／R・ベートゲ『ディートリヒ・ボンヘッファー』宮田光雄・山崎和明訳、新教出版社、一九九二年、巻末年表および四一頁以下参照）。

（4）　ハルナック『基督教の本質』山谷省吾訳、岩波文庫、一九三九年（一九七七年第17刷）、二一一頁（但し、拙訳による）。

（5）ルーテル学院大学／日本ルーテル神学校　ルター研究所編『ルター著作選集』教文館、二〇〇五年、五一一五二頁（クラッパートの引用文に合わせて部分的に訳を変更した）。
（6）前掲『ボンヘッファー獄中書簡集』四七〇頁（訳を一部変更した）。
（7）〈mit Zittern und Zagen〉という表現はルター訳に由来すると思われる。
（8）『ボンヘッファー選集3』森平太訳、新教出版社、一九六六年（一九九六年第二版第6刷）、七三一八四頁（「服従と十字架」）、特に八一一八二頁参照。なお、「随従」という訳語は井上良雄訳による（K・バルト『教会教義学・和解論Ⅱ／3』新教出版社、六十六節一三「随従への召喚」参照）。
（9）E・ベートゲ『ボンヘッファー伝Ⅳ』森野善右衛門訳、新教出版社、一九七四年、五〇三頁、を参考にした。
（10）E・ブッシュ『カール・バルトの生涯』小川圭治訳、新教出版社、一九八九年（一九九五年第二版）、三六二頁参照！
（11）『ディートリヒ・ボンヘッファー』（前注3）、一三四一一三五、一四二頁参照。
（12）前掲書一四四頁参照。
（13）『ボンヘッファー獄中書簡集』（前注1a）、二二六頁（訳を若干変更。以下同じ）。
（14）「シュタウフェンベルクは、一九四二年になって初めて、断固たる政権敵対者となった」（H・E・テート『ヒトラー政権の共犯者、犠牲者、反対者』宮田光雄・佐藤司郎・山崎和明訳、創文社、二〇〇四年、四四二頁）。
（15）プラトーン『ソークラテースの弁明・クリトーン・パイドーン』（池田美恵訳）、新潮文庫、一九六八年（二〇〇五年第59刷改版）、二八二頁。訳を僅かに変え、表記を変えた。
（16）同右。
（17）「この世から……」の部分のみ、松永雄二訳による（『プラトン全集1』岩波書店、一九七五年、三四七頁）。
（18）プラトーン『ソークラテースの弁明・クリトーン・パイドーン』（前注15）、二八三頁。
（19）『ボンヘッファー獄中書簡集』（前注1）、四〇五頁。
（20）プラトーン『ソークラテースの弁明・クリトーン・パイドーン』（前注15）、二八四―二八五頁（表記を変えた。以下同じ）。
（21）『ボンヘッファー選集Ⅳ』森野善右衛門訳、新教出版社、一九九六年（第二版第3刷）、四六頁。訳を若干変更（以下同じ）。
（22）前掲書四七頁。
（23）前掲書二七四―二七五頁。
（24）前掲書二七五頁。
（25）プラトーン『ソークラテースの弁明・クリトーン・パイドーン』（前注15）、二七九―二八〇頁。
（26）『ボンヘッファー獄中書簡集』（前注1ａ）、四〇三―四〇四頁。
（27）前掲書四〇四頁。
（28）『ボンヘッファー選集Ⅳ』（前注21）、冒頭。なお、『ボンヘッファー獄中書簡集』（前注1ａ）、四二五―四二六頁も参照。
（29）Ｊ・モルトマン『神の到来――キリスト教的終末論』蓮見和男訳、新教出版社、一九九六年、一〇九頁。訳は変更してある（以下同じ）。
(30) 『ボンヘッファー獄中書簡集』（前注1a）、二二六頁。
(31) 『ボンヘッファー選集Ⅳ』（前注21）、四七頁。
(32) J・モルトマン『神の到来――キリスト教的終末論』（前注29）、一〇九頁。
(33) 『ボンヘッファー獄中書簡集』（前注1a）、四〇五頁。
(34) 前掲書四一八―四一九頁。
(35) 因みに、『ボンヘッファー選集Ⅳ』（前注21）の訳者による「解説」によれば（四五一頁）、その分析が含まれている「歴史と善」の部分は一九四二年一月から夏までになされた、というのが最新の見解とのことである。
(36) 『ボンヘッファー選集Ⅳ』（前注21）、四五頁。
(37) 前掲書二七二―二七四頁。
(38) 前掲書二七四―二七五頁。
(39) 『ボンヘッファー獄中書簡集』（前注1a）、四六七―四六八頁。
(40) 前掲書四六八頁。村上訳による。
(41) 前掲書四六〇―四六七頁。
(42) 前掲書四六六頁。村上訳による。
(43) 前掲書四六七頁。村上訳による。
(44) 当時ベルリン大学神学部私講師のボンヘッファーを慕って集まった神学生たちにより、一九三二年、「ボンヘッファー・サークル」が結成、そのメンバーの一人。このサークルから、後の「教会闘争を共に戦い、フィンケンヴァルデのブルーダーハウスを共に担った一連の人々が生まれた」（E・ベートゲ『ボンヘッファー伝2』雨宮栄一訳、新教出版社、一九七三年、六七頁）。

（45）E・ベートゲ『ボンヘッファー伝4』森野善右衛門訳、新教出版社、一九七四年、一九九―二〇二頁参照。ボンヘッファーが残した「メモ」は、「今では彼の『倫理』に付録として収録されている『国家と教会』、『世界に向かって語る教会の言葉の可能性』という章が、フライブルク集会のために執筆されたのではないかということを示唆している」（同二〇〇―二〇一頁。なお、章タイトルは『ボンヘッファー選集Ⅳ』（前注21）に合わせた）。

（46）『ボンヘッファー獄中書簡集』（前注1ａ）、四六六頁参照。

（46ａ）天野有編訳『バルト・セレクション1』新教出版社、二〇一〇年（二〇一四年第3刷）、所収のイザヤ書54・7―8に関するバーゼル刑務所での説教「ほんの一瞬」（特に四七五―四八三頁）参照。

（47）前掲書二一三―二一四頁。但し、最初の「教養……けれども、」の文章はクラッパートが依拠している文献による。なお、ほぼ村上訳に拠ったが、三番目の文章前半「もし今……としたら」は村上訳とは逆の意味で訳し直したもの。

（48）前掲書二二六頁。

（49）前掲書二八三頁。

（50）前掲書二二六頁。実際には一九四四年一月二三日付書簡において引用されている。

（50ａ）例えば、ローマ6・23参照。

（51）『ルター著作選集』（前注5）、五七頁（クラッパートの引用文に合わせて部分的に訳を変更した）。

（52）『ボンヘッファー獄中書簡集』（前注1a）、四〇五頁。

（53）前掲書二八三頁。

（54）プラトーン『ソークラテースの弁明・クリトーン・パイドーン』（前注15）、二八五頁。

（55）『ボンヘッファー獄中書簡集』（前注1a）、二八三―二八四頁。

（56）「キリストの苦難との共感共苦」がキリスト者の本質であるがゆえに、ここでボンヘッファーが言う「イエス・キリストの身体」には、第二義的なものとしての「キリストの身体」なる「教会」（キリスト者共同体）もまた含まれている、と見ることがゆるされよう。

（57）『ボンヘッファー選集Ⅳ』（前注21）、二二二―二二三頁。

（天野有訳）

2　カルヴァン神学のアクチュアリティ

死後もキリストの交わりの中で「霊–魂」が目覚めていること(1)

一つの個人的なコメントから始めさせてください。私がお悔やみの手紙を書かなければならないようなとき——例えば、Fr・W・マルクヴァルトの逝去後[2]、御夫人[3]に、あるいはまた、同じく癌で逝去した[4]ケルンの友人D・マネッケの御夫人に宛てて——、私はこう書きます。

亡くなった人々[5]は死んではいません。かれらはまた、眠ってもいません。そうではなく、かれらは私たちに伴ってくれています。かれらは私たちのために目覚めており、そしてまた、かれらは私たちを待っているのです（ヘブライ11・40）。

この認識を、私は自分自身で得たのではなく、ジャン・カルヴァンが宗教改革的文書の処女作として一五三四年に著した『プシコパニキア Psychopannychia』[6]に負っています。

この一五三四年の『プシコパニキア』は——よく言われるような——宗教改革以前の著作ではなく、K・バルト、H・オーバーマン、H・ショルが示してくれたように、宗教改革的著作なのですが、この著作においてカルヴァンは、宗教改革内部の戦線《フロント》で、《逝去した者たちの魂は眠っている》というテーゼ[7]に反論したのです。H・ショルはこのカルヴァンの宗教改革的処女作を包括的に解釈し、神学的にこう評価しています。

〈敬虔なる者たちの魂の眠り〉〔という見方の〕あらゆるものに反対してカルヴァンが提示する〔聖書の〕主要な引用個所の一つは、私たちすべての者の信仰告白の中に現われている。すなわち、イエスは十字架の死の後、死者たちの国へ降りてゆき〔Ⅰペトロ3・19〕[8]、あらゆる時代の逝去した者たちに説教をしておられる、と。ラザロの譬え〔ルカ16・19―31〕や、《キリストと共にいるために〔この世を〕去る／出発する》ことを願うというパウロの願い〔フィリピ1・23〕と共に、このような〈逝去した者たちの国への降下〉というものが、死《トート》後／逝去《シュテルベン》後の魂の――キリストの交わりの中での――目覚め《ヴァッハハイト》を支持するカルヴァンの主要論拠の一つである。[9]

カルヴァンのこの著作においては、主として、ルター主義および〈魂の眠り〉に関するルター派的・再洗礼派的テーゼに対する宗教改革内部での対抗《フロント》が問題となっている。これが、ショルの、歴史的にも神学的にも更に前進を促すような分析において明らかにされた中心点です。ショルは、創造論的観点を越えて、キリスト論的・聖霊論的次元に特に注意を促しています。すなわち〔彼はこう言います〕、

〈神の似姿の担い手としての魂〉というすでにこの創造論的観点が、〔魂の〕目覚めを支持する十分な根拠であるのはもちろんである。しかしながら、この〔魂の〕目覚めは、〈キリストとその諸々の肢《えだ》との確固不動の結合〉というキリスト論的・聖霊論的観点によって、更に深い仕方で保証されているのである。(Hans Scholl [Hg.], Karl Barth und Johannes Calvin, 1995, 170)

カール・バルトは、一五三四年のカルヴァンのこの著作の最も深い解釈の一つを一九二二年に施しましたが、それだけではなく、一九三五年には、〈魂の目覚め〉に関するカルヴァンのこの綱領的文書を、ボンにおける彼の最後の上級ゼミナールのテーマにしようとしたのでした。それは、ナチ・ドイツによる国外退去命令[10]が彼に発せられる前のことでした。改革派の旧約聖書学者ヴァルター・ツィンマリ[11]は一九三二年、〔そのための〕予備作業として、カルヴァンの『プシコパニキア』の校訂版を手がけました。[12]その際バルトにとって決定的であるのは、「逝去した者たちの魂は眠っているのか、それとも目覚めているのか?」という問いが「終末論と倫理学」の主題圏に属している、ということです。その後バルトは、一九四八年、聖霊論的人間論という土台の上に、カルヴァンの『プシコパニキア』の意図を更に継承しました。すなわち、「キリストにおいて眠りについた者たち」(Iコリント15・18)というパウロの定型表現に注目しつつ、バルトはこう述べたのです。

> 《逝去した者たち[13]は今や眠っている者たちである[14]》という帰結は、昔からの過度の解釈である。……《かれらは今や眠っている》という帰結は……事柄に即して見るならば、根拠がない。一体いかなるキリスト教的認識に基づいて、新約聖書のキリスト者らは、自分に近しい者たちのこの〈眠りにつくこと Entschlafen〉の後に起こったことを、……まさに〈眠り〉〔という状態〕だと見なした、と言うのか。（KD III/2・1948, 778f.）[15]

しかしながら、バルトにとって決定的なことは、「キリストにおいて逝去した者たちの魂は眠っているのか、それとも目覚めているのか？」という問いの――キリストの交わりと神の国との繋がりに直面しての――倫理的先鋭化、です。もしもキリスト者がすでに自分の〔この〕生において、ここ〔地上〕でキリストに奉仕することが許されているのであれば、

> 彼〔＝新約聖書のキリスト者〕は、〈最終的な仕方でキリストと共にあること〉を喜び待ち望んでいるのである。しかし、彼は、そのときに自分の奉仕から解放されるようになることを喜び待ち望んでいるのではない。……そうではなく、彼が喜び待ち望んでいるまさにあの〈最終的なこと〉こそが、彼にとっては、「きみに与えられている〔この〕生の期間、そのような待ち望む喜び《フォア・フロイデ》全体の中でキリストに奉仕するように」との許可であり誡めなのである。

……彼は、イエス・キリストを、自分の彼岸として肯定するのである。（780）[16]

最後の文章は、すでに一九二二年、カルヴァンのこの著作の解釈のためにバルトが引用していたE・トレルチの文章――「彼岸は此岸の力である」――を暗示しています。

「逝去した者たちはどこにいるのか?」「逝去した者たちは眠っているのか?」という問いに対する、まさに以上のような神学的・キリスト論的な、そしてまた聖霊論的・倫理的な答えは、バルトをして、フィリピ1・23の――ルター派的な〈魂の眠り〉伝統の流れに立つ――広く行き渡った翻訳とは異なる、更なる釈義的洞察へと向かわしめます。すでに一九五八年にバルトは、ルター訳聖書や、残念ながらまたチューリッヒ聖書のように、「私の願望は、〔この世から〕去ること、そしてキリストのもとにあること、である」と訳すのではなく、釈義的に正しい仕方で、かつ倫理的には大層重要な仕方で、こう訳しています――二〇〇七年に出た新しいチューリッヒ聖書の訳のように――。「私の願望は、キリストと共にいるために、旅立つこと（aufbrechen）／〔地上の〕天幕を引き払うこと[17]、である」と。そしてバルトは、この解釈を、その聖霊論的キリスト論と目的論的終末論において（KD IV/3; 1959）、はっきりと繰り返したのです（1062f.; 1069）[18]。「去る、眠りにつく、そして遂には眠る」といったものが暗示的に意味しているものを伴う諦観表現から、バルトにおいては、「旅立つこと（Aufbrechen）、そして、同行すること（Mitgehen）」といった出エジプト表現が生じているのです[19]。J・モルトマンが「去る」という動詞を「引っ越す」に置き換えているとき（Das Kommen Gottes, 127）、彼はフィリピ1・23の本来の意図およびカルヴァンの伝統に近づいています。

なぜ、バルトは、ナチ独裁体制時代における教会的・政治的抵抗の結集のために、最終的には一九三五年、ボン大学でのゼミでカルヴァンの『プシコパニキア』を扱おうとしたのでしょうか。その答えは明瞭です。つまりそれは、青年宗教改革運動から[20]ドイツ的キリスト者に至るまでの大半のルター派の者たちの国家隷属と微睡（まどろ）みに対する対立構想として、ということです。こうした〈倫理的に目覚めていること〉という脈絡の中に、バルトの次のようなユーモアたっぷりの指摘もまたなされています。彼がフランクフルト〔のバーゼル・ホーフホテルでの〕昼休み時間にバルメン神学宣言（一九三四年五月）の諸テーゼを構想していたそのとき、ルター派神学者たちは午睡をしていた、と。[21]

J・モルトマンは、〔神学〕誌『クリスモン Chrismon』（二〇〇九年四月）の最終号の内の一つの中で、自分の父親はその逝去《シュテルベン》後ますます自分に近くなってきている、そして、毎日毎日父親の現臨《ゲーゲンヴァルト》が自分を囲んでいる、と語っています。

> 私たちは誰もが、愛する人が逝去《シュテルベン》する、という経験をしています。〔しかし〕突然こういう感情が湧き起こります。あの人はいなく《ヴェーク》なってなどいない、あの人は今や到る所《アルゲーゲンヴェルティッヒ》にいるんだ！　と。……そして父が亡くなったとき私はそういう感情を抱いたのです。

彼はいつも、そして到る所私のそばにいて、私を肩越しに見ている、と。

逝去した者たちの現臨という経験は、――モルトマンは更にこう詳しく述べます――

カトリックのわが同僚ヨハン・バプティスト・メッツと一緒のとき起こりました。それは私たちが、「アウシュヴィッツの死者たち〔より良く言えば、逝去した者たち〕はどこにいるのか？　かれらは私たちのすぐ背後にいるのではないか？」と互いに問うたときでした。私は一九六一年、ポーランドのかつてのマイダネク強制収容所を訪れました。そのとき私はこう意識したのです。「この人たちは死《トート》んでいる」などと言うことはできないのだ、と。かれらはそこにいます。そして、かれらは私たちに何かを要求しているのです。……根本的に言って、私たちはそもそも、「誰それは死《トート》んでいる」などということも全く主張できません。私たちに言えるのは、「誰それは逝った《シュテルベン》」ということだけなのです。

そしてまた、タンザニアのマクミラ（Makumira）在住の牧師であり神学校教師であるショー（Sho）博士はこう私に語ってくれました。アフリカでは「死者たち（die Toten）」という言い方は決してせず、「生ける逝去者たち living dead（die lebenden/ lebendigen Gestorbenen）」という言い方をするのだ、と。

モルトマンは沖縄／日本での様々な講演の機会に、このような、「祖先たち」に対する私たちの関係という問題を取り上げてきました。もっともその際、カルヴァンの伝統――特にその『プシコパニキア』――に言及することはありません、モルトマン自身は改革派神学者として実際《デ・ファクト》にはその伝統の流れを汲んでいるわけですが。私はこのことを彼に一度語って、更にこうお願いしました。今後はもう、「生ける者たちと死者たちとの交わり」とは言わないで、より聖書的・よりカルヴァン的・より事柄に相応しい仕方で、「生ける者たちと逝去した者たちとの交わり」と語ってくれるように、と（これについては、J. Moltmann, Im Ende der Anfang, Gütersloh 2004 を参照）。

カルヴァンの処女作は宗教改革以前の記録文書ではない、ということとは、とりわけ次の点においても示されています。つまり、カルヴァンは一五三四年の『プシコパニキア』で語った一切を、一五五九年、『キリスト教綱要』第3篇第25章――「終わりの復活について」の章――において繰り返したのであり、更に一層深めたのだった、(22)という点において。

すでにお示ししたように、私たちの聖書では、申命記34章について、依然として全く異教的に、「モーセの死《トート》」という言い方をします（一九三四年時点でのボンヘッファーも、彼のモーセに関する詩ではやはり同じような言い方をしています）。けれども、それは異教的であって、聖書的ではありません。というのも、モーセは生きているのであり（マルコ9・2以下）、ユダヤ教の伝統によれば、ラビ・アキバの学び舎に現われ、彼のトーラー解釈に――大いなる注意を払いつつ――伴っているからです。

ですから、私はまた、教会暦の最後の日を、私たちの〈プロテスタント〉諸教派のように、「死者の日曜日」と呼ぶ(23)こともしません。異教的だからです。また、「永遠の日曜日」と呼ぶ(24)こともしません。プラトン的だからです。むしろ私は、L・ラガッツと共に、「待降節《アドヴェント》前の日曜日」と呼びます。逝去した者たちは、――ギリシャ正教会の典礼が示しているように――十字架につけられたキリストの復活の光の輝き、そしてまた、来たりつつある神の光の輝きの中へと受け入れられているのです(24a)（B. Klappert, Worauf wir hoffen, 1997, 22ff., 27ff.）。

ボンヘッファー自身はあのルター派的な〈眠りとしての死〉理論を出自としていましたが――この理論によれば、神もしくは信仰が死を創造的に眠りへと変えるのだとされます（一九三三年一一月二六日、死者の日曜日に〈旧約外典の〉知恵の書3・3に関してなされた彼の説教参照）――、しかしカルヴァン神学の影響のもとで、処刑台に上がる直前に彼はこう語ったのです。「これは終わりです。――私にとっては生命《いのち》の始まりです」と。これについては、「良き力に」というボンヘッファーの詩の第6節も参照されるべきでしょう。

> 静けさが今、われわれのまわりに深く広がるとき、われわれにあの豊かな音を聞かせて下さい。目には見えなくてもわれわれのまわりに広がる世界の豊かな音を、すべてのあなたの

子らの高貴なほめ歌を。（Widerstand und Ergebung, Dezember 1944）[25]

ハイデルベルクの宗教学者にして宣教学者（Missionswissenschaftler）のテオ・ズンダーマイヤーは、最近私に、ルカ20・38に関する彼の説教を送ってくれました。これは、復活への希望を全く知らず、そしてまた、霊‐魂の〔死後の〕存続を信じないサドカイ派に対するイエスの答えの個所です。この説教の中で、ズンダーマイヤーは、あのルター派的な〈完全な死〉理論という背景の上に立ってなされる希望なき説教のことに触れます。彼は〔自らの経験について〕こう報告しています。

「あなたはお墓の前で何をお語りになるのでしょうか？」こう私は、スイスのボセイにあるエキュメニカル研究所で一人の若い牧師に尋ねました。彼はR・ブルトマンの非神話化のラディカルな信奉者でした。「全く何も！　棺の蓋は閉じられています。お終いです！　それがすべてです。」

そしてズンダーマイヤーはこう続けます。

聖書においてのみならず（創世記２・７では、ＪＨＷＨ[26]が人間に生命の息《レーベンス・アテム》を「吹き入れ給う」のであり、ローマ8・35では、「いかなるものも私たちを、キリスト・イエスにおける神の愛から引き離すことはできない」とあります）、他の諸民族においても、《人間を、生ける人間とするものは神の息《アテム》なのだ》ということが確信されているのです。……ですから、私たちの内には、この……〔生ける人間たらしめ続ける〕連続性を基礎づける何ものかが存在します。そして、その何ものかとは、神から来るところの生命《レーベン》なのです。聖書は、この生命《レーベン》のことを「魂 Seele」と呼びます。思いますに、もっとよい概念があるわけでもないのに、「魂」というこの聖書的な、そして私たちの言語にかくも深く根づいている概念をもはや使用しない、などということのいかなる理由も存在しません。その際、魂に内在する「生まれつきの」不死性なるものといったあらゆるプラトン的表象は排除されています。（二〇〇八年一一月二三日のハイデルベルクのペータース・キルヒェでの説教）

似たような仕方で、カルヴァンもまた、「魂」の〔死後の〕存続を、プラトン的にではなく、約束史的——すなわち、神中心的・キリスト論的・聖霊論的——に基礎づけたのであり、そして「魂」を「似姿－魂 Ebenbild-Seele」（創世記1・26）および「霊－魂 Geist-Seele」（ルカ1・46—47、ローマ8・11）として理解したのです。

ヨーロッパに関しては「祖先の忘却」が語られ、アジアに関しては「祖先の強大さ」が語られます（J・モルトマン）。しかしヨーロッパにおいても、祖先は、過去の重荷という姿で（アウシュヴィッツ！）、過去への歴史的問い合わせにおいて（R・ヴィットラーム）、そしてまた、個人的・集団的過去の精神療法的もしくは精神分析的再検討において現在的であり、強大です。

しかしまた、アフリカやアジアにおいてのみならず、ファリサイ派的伝統のユダヤ教においても事情は異なりません。コヘレト12・7では、創世記2・7を解き明かしつつ、こう言われています。「そこから人間が形づくられた塵は元通りに大地に帰り（『塵は塵に帰る！』）、生命の霊《レーベンス・ガイスト》（息＝創世記2・7）は、これを与え給うた神に帰る」。そして、第四エズラ7・32ではこう言われています。「大地は、その中で眠っている諸々の身体《からだ》（Leib）を返す。……そして、諸々の住まいは、己れに託されている諸々の魂を返す」[27]。昨年、私は、私の講義を二十年間聴講しておられた一人のユダヤ人女性が逝去するまで付き添いました。彼女は、自分の逝去が近づくにつれ、いよいよ心落ち着かなくなりました。しかし、彼女は、「あなたの魂は、ＪＨＷＨのもとへ、主（Adonai）のもとへ、帰るのですよ。ただ身体（Körper）だけが母なる大地へ戻るのです！」と私が保証してから後は、心安らいで逝去することができました。

そういうわけで、ユダヤ教の祈りの伝統においては、眠りから毎朝目を覚ますことはささやかな復活として理解されています。ユダヤ教の一つの素晴らしい朝の祈りを引用しましょう。

> あなたが私にお与えくださった魂は清い。あなたは魂を創造なさった。あなたは魂に付き添ってくださる。あなたは魂を私に吹き入れてくださった。あなたは魂を私のために守

ってくださる。そしてあなたは魂を、いつか（私の逝去に際して）私から取り上げ、そして魂を私に、将来の世において再びお与えくださるであろう。（J. Petuchowski, Gottesdienst des Herzens, 63）

カルヴァンは、逝去後の霊‐魂の目覚めていること／目覚め／目覚めること、ということの見方を、旧約聖書の伝統からのみならず、もしかするとユダヤ教の伝統からも受け取っていたのではないでしょうか。

古代においては、異教徒は墓地を、NEKROPOLIS(28)すなわち死者たちの場所、と呼んでいました。それに対して、ローマでは、キリスト者はカタコンベの中の墓所を、DORMITORIA すなわち眠りの場所、と呼びました。英語の cemetery（共同墓地）もギリシャ語の koimeterion すなわち眠りの場所、に由来しています。カルヴァンによるならば、人は墓所を、それを越えて、VIGILIA すなわち目覚めている場所、と呼ばねばならないでしょう。身体が再び大地に化す――母なる大地に、そこから身体が取り出された大地に、帰る――のに対して、あるいは、ユグノー派の人々の火あぶりの薪の山からアウシュヴィッツに至るまで何百万回と起こったように、身体が焼き殺されるのに対して、「霊‐魂」（ルカ1・46）はアブラハムとサラの懐の中へと――もしくは、キリストの交わりの中へと――移り行くのです。私たちは今日の讃美歌でこう歌います。「ああ、主よ、どうかあなたの天使をして、終わりの日にわが魂を、アブラハムの懐の中で担わしめ給え」（EG 397, 3）と。また、パウル・ゲルハルトは次のような詞を作っています。「大地がわれらから去り行くとき、あなたはわれらを天の家へと導き給う」（EG 324, 12）と。けれども、私たちが毎日曜日讃美していることを誰も本当には信じていません！

カルヴァンはここでもまた、私たちの時代よりはるか先に進んでいます。彼は、旧約聖書におけるアブラハムとのＪＨＷＨの交わり（出エジプト3・6―7）に方向づけられています。彼は、決定的には、新約聖書におけるキリストの交わりに方向づけられているのです。もしもキリストが生きておられるのならば、キリストにおいて逝去した者たちが死んでいるなどということはありえません（ローマ14・7―8）。さもなければ、神ご自身もまた死んでおられる〔ということになる〕のです。神か、さもなくば死か（H・J・イーヴァント）。

カルヴァンはこの点でもまた、私たちの時代よりはるか先に進んでいます。彼は、このテーゼにおいて、プラトン主義者では決してなく、聖書神学者です。というのも、キリストは――カルヴァンが引用しているように――盗賊に対してこう語っているからです。「今日のうちに、あなたはわたしと共にパラダイスに――すなわち、死者たちの中から〔引き上げられて〕の生命《いのち》なる〈キリストの交わり〉[29]の内に――いるであろう」と（ルカ23・43）。キリスト者を迫害する者たちは――カルヴァンはすでに一五三四年の『プシコパニキア』でこう語ります――火あぶりの薪の山の上で、逝去した者たちの身体を燃やすことはできる、しかし「霊－魂」を破壊することはできないのだ（マタイ10・28）、と。「霊－魂」たちは、ヘブライ12・22―23によれば、天の／上なるエルサレムへと入って行き、そこから、神の教会《ゲマインデ》のもう一つの次元として――「証人たちの大いなる雲」として（ヘブライ12・1）――私たちに付き添ってくれます。これが、〈身体と魂に関する完全な死〉という希望なきテーゼに抗する、〈魂の希望に満ちた目覚め〉の教え／宣教の持つ牧会的（seelsorgerlich）[30]次元です。その際、私たちは、死んだ身体《ケルパー》と共に滅びてしまう生気‐魂（Vital-Seele）（アリストテレス）[31]と、生ける神にして父の御許へと――アブラハムとサラのもとへと――キリストの交わりの中へと入って行く霊‐魂とを区別しなければならないでしょう。

しかしながら、私たちは、このようなことを福音として宣べ伝えるための言葉をまだ持ってはいません。けれども私たちは、この方向性を指し示しているような神学以前の経験はしています。つまり、最近私の友人が癌で逝っ《シュテルベン》たとき、ケルン大学病院のカトリックである主任医師はその御夫人[32]にこう語ったのです。「もしも御主人とお話しするときには、どうぞ私からよろしくお伝えください！」

この点でも、カルヴァンはなお私たちの前にいるのであって、決して背後にいるのではありません！

私見によれば、事実上カルヴァンの伝統の中にありつつ、このような問いに集中的に取り組んでいる文献がアジア出自であるのは偶然ではありません。すなわち、L. Schreiner: Adat und Evangelium, 1972; Jung/Uck-Hwang: Der junge Calvin und seine Psychopannychia, 1991; Lee Nam-Beck: Protestantismus und Ahnenverehrung in Korea, 2001; Misook Kwak: Das Todesverständnis der koreanischen Kultur, 2004です。希望の哲学――「未存在の存在論」――の世界的に有名なかのユダヤ人哲学者（エルンスト・ブロッホ）は、その逝去の直前にモルトマンにこう語りました。「私はわくわくしているよ。待ち望むべき何ものかがなおもあるのだから」と（こう、モルトマンは二〇〇四年一二月一日、私に語ってくれました）。

（1）原題は Die Aktualität der Theologie Calvins. Die Wachsamkeit der "Geist-Seele" in der Christusgemeinschaft. 以下、注はすべて訳者による。なお、本講演は、西南学院大学神学部講演会（二〇一〇年九月二二日）としてなされた。

（2）原語は Sterben。

（3）直訳は「寡婦 Witwe」。

（4）原語は verstorben（versterben の過去分詞から作られた形容詞。なお、versterben は、前注2の動詞 sterben の同義語）。

（5）原語は die Gestorbenen で、前注2の動詞 sterben の過去分詞を名詞化したもの。

（6）邦訳は、「プシコパニキア　魂の目覚め（一五三四年〔執筆〕、一五四二年〔出版〕）」、『カルヴァン論争文書集』久米あつみ編訳、教文館、二〇〇九年、三九―一二五頁所収。

（7）原文は die These vom Seelenschlaf der Gestorbenen. die Gestorbenen は sterben（「死ぬ、死去する」を言い表わす最も基本的な用語）の過去分詞から作られた名詞なので「死んだ者たち、死去した者たち」と訳すのが普通だが、本講演では die Toten（死者たち）と区別するため（後述参照）、「逝去（ゆくこと・さること）した者たち」――この訳語は少なくとも（「逝去 Sterben」から区別されるべき）「死 Tod」という語を含まない――と訳すこととする。前注2と4も参照。

（8）クラッパート教授のメールでの御教示による。

（9）結びの引用符は――原文では抜け落ちているので――訳者の推測による。

（10）文部大臣ルストによって退職処分にされたのは一九三五年六月二二日である（E・ブッシュ『カール・バルトの生涯』小川圭治訳、新教出版社、一九九五年第二版、三六八頁参照）。

（11）ツィンマリ（一九〇七―一九八三年）は「今世紀のスイスの生んだ代表的な旧約学者の一人であり、ドイツ語圏ではアイヒロット、フォン・ラートと並ぶ最も重要な旧約神学者である」。同じ「一九三二年にゲッティンゲンで Geschichte und Tradition von Beerseba im Alten Testament（『旧約聖書におけるベエルシバの歴史と伝承』）で博士号を取得」（W・ツィンマリ『旧約聖書の世界観』教文館、一九九〇年、二九五頁。山我哲雄氏の〈訳者あとがき〉より）。

（12）Psychopannychia von Joh. Calvin, hrsg. von Walther Zimmerli, Quellenschriften zur Geschichte des Protetantismus, 13. Heft, Leipzig 1932 (108 Seiten).

（13）バルトの原文では die Toten（死者たち）であるが、ここでクラッパート教授は die Gestorbenen と言い換えている。

（14）下線部はバルトの原文における強調部分（引用文においては省略されている）。以下同様。

（15）『教会教義学・創造論Ⅱ／3』菅円吉・吉永正義訳、新教出版社、一九七四年、四五九―四六〇頁。但し、拙訳による（以下同様）。

（16）前掲書四六二頁。
（17）Ⅱコリント5・1以下参照。
（18）『教会教義学・和解論Ⅲ／4』井上良雄訳、新教出版社、一九八六年、四二三―四二四、四三五頁。この三個所すべてにおいて「旅立つこと」と訳した語（aufbrechen もしくはその名詞化 Aufbrechen）が用いられている（井上訳は前二個所を――口語訳をそのまま引用して――「この世を去って」と訳し、最後の個所のみ、正しく「出発」と訳している）。
（19）バルトの絶筆のタイトルは「新しい出発・立ち帰り・告白」（Aufbrechen-Umkehren-Bekennen）である（カール・バルト『最後の証し』小塩節・野口薫訳、新教出版社、一九七三年、九一頁以下所収。すなわち、拙訳では「旅立ち」と訳した語がそこでは「新しい出発」と訳されている）。そして、この「旅立ち」の「どれほど照明をあてて解明しても解明し尽くしえず、どれほど熟考しても熟考し尽くしえぬ原型（Modell）」として、「約束された地へ向かってのイスラエルのエジプトからの出発（Auszug）」が挙げられている。「旅立ち」と訳す所以である。（同97頁。但し、訳はかなり変えてある。原文は Karl Barth, Letzte Zeugnisse, Zürich 1969, S. 63）。
（20）例えば、E・ブッシュ前掲書三二三頁参照。
（21）E・ブッシュ前掲書三四四頁参照。
（22）ジャン・カルヴァン『キリスト教綱要　改訳版』第3篇、渡辺信夫訳、新教出版社、二〇〇八年、五〇四―五二七頁参照。
（23）K-H・ビーリッツ『教会暦』松山與志雄訳、教文館、二〇〇三年、二〇〇四年再版、一九三―二〇一頁参照。

（24）同右。
（24ａ）同方向の理解を示すものとして、『バルト・セレクション１』天野有編訳、新教出版社、二〇一〇年（二〇一四年第3刷）、一〇二―一〇三頁注8および五五六―五五七頁も参照。
（25）Ｄ・ボンヘッファー『ボンヘッファー獄中書簡集』村上伸訳、新教出版社、一九八八年、四七一―四七二頁（村上訳をそのまま用いさせていただいた）。
（26）ＪＨＷＨは、旧約聖書におけるイスラエルの神の固有名詞のヘブライ文字をラテン文字表記したもの。岩波訳聖書では「ヤハウェ」と表記される。「第二神殿時代〔紀元前五一五年―〕以降のユダヤ人たちは第三戒〔出エジプト記20・7〕などに基づき、神の名を口にすることを敬遠し、朗読する際にもそれを「〔わが〕主」〔ヘブライ語でアドナイ〕などと読み替えたため、やがてこの神名の元来の発音は忘れられてしまった。かつてしばしば用いられたエホバは、この四つの子音字にアドナイの母音を当てた誤用である。なお日本聖書協会の口語訳、新共同訳では、このユダヤ教以来の伝統に即してＪＨＷＨを「主」と訳す」。現在広く用いられているヘブライ語聖書本文では、通常はＪＨＷＨにヘブライ語の「名」の母音を当てている（以上、『旧約新約聖書大事典』教文館、一九八九年、「ヤハウェ」の項――山我哲雄執筆――より。なお、ヘブライ文字のラテン文字表記部分を一部変更した他、カタカナに変換もしくは省略した。「神聖四字」の項も参照）。そう言えば、クラッパート教授が講義やゼミの中でＪＨＷＨをよく「御名」（der Name）と言い換えておられたことを二五、六年経った今も昨日のことのように想い出す。
（27）『聖書外典偽典第五巻　旧約偽典Ⅲ』（第四エズラ書は八木誠一・八木綾子訳）教文館、一九七六年、一八五頁（四一三頁の注三二（18）も）参照。しかし、訳は若干異なっている。

（28）原文ではNEKORPOLEISとなっているが誤記と思われる。

（29）die Christusgemeinschaft des Lebens. 訳しにくいので、ここだけ「キリストの交わり」に〈 〉を付けることにする。なお、このルカ23・43に関する同方向の理解を示すものとして、前掲『バルト・セレクション1』三一五頁（後半の段落）―三一六頁（半ばの段落終わりまで）を参照（三一五頁終わりから二行目については一部分、第1、2刷と第3刷とは異なっている点にも注意！）

（30）直訳すれば「魂の配慮の」。

（31）「かつて上智大学の総長を務めたこともあるヘルマン・ホイヴェルス（Hermann Heuvers）神父は……アリストテレスの隠れた研究家」であるが、「人間を含めた生物全体の生命原理」として、「ある日私に……『プシュケーの訳は生魂《せいこん》となさってはいかがでしょう』と勧めてくださったことがあった。……それはおよそ生きとし生けるものの内側の能力として、まことにふさわしい訳ではないかと思う」（今道友信『アリストテレス』講談社、二〇〇四年、二七一―二七二頁）。

（32）前注3参照。

（天野有訳）

3 カルヴァンと旧約聖書

今日の我々にとってのカルヴァン神学の意味

カルヴァンは『キリスト教綱要』の中の一つの傑出した章（第2篇第10章1―23節。以後Ⅱ・10・1―23のように略記）において、旧約聖書と新約聖書の一体性という主題を論じています。

1　主要命題

「旧約聖書の契約と新約聖書の契約は同一のものである」――これがカルヴァンの主要命題です。

カルヴァンは、旧新約聖書の類似性、それどころか一体性について語っている旧新約聖書の関係規定についての分析の中で、次のような根本命題を定式化します。

神が世の初め以来御自身の民の中に選び入れ給うた全ての者は、（われわれの間で有効であるのと）同じ律法、同じ教えの絆によって神と結びつけられていた。……旧約聖書の父祖たちは、われわれと同じ嗣業に与り、同じ仲保者の恵みによって、われわれと共通の救いを待ち望んだのであるから、わたしはこの主要概念を強固にして、どの程度までこの契約共同体において（イスラエルとわれわれキリスト者との間の societas において）彼らの状況が（われわれの状況と）異なるのかを問いたい。（Ⅱ・10・1）

その際にカルヴァンはさらに別の主要命題へと前進していきます。

全ての父祖の与った（旧約聖書の）契約は、本質と事柄自体においてわれわれのそれ（新約聖書の契約）と何ら相違せず、全く一つであり同一である。（Ⅱ・10・2）

2　契約の定式と決して解消されることのない契約

イスラエルとの神の契約は、律法〔トーラー〕（出エジプト6・7、民数記6・24―27、レビ記26・11―12、申33・29）や預言者〔ネビイーム〕（イザ33・22、ハバ1・12）や諸書〔ケトゥービーム〕（詩編144・15、33・12ダビデ歌集）が示しているように、神の永遠の生命への参与を含んでいます。カルヴァンは〔「私はあなたがたの神となり、あなたがたは私の民となる」という〕契約の定式（レビ記26・12）でもって旧約聖書の中心的な事柄を名指し（R・スメント、N・ローフィンク、B・ヤノフスキ）、それをレビ記26・11の「神がわれわれの間に住む」というシェキーナー表現と結びつけています（Ⅱ・10・8）。

カルヴァンにとって出エジプト記６・７の「私はあなたがたの神である」という言葉は、霊的生命の充分明らかな約束（clara promissio vitae spiritualis）です。神はこの約束を単に肉体のためにのみ与えられたのではなく、特別な仕方で魂のために与えられた。神は魂を義の賜物によって御自身と結びつけ給うたのであるから、魂が死に帰することはあり得ない。「この結合があれば、この結合は永遠の生命という賜物を必然的に伴うのである」（Ⅱ・10・8）、これがカルヴァンの結論なのです。

肉体とは異なって死ぬことはない魂の生命は神との生命の交わりの中に止揚されます。神（ＪＨＷＨ）は魂を特別な仕方で、「魂が義（義認）によって神と結び合わされている」（Ⅱ・10・8）ということを通して、御自身の永遠の生命と結びつけ給うのです（『プシコパニキア』の主題はそれによって既に話題として持ち出されている）。

カルヴァンは『綱要』第Ⅱ編10章８節で契約の定式を論じているとすれば、10章９節では決して解消されることのない契約という主題を論じています。イスラエルの神は父祖たちに対して「私はあなたがたの神である」（出エジプト３・７）と初めに一度きり御自身を証しされただけではなくて、また彼は常に彼らの神であり続けるであろうと約束されたのです（Ⅱ・10・9）。それゆえに彼らの希望は現世の幸福に満足するのではなく、神の国の将来にまで向かっていくのです。この約束された将来の時の知識が旧約聖書の信仰者たちにおいて効力を持っていたことは多くの声が証しています。それによれば、信仰者たちはただ現在の不幸の中においてのみでなく、将来の全てにわたって、神が彼らを決して見捨て給わないということによって慰められるのです（Ⅱ・10・9）。

創世記17・17の「私はあなた〔がた〕の後の子孫の神となる」という聖書のテキストは、「神が子孫を祝福された」ということを示しています。なぜなら、

神が（イスラエルの父祖の）子孫に御自身の慈しみを告知していたとすれば、ましてや神が死者たちに対して御自身の慈しみを欠如させることなど為し得給わなかった。……神の慈しみは死によっても妨げられず、憐れみの実を死者から取り去らず、むしろ彼らの故に千代に及ぼし給うのである（出エジプト20・6）。……主はこの約束の真実を証印し、父祖たちの死んだ遥か後に、御自身を「アブラハムの神、イサクの神、ヤコブの神」と呼び給うたとき（出エジプト3・6）、まさにその約束が成就していると言われたのである。もしこれらの人たちが存在するのをやめてしまっていたとしたら、消えてなくなってしまっていたとするならば、それは全く笑うべき確約ではないだろうか。もしそうだとしたら、あたかも神が「私は存在しない者たちの神である〔私は死んだ者たちの神である〕」と言われたのと同じになってしまう。（Ⅱ・10・9）

私の師である旧約学者のW・ツィンマリは、一九六二年のゲッティンゲン大学での演習の時間

に、出エジプト記3・6について、「神、生ける神は、死体の神ではない！」と語ったことがありました。

それゆえに、キリストは、（1）天使も（2）死後の魂の存続も（3）死者の復活も信じないサドカイ派の人々との対論において、「すでにモーセが死者の復活について証している」（Ⅱ・10・9）と語ることによって、サドカイ派の人々の間違いを明らかにすることができたのです。そのようにカルヴァンは、死者の復活に対する信仰告白のために出エジプト記3・6を引き合いに出していたラビの伝承を用いて、表現しています。そしてモーセの証言として申命記33・3が付け加えられるのです――「全ての聖徒は神のみ手の内にある」。

迫害された人々や火刑の薪の山の上で焼かれた人々のために、カルヴァンが魂の看取り手として引き出した帰結はこうです――「死と生の主である御方が後見人、監督者、保護者となることを引き受けてくださった者たちは、死によっても滅びない」（Ⅱ・10・9）。

生ける神と死人――両者は調和しません。それゆえ、生ける神、生命の主にふさわしいのは、死んだ後「すべて神によって生きている」（ルカ20・38、マルコ12・18―27）死者たちの魂です。

『プシコパニキア』の関心事を取り上げているこのカルヴァンの論述が示しているのは、カルヴァンの関心は第一義的にはプラトン主義的・人間学的なものではなく、心底から神中心的・神学的な関心だということです。主（JHWH）、イスラエルの神は生ける神であるゆえに、神によって選ばれた者たち、神との交わりの中に立っている者たち、契約によって神と結ばれた者たちは、死んでいるということはあり得ません。もしそうでなければ神も死んでいることになるでしょう（イーヴァント）。そうではなくてむしろ、主（ＪＨＷＨ）は関係の中における神であり、主（ＪＨＷＨ）はアブラハム、イサク、ヤコブの名前と共に御自身を呼び給うのです。生ける神と死人――これはカルヴァンによれば両立しません。

そのことをカルヴァンは、イエスがマルコ12・18―27において取り上げているラビの伝承からも知っていたのです。

3　旧約聖書の主要な証人たち――アブラハム、モーセ、ダビデ

旧約聖書の契約の証人たちについてのカルヴァンの叙述において、アブラハムの歴史についての叙述は心を打ちます。アブラハムは、ユグノーの亡命者たちの多くと同様に、またカルヴァン自身とも同様に、その家族と故郷の国から、「あたかも主が生きる楽しみの一切を奪い去ろうとしておられたかのように、……引き離され」（Ⅱ・10・11）ました。アブラハムは妻サラを売春の危機にさらさなければなりませんでした。――多くのユグノーの女性たちは、飢餓の極みで生き延びるために売春宿に行き着いたのでした。イサク誕生の約束の成就はアブラハムの高齢にいたるまで遅延します。――ここにもカルヴァンが待ち焦がれたこと、そしてついには彼のただ一人の息子を失ったことが伝記的に反映されています。

アブラハムは（いまや老齢に達し）、このような年齢にとって最も不愉快で最も辛いことに、子のないまま年を重ねることを恐れなければならない。（Ⅱ・10・11）

そしてイサクが生まれた後で、アブラハムは「このイサクを犠牲として捧げよ」との命令を神から受けました。

しかし、父が自分の手でわが子を殺さなければならないなどということは、悲惨と嘆きのあらゆる例を越えたことである。このように彼は全生涯を通じて追われ苦しめられたので、誰かが一つの特別に悲惨な人生を描こうと欲するなら、これ以上に適切な範例を見出しえないであろう。（Ⅱ・10・11）

旧約聖書の契約の証人たちの苦難史の内部におけるアブラハムとイサクの苦難史についてのカルヴァンの印象深い叙述は、内容的にはラビたちが西暦紀元前二〇〇年から紀元後二〇〇年までの間の迫害下にあった時代に、さらにまた中世の迫害下の時代に、物語り発展させた〈イサクの縛り〉（アケダー）伝承に近いものです。ジャン・クレスパンが記すのと同様なユグノーの殉教者伝承について叙述したとき、カルヴァンはラビたちと同様にユダヤ人の苦難史と迫害史が伝えたアブラハムの試みとイサクの縛り（アケダー）を捉え返していたのではないでしょうか。

『綱要』第2篇10章13節では、それまでに論述されてきたことの衝撃的な要約がなされています。カルヴァンはそこにおいてカトリック的キリスト教世界（Corpus Christianum）からの脱出（Exodus）を叙述し、神の新しい都という約束された来るべき生命への途上における抵抗する神の民を描写します。すべてが「遍歴」（peregrinatio）というキーワードのもとにおかれているのです（因みに、ルター派の神学者であり、またカール・バルトの弟子でもあったエルンスト・ヴォルフは、自分の二巻の論文集に『遍歴』（peregrinatio）というタイトルをつけている）。遍歴は同時に土地財産を持たないことを意味しました。寄留者であること、遍歴者であること、土地財産を持たない者であること（hospes, peregrinus, inquilinus）ということの三幅対（Trias）によって、多くのユグノーの亡命者たちの状況が正確にかつ印象深く叙述されています。すなわち、彼らは――「墓以外は何も」所有しなかった旧約聖書の父祖たち自身と同様に――動揺することなく、約束に固着し、あの神によって堅固な基礎の上に建てられた都を待ち望んだのでした（ヘブライ11・9）。彼らはこの世の生とは別の生において約束の成就を得ることを希望したのです。「では彼らがカナンの地で遍歴者また寄留者に過ぎなかったのなら、彼らが（この地の）相続人に指定されていた主の約束の成就はどこに行ったのか」（Ⅱ・10・13）と、カルヴァンは問い、そしてこう記しています。「主（ＪＨＷＨ）はそれによって、主が所有を約束されたのは遥かに遠く望み見るべきものであったのだ、ということをはっきり暗示しておられる」（Ⅱ・10・13）と。

この『綱要』第2篇10章13節には、ユグノーの亡命者たちの追放という運命の全苦境が、しかしまた将来の来るべき市民共同体を問い、これを求める（フィリピ3・20）希望の力が、映し出されています。

ヘブライ人への手紙の名宛人であるユダヤ人キリスト者たちが当時永遠の都ローマ（Roma Aeterna）を脱出しなければならなかったように、今やカルヴァンによれば迫害され故郷を失った亡命者たちは、ヨーロッパのカトリック的キリスト教世界（Corpus Christianum）を脱出しなければならないのです。なぜなら彼らはここでは約束の成就を期待できないからです。これはヘブライ人への手紙11章に表明されている脱出――ローマから神の国の来るべき新しい都を目指しての脱出――の衝撃的な現実化です。これらのカルヴァンの文言の現実化は、今日のわれわれにとっては、ドル貨幣に記された"IN GOD WE TRUST"という標語を伴ったグローバル化したアメリカという国家を脱出して、法と正義に方向づけられ・またそれに基礎づけられた神の市民的・世界的な都、新しきエルサレムを求めることにあるのではないでしょうか。

『綱要』第2篇10章のダビデについて言及する15節に移行するに際して、カルヴァンは、これまでの立証においてモーセのトーラー（五書）に限定してきましたが、「明らかな光の前に目を閉ざさない限り、モーセは霊的な契約への明瞭な告白を保持している」（Ⅱ・10・15）と言明しています。

カルヴァンはダビデを取り上げることによって〈前の預言者〉へと移行します。そのようにしてヘブライ語の聖書（正典）の順序を守り、この聖書正典の全部分に（はじめにモーセ（五書）、次に預言者）という仕方で順番に、そのさまざまな現実化形態や出現形態におけるただ一つの霊的な契約を尋ね求めています。その場合ダビデは――カルヴァンが明白に語っているように――〈前の預言者〉の一人なのです。その後にはじめてカルヴァンは『綱要』第2篇10章20―22節において〈後の預言者〉に移行します。

さて『綱要』第2篇10章15―18節で、カルヴァンは〈前の預言者〉、わけてもダビデの苦難と希望の証言を叙述しています。したがってモーセのトーラー（五書）の後でカルヴァンは詳細に預言者を話題にのせます。しかもヘブライ語聖書正典に従って、まず〈前の預言者〉、すなわちダビデとサムエルと箴言におけるソロモンに言及し、その次にようやく〈後の預言者〉に言及するのです。その際ヨブ記は、ヘブライ語聖書正典に対応して、ダビデの詩編の後ではじめて論じられており、今日までのキリスト教の聖書におけるように詩編の前におかれてはいません。カルヴァンはそのことによってダビデの詩編、ソロモンの箴言、ヨブ記という順序をもったヘブライ語聖書正典の第三部に従っています。

その際カルヴァンは〈前の預言者〉に続いて〈後の預言者〉という正典の順序を救いの啓示の進展という意味において特徴づけます。〈前の預言者〉は――唯一つの霊的な恵みの契約のさまざまな段階や発現に対応して――〈後の預言者〉と同様に、約束と希望をまだそれほど明瞭には見ていません。

〈前の預言者〉の叙述の内部においては、ダビデに決定的な意味が与えられています。ここでカルヴァンは、一五五七年の彼の大きな『詩編註解』において、ダビデの人間像から認識していたことを総括しています。実際その『詩編註解』で得た認識の数々は一五五九年の『綱要』最終版の中に取り入れられています。カルヴァンの『詩編註解』に関する最近の研究（わけても P. Opitz, Theologische Hermeneutik 1994 や H. J. Selderhuis, Gott in der Mitte. Calvins Theologie der Psalmen 2004）は、カルヴァンがその（『詩編註解』におけるダビデ像の）叙述において強調しているのはただ単にダビデとキリストのメシア的関連への示唆だけではない、という点を明らかにしてくれました。カルヴァンは、詩編の釈義との関連で、ユグノーの教会の過酷な迫害は無論のこと、ジュネーヴ教会内外での迫害や試練という自分自身の伝記的経験も、ダビデにおいて予言されていたと見ています。そのようなわけでまさに『綱要』第2篇10章15―18節の中には、迫害下にあるユグノーの教会の強いられた亡命と苦難の闘いと殉教を感動的に描く衝撃的な文章が見られるのです。

ここでカルヴァンは再びあの『綱要』の冒頭で既に導入していた神経験（Elohim-Erfahrung）と神名啓示（JHWH-Offenbarung）の間の区別を取り入れます。ここではしかし、それは一方における宗教的な神経験と他方における聖書的な神名啓示の関係を規定するためではありません。ここでは、隠れた神という神経験と自らを啓示し給う神の神名啓示の間の聖書的な区別が強調されているのです。ここではまた、『綱要』の導入部におけると同様に、神名（を表わすヘブライ語の四つの子音）の明白な言及が現れます（Ⅱ・10・17。残念ながらオットー・ヴェーバーによる『綱要』のドイツ語訳はこの神名を削除しています）。

ここでは神名（固有名詞）と神（普通名詞）が区別されているのです。（1）ＪＨＷＨは成功した者たちを党派的に一方的に優遇し・贔屓するように見える隠れた神と区別されます。（2）義しい者たちはこの成功した者たちと区別されます。義しい者たちは、詩編73・16以下によれば、啓示された御名であるＪＨＷＨの聖所に入り、そこで不敬虔な者たちのむなしい破滅的な終わりを認識することがゆるされるのです（Ⅱ・10・17）。

既にこれまでのところで注目させられたことは、カルヴァンが――マルコ福音書12・18におけるイエスと同様に――出エジプト記3・6においてアブラハム、イサク、ヤコブという父祖たちに既に復活の希望が与えられていると見たとき、どれほど強くラビ的釈義の中に根を下ろしていたかということです。なぜなら、ラビたちの釈義は、ここでのカルヴァンのように、隠れた神（Elohim）と恵み深いＪＨＷＨとを区別していたからです。それは既にヘブライ語の聖書自身が創世記22章において、アブラハムを試みる隠れた神（22・1、8）とイサクの死を欲しない自らを啓示するＪＨＷＨ（22・11）とを区別しているのと同様です。

カルヴァンがこの部分において明示的にはダビデとキリストの間のメシア的連関をさらに詳しく論ずることをしないゆえに、ここでは再びもっぱら迫害下に置かれた人々の教会のための感動的な叙述と牧会的な励ましが言及されるべきでしょう。カルヴァンは、迫害されている人々の牧者、エキュメニカルな牧師、メシア的牧者なるイエスへの奉仕者でした。カール・バルトは一九三四年一月バルメンにおいて開かれた改革派教会の総会で（カルヴァンについて）そう語った、と言われています（H. Scholl, Calvin als Seelsorger, in: Chr.Möller [Hg.], Geschichte der Seelsorge, Bd.II, 1995, 103-126）。

その際カルヴァンはダビデを注視するときも文字上の意味（sensus literalis）を重んじる釈義に忠実です。ダビデはキリストを指し示しますが、しかしそのことはダビデの詩編のキリスト論的釈義を表現しているのではなく、ただ「永遠の光の明け初めと立ち昇り」、「復活の奥義の啓示」への示唆を表現しているのです（Ⅱ・10・17）。この「新しき生命の啓示」をダビデは見ることができたのです。JHWHはダビデにこの奥義への扉を詩編において少し開きました。そうして後に「ついに義の太陽であるキリスト御自身が輝きいで給うた」（Ⅱ・10・20）のです。

旧約聖書の証人たち、わけてもダビデについての牧会者的な叙述においては、苦難の中にある人々に対するカルヴァンの偉大な人間性とヒューマニティーが見えてくるだけではなく（残念ながらオットー・ヴェーバーによる『綱要』のドイツ語訳にはそのニュアンスが訳出されていません）、ユグノーの殉教者たちの苦難と迫害の過酷な諸形態の細目にわたる描写も注意を引きます。義しき人の原型としてのダビデはその苦難と試練を描写しているのです。詩編34・23「主はその僕の魂を贖い給う」についてカルヴァンはこう記しています。

たとい主（JHWH der HERR）が、御自身の僕たちを悪しき者たちがただ単に快感をもって虐待し拷問するだけでなく、身体の一部を切断し［異端審問の宗教裁判によって断罪された者たちは処刑される前にまた火刑に処せられる前に舌が切り取られた］、抹殺することをしばしば許されるとしても、そして善き者たちが悲嘆と暗黒のうちにやつれ衰え、他方で不敬虔な者たちが星のように輝くのを許されるとしても、だからといってそのことは決して神がこれらの不敬虔な者たちを御自身の御顔の優しさで養ってい給うなどということを意味しないし、またこれらの者たちが永遠の喜びを享受するなどということを意味しない。それゆえにダビデはまた、信仰者たちが、現在の状況に目を向けるなら、神にあって彼らの罪なきことに対して何の報いも存在しないかのような最も深刻な試みに陥るということについても、沈黙してはいない。なぜなら、不敬虔な者たちが繁栄し全盛を極め、他方では義しい者たちの群れは汚辱と貧困と侮蔑とさまざまな種類の十字架によって苦しめられているのである。（Ⅱ・10・16）

ダビデは、「ついに主の聖所に入って彼らの最後を認識するまでは」（詩編73・16―17）、ほとんど躓いてしまったのです。

苦難と迫害の中においては御自身を隠し給う神は、聖所においては、義しい者たちの目標が主（ＪＨＷＨ）の義の御国にあり、不敬虔な者たちの最後が永遠の虚無の中にあることを悟らしめる、啓示された御名として認識されるのです。このようにして与えられる認識こそは、しかし、迫害下にある者たちに抵抗する力と迫害の中で耐えて屈しない力を、したがってまた十字架を負う力（tolerantia crucis）を与えてくれるのです。「（苦難の中にある義しい者たちに対しては隠れた神〔deus absconditus〕としての）主の憤りは一瞬であって、その憐れみは生涯に及ぶ」という詩編30・6について、カルヴァンは再び迫害下にある者たちの執拗に食い入る問いかけを提出します。それは、より古い契約の書において昔の人々が持っている、来るべき世界の生命に対するわれわれキリスト者たちと全く同一の希望という主題を取り上げるためであり、ヘブライ人への手紙11章の釈義を先に進めるためです。「ほとんど全生涯にわたって苦しめられた彼らが、いかにしてその艱難を一瞬であるとよぶことができたのか？　彼らはほとんどその最小限を味わうこともなかったのに、いったいどこに持続する神の慈しみを見出したのか？　もしも彼らが地上のことに執着していたとすれば、それを発見することはできなかったであろうが、しかし彼らは天を仰いでいたので、聖徒たちが十字架を通してまた十字架を負うことを通して神によって試練を受けるときはただ一瞬であって、彼らを召し集め給う主の慈しみは永遠に続くのである、と認識したのである」（Ⅱ・10・18）。

迫害された教会についての叙述の中にあらためて、既に言及された抵抗する希望（ヘブライ11章）の象徴であるナツメヤシが登場します。ナツメヤシは向かい風を受けて曲がり・しなうことはあっても、折れることはありません。「義人はナツメヤシのように青く茂るであろう」（詩編

92・13。『綱要』Ⅰ・8・12、Ⅱ・10・17、Ⅲ・2・17）。

4　復活の希望の明白な証人たちとしての〈後の預言者〉

モーセと〈前の預言者〉（ダビデ、サムエル、ソロモン、ヨブ）の後で、カルヴァンは『綱要』第2篇10章20―22節において〈後の預言者〉に言及します。カルヴァンによれば、〈前の預言者〉に対してこの〈後の預言者〉においては、救いの啓示におけるはっきり高められた進展を確認することができます。

　なぜなら、主が憐れみの契約にあたって取り給うた経綸と配分の手順（oeconomia et ordo）は、〈約束史的に〉完全な開示（exibitio）の時が近づけば近づくほど（progressus temporis）、日に日に啓示の輝きを増すというものであったからである。……そこで初めに救いの最初の約束がアダムに与えられた時は、それは幽かな火花が閃いたようなものであった。その後、進展が起こり、大いなる光が進展し始め、いよいよ大きく浮かび上がり、また輝きを拡大した。こうして、ついにすべての雲が吹き払われて、義の太陽であるキリストは遍く地球を十分に照らし給うに至ったのである。（Ⅱ・10・20）

5 〈旧約と新約の一体性〉に敵対する者たち

カルヴァンはまず三つの見解を挙げます。それらの見解は、カルヴァンによって釈義的に獲得された〈旧約聖書と新約聖書の一体性と同一性〉を内容的に否定するものです。

（1）旧約と新約の一体性を否定する第一の見解によれば、旧約聖書におけるイスラエルの民はただ単に地上的財産やこの世的な富や政治的な権力の発展を志向しているだけです。イスラエルの民はモーセを通してただ単に地上的な報酬への見込みによって神礼拝へと動機づけられたのであって、「天上の不死について何の望みも持たず」（Ⅱ・10・1）に生きています。なぜなら、旧約聖書は――これがこの見解の主張ですが――復活の希望を持っていないからです。それゆえに、旧新約聖書の一体性については内容的に語ることができないのです。カルヴァンはこの見解の当時の代表者としてセルヴェトゥスと再洗礼派を挙げています。

（2）第二の見解は旧約聖書に対してただ復活の希望を否定するだけでなく、かつてのサドカイ派の人々と同様に、死んだ後の魂〔霊的な生命〕の存続と連続性をも否定しています。神の霊によって創り出された霊なる魂（Geist-Seele）の連続性は、しかし、復活の希望、すなわち霊なる魂が新しい身体性を上に着ること（Ⅱコリント5・1―10）の前提です。現代的なサドカイ派とはその場合には、身体のフォルマ（形相）としての魂は身体の死とともに崩壊する（滅びる）

と主張するアリストテレス主義者たちであり、さらにルター主義者たちであり、再洗礼派の者たちです。

（3）旧新約聖書の一体性を否定する第三の見解は、旧約聖書のイスラエルの民はそのメシア待望によってただ単に地上的なメシアの国を志向するにすぎない、と主張します。かつてイエスを地上的メシアと宣言しようと欲した新約聖書に登場する熱狂主義的なファリサイ派の人々のように、今日振舞っているのは、カルヴァンによれば、「ユダヤ的な妄想（judaica vanitas）」のとりこになり、それによって旧新約聖書の一体性を疑問視する再洗礼派の者たちであり、千年王国論者たちです。

カルヴァンがここで一線を画している、旧新約聖書の内容的な一体性を否定するこれら三つの見解すべては、事柄からして一つながりのものです。つまり、旧約聖書のイスラエルの民ないしユダヤ人を、またそのことによって旧約聖書そのものを、感覚性と外的政治的な権力志向、「肉によるイスラエル」に固定する者（第一の見解）、さらにサドカイ派の者たちのように、旧約聖書は死後の目覚めた魂（Seele）の存続を知らないと主張する者（第二の見解）、――そのような者たちは、カルヴァンの時代に熱狂主義者たちや再洗礼派の者たちや千年王国論者たちやメシア的な中間王国への希望を主張する者たちがそうしたのと同様に、旧約聖書を熱狂主義的なファリサイ派の人々の単なる地上的メシア待望という観点からしか理解しないのです（第三の見解）。

6　旧約のイスラエルの民は希望と恵みと仲保者に与る

旧新約聖書の内容的な一体性を否定するそれら三重の否定に対峙するのは、カルヴァンによれば、旧約聖書の父祖たち、モーセと預言者たちからマカベア家の人々に至るまでが、唯一つの契約の——そのさまざまな現実化における——真の実体（substantia）ならびに同一の内容（res ipsa）に与っているという三重の肯定的事実です（Ⅱ・10・1—23）。

その際カルヴァンの論証の背後には、ヘブライ人への手紙11章におけるアベルからマカベア家の人々に至るまでの一連の信仰と希望の証人たちが立っています（Ⅱ・10・13）。

（1）旧約聖書のすべての父祖たちが将来の生命への同一の希望に与ることは、同一の約束に基づいています。「すなわち、主キリストが今日その民に約束されるのは、彼らがそこにおいてアブラハム、イサク、ヤコブと共に安らう場所以外のどこでもない（マタイ8・11）」（Ⅱ・10・23）。父祖たちに与えられたこの将来の生命の同一の約束は、イエス・キリストにおいては、ただ約束の御言葉（マタイ8・11）によってだけではなく、キリストの復活と関連して父祖たちが将来の生命に至る復活に与る限りにおいて（マタイ27・52、エゼキエル37・1以下）、神の歴史行為によっても生起するのです（Ⅱ・10・23）。カルヴァンはこの関連において、将来の生命ないし来るべき世の生命の約束（promissio futurae vitae）という、ラビの（伝承）定式を一貫して用いています。この主題圏に関して私は一つの今日的な例として、次のことを繰り返しておきたいと思います。あらゆるキリスト教の聖書において申命記34章につけられている「モーセの死」という表題は、聖書に反しており、また希望に反しています。なぜなら、マルコ9・2以下によれば、モーセとエリヤは光り輝くイエスの前に現れているから、つまりモーセとエリヤは生きているからです。そしてユダヤ教の伝承によっても、モーセは（ラビが教える）講堂の中でラビ・アキヴァ（Rabbi Akiva）の新しい口伝による律法の解釈に耳を傾けて聴いており、アキヴァが講義の終わりにあたって弟子たちに「これがモーセの律法（トーラー）である」と語るときにはじめて完全に満足するのです。

（2）旧約聖書のすべての父祖たちが同一の恵みの契約に与ることは、なんらの固有の功績なしに生起します。アベルからマカベア家の人々に至る信仰と希望の父祖たちは（ヘブライ11章）、あらゆる自己の功績なしに、主（ＪＨＷＨ）によって同一の恵みの契約（foedus gratiae）に与らしめられたのです。それゆえに、カルヴァンの理解によれば、ペトロは使徒言行録3・25において「彼の時代のユダヤ人たちを福音とともに与えられた恵みの相続人」（Ⅱ・10・23）と呼んでいるのです。「彼ら（ユダヤ人）は預言者たちの子らであるゆえに、主が昔その民と結び給うた契約の中に入れられているのである」（Ⅱ・10・23）。使徒会議におけるペトロの更なる証言によれば、父祖たちは、われわれ異邦人キリスト者もそれによって来るべき生命へと再生させられた・同一の霊を受けたのです（Ⅱ・10・23、使徒言行録15・8）。

それゆえに、もしわれわれ異邦人キリスト者が、「肉によるイスラエル」としてのユダヤ人と「霊によるイスラエル」としての教会という古典的な区別の意味において、ユダヤ人を、そこにおいてはただ単に地のこと、地上の富と繁栄のことのみが話題となる、肉的な契約に分類するに過ぎないとすれば、それはわれわれ異邦人キリスト者の側における耐え難い頑迷さなのです。それゆえにカルヴァンは情熱的に問うています。「したがって、もしわれわれの内にあって不死の閃光のように生き、またエフェソ1・14においてわれわれの嗣業の保証と呼ばれるあの霊が、彼ら〔旧約聖書の父祖たち〕の内に、われわれの内にと同じ仕方で、住み給うたのならば、いったいわれわれは彼ら〔旧約聖書のイスラエルの民〕から来るべき生命の嗣業を敢えて奪い取ることなどどうしてできるだろうか」（Ⅱ・10・23）。

（3）同一の仲保者キリストに与ることは、キリストが御自身の業と苦難によって得た救いに——すなわち仲保者キリストによって得られた救いに——旧約聖書のイスラエルも与ることを意味します。カルヴァンは要約的に次のように確認します。「父祖たちは彼らの契約の保証人としてキリストを持った。彼ら〔旧約聖書の証人たち〕は全信頼をキリストに置いた」（Ⅱ・10・23）。

この観点からカルヴァンによる旧約聖書のキリスト論的解釈は理解されなければなりません。「われわれキリスト者はラビたちとは違って聖書の中にキリストを見出すという意図をもって聖書を読まなければならない。この目標点から逸れる人は、一生苦労して研究しても決して真理の認識に至ることはないであろう。それともわれわれは主（ＪＨＷＨ）の知恵なしにも賢くあり得るのだろうか?」（CR 47, 125）。カルヴァンがこう言明するとき、それは、W・フィッシャー（W. Vischer）の『旧約聖書のキリスト証言』（一九三三年）あるいはボンヘッファーの『ダビデ王』（一九三五年）が述べるような意味においてではなく、G・フォン・ラート（G. von Rad）の『旧約聖書神学』（一九六〇年）に見られる予型論的釈義（typologische Exegese）の意味において理解されなければならないのです。

7　カルヴァンと同時代のユダヤ人

しかし、カルヴァンの場合、旧約のイスラエルないしユダヤ人についての――彼らの希望が事柄と内容によって新約聖書の希望と同一であるという――その肯定的判断には、決して彼自身の同時代のユダヤ人についての肯定的な判断が対応していません（J. M. J. Lange van Ravensway, Calvin und die Juden, in: H. J. Selderhuis, Calvin Handbuch, 2008, 143-14, A. Detmers, Reformation und Judentum, 2001）。

熱狂主義者たちの千年王国論的戦線と一線を画することで、カルヴァンは『綱要』第2篇10章23節において最後に彼の同時代のユダヤ人にも言及します。つまり、キリストの国の地上的現実化への彼らのメシア的希望に論及するのです。ここではカルヴァンは明確に否定的な評価を持った意見を述べています。

そして全く同様に今日、地上的なメシアの国を期待している〔in expectando regno terrestri Christi〕〔ユダヤの〕民全体の途方もない愚かさ〔stoliditas totius nationis〕は、もし聖書がすでにあらかじめ、ユダヤ人が福音の拒絶に対して罰せられることを、われわれに告げていなかったとすれば、われわれを怪訝に思わせるほかはないであろう。なぜならば、自分たちに与えられた天よりの光を拒絶して、それゆえに誤謬の闇の中に赴いた者たちが、今や神の義しい裁きによって目が見えなくさせられているということにおいて神の審判が啓示されているからである。彼らはなるほどモーセを読み〔モーセとその書について昼も夜も思いめぐらせ（詩編1・2）〕、弛まず反復して学んでいる〔カルヴァンにおいてこのラテン語の revolvere という語はユダヤ教のミシュナー（反復）という語の翻訳である〕。しかし、その間に〔彼らとモーセの間に〕覆いがあって、彼ら〔ユダヤ人〕はモーセの顔に輝く光を見ることができない（Ⅱコリント3・14）。（Ⅱ・10・23）

したがってカルヴァンはⅡコリント3章を次のように釈義しているのです。

すなわち、モーセの顔に掛かっている覆いが古きものないし古びてしまったものなのであって、モーセ自身がそういうものであるのではない。モーセ自身は、むしろ、キリストに結びつけられるならば、再びその本来の輝きにおいて光を放つことができるし、実際にまた光を放っているのだ、と。

Ⅱコリント3章の観点からTENACH〔Tora, Nebiim, Chetubim〕、すなわち律法と預言者と諸書を「旧約聖書」という用語で呼ぶときに、それによって指しているのは〈モーセのトーラー（律法）と前の預言者と後の預言者〉ではなくて、ただ単にあの覆いにすぎません。その覆いはイエス・キリストの福音に対する信仰においてトーラー（律法）から取り除かれ、そのようにしてモーセはその昔のままの輝きにおいて新しく輝きだすのです。イエス・キリストの福音と結びつけられることなしには無理解という覆いによって覆われていたしまた覆われているモーセの輝きを、イエス・キリストの御顔の輝き（Ⅱコリント4・6）は、再びそして新たに輝かせるのです（ヨハネ1・7参照）。

続く引用箇所は、その内容に関して言えば、同時代のユダヤ教に対する批判であることは明白です。

そのようにしてモーセ（モーセのトーラー）は、彼ら（ユダヤの民）がキリストに立ち返るまでは、彼らに覆い隠され、また覆われたままであり続けるのである。そのキリストから彼らはモーセを今日能う限りの力で引き離し分離しようとしている。（Ⅱ・10・23）

たしかにカルヴァンにとっては、同時代のユダヤ教が、ユダヤ教の聖書註解書（Raschi,

Kimchi, Ibn Ezra）から学ぶ一つの要因ではありましたが、しかし、イスラエルと教会から成る唯一つの共同体の選び（K. Barth, KD II/2）を示す一つの霊的な存在ではなかったということは、謎のような事実であり続けます。実際ユダヤ人のそのような存在においてこそＪＨＷＨの選びの真実と、そのさまざまな現実化においても決して解消されることのない契約とが、実証されているからです。この点から見るならば、旧約聖書のイスラエルについてのカルヴァンの傑出した表現を、カルヴァンの同時代のユダヤ人についての言表へも転記したハンス－ヨアヒム・クラウスの分析は、残念ながら修正されなければいけません（Hans-Joachim Kraus, „Israel“ in der Theologie Calvins, in: Rückkehr zu Israel, 1991, 189-199）。

この観点からするならば、全旧約聖書において証言されているイスラエルの歴史がキリストに向かっての予型論的な先行表示（typologische Präfiguration）であるという（カール・バルトやゲルハルト・フォン・ラートと同様の）カルヴァンの教説は、カルヴァンの同時代から今日に至るまでのユダヤ教を視野に入れて、相関関係的共時的表示（korrelative Konfiguration）の方向に補足されなければいけません（vgl. R. Brandau, Innerbiblischer Dialog und dialogische Mission, 2006）。

そのようなわけで、カルヴァンがユダヤ教の釈義や註解から非常に広範囲に学びながら、しかし彼の同時代のユダヤ人を、彼らがキリストの福音を拒否しているゆえに、単なる地上的なメシアの国への地上的・メシア的・千年王国論的待望に関して神によって罰せられていると見ていたことは、カルヴァンの神学と神学的実存の一つの消えない謎であるほかはないのです。それは、特にカルヴァンの場合、歴史的また心的傾向史的な観点から、彼が聖書の全ての文書についての註解書を書いたにもかかわらずヨハネ黙示録についての註解は書かなかったということ、したがって彼の同時代のユダヤ教をただミュンスターやその他の再洗礼派と彼らの問題のある旧約引用という視点からしか見ることができなかったということによって説明されるでしょう。ルターが「藁の書簡」と呼んで彼の神学の中に位置づけることができなかったあのヤコブの手紙がルターにとって意味していたものは、カルヴァンにとってはヨハネ黙示録でした。宗教改革者たちの中では、カルヴァンと違って（ルターは言わずもがな）、特にヴォルフガング・カピト（Wolfgang Capito）は、同時代のユダヤ教を肯定的に評価し、ロースハイムのラビ・ヨーゼルと親しく、ユダヤ教のシナゴーグを教会と同列に並ぶ一つの霊的な存在として理解しました。オリヴェタンの仏語訳聖書の序文もわれわれはカピトに負うていますが、その中でカピトは同時代のユダヤ人について「われわれの契約の同胞」と語っています。そのことによってカピトは十六世紀にあって、教会とシナゴーグの新しい、しかも相関関係的な関係規定のための一つの重要な貢献を行ないました。残念ながら、しかし、その貢献はその後ずっと忘れられてしまったのです。

カルヴァンの同時代のユダヤ人についての否定的な神学的判断は、もっとも、旧約聖書のイスラエルは仲保者としてのキリストに間接的に与っていたのだ、という『綱要』第2篇10章4節のカルヴァンの肯定的な命題の裏面にすぎません。人は、つまり、旧約聖書のユダヤ人を高く評価しつつ、しかし自分の同時代のユダヤ人には否定的な神学的判断を下す可能性があるのです。しかし、イスラエルはただ旧約聖書におけるわれわれの母であるだけでなく、われわれの現在の姉妹でもあります（M・シュテール）。

8　結　論

『キリスト教綱要』第2篇10章という傑出した章は、カルヴァン研究において今日に至るまで決して釈義的・神学的に論じ尽くされたとは言えません。この結論は、次のように要約されるでしょう。

（1）既に旧約聖書は、来るべき世の生命への希望を知っている（イザヤ25・8）。

（2）既に旧約聖書は、死んだ後の霊なる魂（Geist-Seele）の存続についての消息を知っている（ヨブ18・25）。

（3）既に旧約聖書は、到来する神の国と死や涙や苦しみや叫びのない神の義とを待ち望んでいる（ヨハネ黙示録に引用されるイザヤ65・17）。

これら全てのことはカルヴァンによれば新約聖書にとって初めてというのではなくて、既に旧約聖書にとって本質的に妥当しているゆえに、旧約聖書と新約聖書の内容的な一体性についても正当に語られ得るし、また語られなければなりません。

（1）旧約聖書の民イスラエルを単に肉的な希望だけに限定する人々（セルヴェトゥス等）。

（2）現代的なアリストテレス主義の衣服を着けたサドカイ派として、死んだ後の霊なる魂（Geist-Seele）の存続を否定する人々（無神論者、ルター主義者）。

（3）旧約聖書のメシア的希望をただ地上的・政治的なメシア王国だけに限定しようとする人々（千年王国論者）。

これらの人々は、カルヴァンによれば、根本においては旧新約聖書の一体性を恣意的に解釈し、そして「より古い聖書」、「第一聖書」ないし「第一の契約の書」を、古びた聖書にしてしまうのです。

（武田武長訳）

〔翻訳者の付言。クラッパート教授は『綱要』のラテン語最終版からの引用にあたって御自身のドイツ語訳を用いているので、それをできるだけ忠実に日本語に訳した。無論、渡辺信夫先生のすぐれた改訳版を参考にさせていただいた。〕

4　イスラエルの神の「御名」の解釈としての三位一体論

1　イスラエルの神の「御名」を口に出して発音しないこと

カール・バルトは一九三三年三月に、コペンハーゲンでひとつの講演をしました。それは、ドイツにおいてアドルフ・ヒトラーのナチスが政権を掌握（一九三三年一月三〇日）した後に、バルトが初めて公の場所で自分の神学的立場を表明したものでした。その講演は「神学的公理としての第一戒」というテーマであり、キリスト論を根本的に（十戒の）第一戒の解釈だと理解したものでした。

わたしは主、あなたの神、あなたをエジプトの国、奴隷の家から導き出した神である。あなたには、わたしをおいてほかに神があってはならない。（出エジプト20・2―3）

ディートリヒ・ボンヘッファーは、一九四三年一二月五日に、彼が収容されていたテーゲルの刑務所の独房から、親友のエーバハルト・ベートゲに宛てた手紙の中で、イスラエルの神、イエス・キリストの父なる神の「**御名**」を聖とすることについて、次のように書いています。

ところでぼくは近頃ますます強く感じるのだが、ぼくは非常に、旧約聖書的に考えたり感じたりしてきているのだ。だからぼくは、ここ数ヵ月の間、新約聖書よりもむしろ旧約聖書の方をよく読んでいる。つまり、人は、神の「**御名**」を口に出して語ってはならないということをよく知ったときにはじめて、イエス・キリストの名を口に出して語ることも許されるのだ。

ボンヘッファーは、一九四四年の六月から七月に、やはり獄中で書いた十戒の解釈の中で、次のように補足して述べています。

神について語るときに、神がその「**御名**」において生き生きと現臨しておられるということを心に留めることなく神について語ることは、言葉の乱用だ。……神の「**御名**」をこんなふうに間違って乱用する危険に対処して、イスラエルの人々は、この「**御名**」をそもそも全く口にしてはならないという戒めを定めたのである。この規則に表わされている畏敬の念の深さは、ぼくたちにとって、ただ学ぶしかないというほどに深い。

そしてボンヘッファーは、主の祈りを念頭に置きながら、さらに次のように述べて、より厳密化しています。

神の「**御名**」を人間的な言葉へとおとしめてしまうよりも、いっそそれを発音しない、口に出して言わない、ということの方が確かに良いことである。……このことが可能なのは、ぼくたちが日々祈るときだけだ。つまり、イエス・キリストが教えてくださったように、「あなたの『**御名**』が聖とされますように」と祈るときにだけ、それは可能なのだ。

ボンヘッファーはこれによって、ひとつの反ユダヤ教的な伝統に立ち向かって語っているのです。この（反ユダヤ主義的な教会の）伝統が今日にいたるまでずっと主張し続けているのは、神の「**御名**」を発音しないユダヤ教シナゴーグのあり方は、ユダヤ教において神が遠いことの表れだということです。キリスト教の神は近い（親しい）神だ、つまり（キリスト教では）神を信頼してその「**御名**」で呼びかけることが許されており、アッバ（Abba）とさえ呼びかけることが許されているのに、それと違ってユダヤ教の神は遠い（疎遠な）神だ、というのです。

しかし新約聖書は（実は）ユダヤ教と同じく、神の「**御名**」を聖とするというあり方を、その「**御名**」を口に出して発音しないということで守っているのです。神の「**御名**」を、（神を主語として、「神があなたの罪を赦した」と言うのではなく）「あなたの罪は赦された」のような、いわゆる神的受動態（passivum divinum）で言い換えることも、これに含まれています。ヨアヒム・エレミアスはこの神的受動態を、ipsissima vox Jesu つまりイエスご自身の言葉であることの重要な基準だと述べていますが、それは正しいのです。新約聖書の言葉（Logia）の伝統、物語の伝統の中で、神的受動態（passivum divinum）は、神の「御名」を聖とすることの具体化として理解されねばなりません。つまり、イエスご自身が、第一戒をそのように解釈なさったのだと理解されねばならないのです。

これに対して、マルコ2・1―12の「中風の人の癒し」の伝承を持ち出して、反論されることがよくあります。つまり「中風の人の癒し」は、イエスが、中風の人に罪の赦しを約束することで、ご自身に神の権利と神の全権を行使した、ないしそれを要求した、ということの証拠だというのです。（ここに出てくる）律法学者たちは、サドカイ人の伝統の中で議論して、シェマー・イスラエル（申命記6・4）を示してこう言うのです。「この男は（神を）冒瀆している。唯一の方、神の他に、誰が罪を赦すことができようか」（マルコ2・7）。

これに対する反論をオットー・ベッツは、『イエスの愛唱詩編』という素晴らしい釈義の中で、詩編103編3節、つまり「主はあなたの罪をことごとく赦し、病いをすべて癒してくださる」という言葉を手がかりにして、明らかにしているのですが、それだけでなく、メシア・人の子としてのイエスの、仲保者としての性格をも明らかにしています。「人の子（つまりイエス）は神の憐れみの仲保者・媒介者として行為する」というのです。

ヴォルフガンク・シュラーゲもまた、こう言います。

イエスにおいて、神中心的な根本的特徴を見逃してはならない。……イエスによって引き起こされた神の主権的行為は、神の唯一性を認めることと密接に結びついており、イエスの言葉と行為の多くは、まさに第一戒の解釈として理解される（マタイ6・24／並行記事ルカ16・13〔あなたがたは、唯一の神と富とに兼ね仕えることはできない〕）。……イエスの類例のない権威（exousia）と、神にのみ権限のある特権（prerogative）が結びついているということの実例が、マルコ2・5で証言されている、イエスが罪人の赦しを実践したという記事である。一方でイエスは、無条件に赦しを約束するということを敢えて行い、他方では神的受動態（passivum divinum）である「赦された」（aphientai）という言葉が、最終的には神ご自身のみが赦すことができるのだということを、示しているのである。

私は、ベッツとシュラーゲの観察に、更に付け加えて、こう言いたいのです。マルコ2・1―12は、「人々はみな驚き、〔イスラエルの〕神に栄光を帰し、神を讃美した」という言葉で終っているのですが、この終わり方は偶然ではなく、詩編103・1、12の「わが魂よ、主を讃美せよ」に対応しています。メシア的な人の子は、JHWH《ヨッドハーヴェーハー》（主）の赦しと癒しを媒介する彼の行為によって、神の「**御名**」に栄光を帰し讃美を捧げることに仕えており、それゆえ第一戒の、イスラエルの神の「**御名**」を聖とせよ、という戒めの仲保者・媒介者として仕えているのです。

2　三位一体論の基準としての神の「御名」の聖化

ここで私たちは、シャローム・ベン・コーリンが一九六一年に述べた、ユダヤ的唯一神論とキリスト教の三位一体論についての原則的見解をとりあげたいと思います。

イスラエルは告白してきたし、告白する――そして仮にユダヤ人が死に絶えることがあったとしても、最後のユダヤ人に息のある限り、彼は告白するであろう、《聞け《シェマー》イスラエル、われらの神、主は唯一《エハド》である》と。どうしてこの唯一性の中に、子が父とともに入り込む余地があろうか。ましてそれが、第三のペルソナ、つまり聖霊によって完成されるなどありえようか。これは……ヘブライ的な信仰思想を遂行することのできる考え方ではないし、また遂行しようともしていない。なぜなら、真の一性、神の唯一性、すなわち（神の）不可侵なことがら „ächad“ はそれによって、われわれには思い浮かべることもできない瀆聖において傷つけられるからである。これは神学的に見るならば、われわれにとって、唯一性の概念を三位一体的に拡張する内的必然性など何もない、ということでもある。というのは、この拡張は純粋な唯一神論（Monotheismus）の後退でしかありえないからである。

このユダヤ的な見解を頭において考えると、カトリックやルター派の教会におけるように、私たちが礼典から知っており、また詩編朗読の最後に唱えるような、三位一体的・頌栄的な結びの言葉（「父と子と聖霊に栄光がありますように」）は何を意味するのでしょうか。それは詩編のキリスト教化のひとつなのでしょうか。つまりこの三一論的な付け足し《ウンターシュリフト》（末尾に書かれたサイン）は、私たちが詩編を祈るために、まずそれに洗礼を授けなければならないということを意味しているのでしょうか。このことについては、多くの教会や教会会議で激しい争いが生じてきました。E・L・エールリヒ（E. L. Ehrlich）は何度も問いました。いったいどのような根拠で異邦人キリスト教徒に、元来イスラエル民族の祈りであったし今日までユダヤ教徒の祈りであるところの詩編をも祈る権利があるのかと。

そこで私は、最初に次のようなテーゼを立てることにします。

三位一体論は、イスラエルの神の「**御名**」の解釈である――またそうであらねばなりません。したがって、三位一体論は徹底的に旧約聖書的に方向づけられねばなりません。三位一体論はその中心において、来たりたもう神の「**御名**」の啓示を語り、それを讃美し、そしてこのイスラエルの神の「**御名**」の啓示が、次の三つの出来事において集中的に出てきているのを見ます。すなわち、（1）イスラエルに来たりたもう神の到来において、（2）メシア・イエスにおいて来たりたもう神の到来において、（3）聖霊降臨節以降、諸民族にもその霊において来たりたもうイスラエルの神の到来において。神の「**御名**」を無視するのではなくその解釈としての三位一体論は、頌栄論的には、JHWHがイスラエルに現臨し、メシアに現臨し、霊において現臨することを語り、またそれを讃美します。イスラエル・メシア・霊の神の現臨のこの歴史を超えて、三位一体論はイスラエルの神の「**御名**」を、メシア的な神の子を通して、聖霊（Geist der Heiligkeit）の力においてほめ、讃美します。

諸民族からなる教会は、聖霊降臨節以来、この歴史および現臨の中へと自らが含まれ、また受容されていることを告白します。

三位一体論を旧約聖書的に基礎づけること、またそれをイスラエル神学的に方向づけることについては、すでにそれに着手した人々がおります（K・バルト、D・リッチュル、H−J・クラウス）。これらの内容については、以下で取り上げ、更に先へと進めることになるでしょう。

3　古代教会の三位一体論と、形而上学的な神の伝統

古代教会の三位一体論は、古典古代の形而上学的・哲学的な伝統との対話の感銘深い試みです。この試みは、イスラエルの神とそのロゴスについての聖書的な伝統を、新プラトン主義的な形而上学の言語へと翻訳すること（移し変えること Übersetzung）を意図したのです。そのような移し変えとして、三位一体論はヘブライ語聖書の伝統、つまりシナゴーグの正典の伝統の中にあるのですが、この正典においてはすでに、バアルの神に対して限界を設定しようとすることにおいて、

イスラエルが置かれていた周りの様々な宗教の中にあったエローヒーム伝統との間で、包括的で積極的な対話が長く行われていました。もっとも、そこには次のような結果も伴っていました。それは、エローヒームという言葉がイスラエルの神の「**御名**」の述語にされた（創世記14・18―22参照）ということです。

聖書的伝統と古典古代の形而上学とのこの必然的な対話の積極的な結果を、人はさしあたり、形而上学的な存在概念の聖書化と人格化（Biblisierung und Personalisierung）と言い表すことができます。出エジプト記3・14の七十人訳の翻訳、ἐγώ εἰμι ὁ ὤν を、信用ならないとして貶めることが、多くの人々に人気があり、またそれが一般に通用してもいるのですが、それに反して次のことを見て取るべきなのです。すなわち、存在概念の人格化「**私は**存在者である」は、新プラトン主義的な形而上学にとっては異質なものであり、古代の形而上学を打ち砕く力を持っていた、ということです。ここでは、「ロゴス概念の聖書化と人格化」（W・キンツィヒ）についてと同様のことが言えます。

しかし聖四文字すなわちイスラエルの神には名前があるという事実を放棄してしまったということ、ユダヤ教に異質であること、ないしユダヤ人忘却、メシア・イエスがユダヤ民族に解消し得ない関係を持っていたという事実を消去してしまったこと、更に聖書的伝統を存在論化してしまうという傾向、そして最後に、子と霊を典礼的に礼拝することで第一戒に違反してしまったこと、これらは、伝統的三位一体論が抱え込んでしまった問題点です。

この欠損は、たとえば一九八八年一一月にリッペの州教会が「世を無から創造したまい、その民イスラエルを選ばれた父なる神への信仰告白」において実行したように、伝統的な信仰告白に旧約聖書的・ユダヤ的要素を加えて拡大・強化するということだけでは取り除けません。三位一体論を、根本的・全聖書的に新しく方向付け、それに新しい定式を与えることの方が、むしろ適切でありましょう。その（新しい）三位一体論とは、イスラエルの神の**「御名」**を聖とすることから基本的に出発して、**父を、御子において、聖霊を通して礼拝すること**へと導き、メシア・イエス、つまり神のメシア的な御子においては、イスラエルへの関係性、ユダヤ教への関係性が構造的に不可欠であると見なすような、三位一体論です。

カール・バルトはこのことを、すでに一九三三年以来要求していました。

> 言葉は、何らかの一般性における……人間、（一般的な）「肉」となったのではなく、ユダヤ人の肉となったのである。受肉の……教理の全体は「私はこれに、そして三位一体論も、と付け加えますが――クラッパート」、人がこのことを付随的で偶然的な規定だと考え始めたその程度に応じて、抽象的で安っぽく意味のないものとなったのである。神の子キリスト・イエスについての新約聖書の証言は、旧約聖書という土台の上にある「私はこれに、そして両聖書の間のユダヤ教の伝統の中に、と付け加えたいのです――クラッパート」。そしてこの土台から切り離すことはできないのだ。

三位一体論に必要な再定式化は、それゆえ、伝統的な三位一体論を旧約聖書的・ユダヤ的な伝統によって補強することによってではなく、イスラエルの、メシアの、霊の現臨において解釈されるイスラエルの唯一の神の「名」の三つ組み的な生命における全聖書的な新しい方向付けによってのみ、到達されます。

4　神の唯一性の解釈としての三位一体論に対するユダヤ教からの声

(a) レオ・ベック

先ほど引用しましたが、シャローム・ベン・コーリンが一九六一年に語った（三位一体論を否定する）見解は、三位一体論に対するユダヤ教からの唯一の見解ではありませんでしたし、今もそうではありません。ユダヤ教には、別の見解もあるのです。

このコーリンの見解に先んじて、一九五六年にレオ・ベックは、彼の論文「ユダヤ教、キリスト教、イスラーム」の中で自分の見解を述べています。ベックは、キリスト教とユダヤ教を区分するもの、両者をまさに切り離すものを明らかにした後に、論文の最後になって、ユダヤ教とキリスト教を一つにするもの（両者に共通なもの）を述べています。両者の共通点、それは、ユダヤ教徒にもキリスト教徒にも共通の聖書、つまりヘブライ語聖書であり、次にユダヤ人にもキリスト教徒にも共通のアロンの祝福です。この祝福を通してキリスト教徒はユダヤ人と共に、イスラエルの神の「**御名**」の祝福の下に置かれるのです。最後に、レオ・ベックは共通のメシアへの希望と共通のトーラーを挙げた後で、神の唯一性への共通の信仰にも言及します。

> そして次に（ユダヤ教とキリスト教を一つにしているのは）神の唯一性である。教会は三一性を、三位一体の信仰を教えている。しかし教会は常に同時に、三一性における唯一性を強調している。教会は異教への対立において、自らがユダヤ教と結びつけられていると感じているのだ。

三位一体の教説をイスラエルの神の一性と唯一性の解釈として、それゆえ第一戒の解釈として理解するべきだという、レオ・ベックの招待と要請は、広い地平を、つまりこれまで私たちがまだほとんど歩んだことのない地平を指し示しているのです。

(b) M・ヴィショグロッド

ベン・コーリンとは違って、特にM・ヴィショグロッド（M. Wyschogrod）は古代教会のキリスト論と三位一体論の問い掛けを自分の問題にしています。

ヴィショグロッドはその著書『信仰の身体』（*The Body of Faith*, 1983）において、「イスラエルの神は、単なる『**汝**』（DU）にはとどまらない。イスラエルの神はご自身の名を持っている。ユダヤ教神学には、この事実よりも特徴的な事実は何もない」と書きました。

ウィショグロッドの基本的な論文「ユダヤ的観点から見た受肉」（一九九五年）において、彼はこの、イスラエルの神の「**御名**」の超越と身体的内在の弁証法を更に展開しました。そして列王記上8・13以下（神の「**御名**」の住まいとしての神殿）、出エジプト記40・35（ＪＨＷＨの栄光が天幕を満たす）、レビ記16・16（神はイスラエルの汚れにもかかわらず、イスラエルにその「**御名**」を住まわせる）から、次のテーゼを立てたのです。すなわち、

ユダヤ教は……神が人間の世界に入って来ることにおいて、神が特定の場所に現れそこに住むことにおいて、受肉者的（inkarnatorisch）となる。……キリスト教はこの傾向を具体化した。つまりこの傾向は、ある特定の人の受肉へと尖鋭化した。

5　三位一体論の旧約聖書的根拠と新約聖書的根拠

(a)　カール・バルト

カール・バルトは『教会教義学』（以下ＫＤ）Ｉ／1のプロレゴメナにおいて——神学を近代人の宗教体験に基づかせることに対して限界を設定する作業において——旧約聖書に三位一体論

の根拠を問うことによって三位一体論を展開しています。

主の「栄光」、主の「言葉」、主の「霊」におけるＪＨＷＨの位格的な自己現臨化（hypostatische Selbstvergegenwärtigungen）からして、ひ、と、つ、の位格的現存が特別な仕方で中心的に際立つ〔ここでの hypostase は三位一体の一位格という意味よりも広く、歴史の中に実在的な仕方で顕現する神の現臨形態をいう〕。それはすなわち神の「**御名**」である。

彼において、この御名において、信仰者は考え、語り、行為する。……ＪＨＷＨ（主）の名前のために……エルサレムにはひとつの家、ひとつの神殿が建てられる……。彼の名は事実――ＪＨＷＨ（主）はそのようにご自身のために選んだのであるが――エルサレムに住まうのである。

バルトはその際、隠された「**御名**」と、啓示されたＪＨＷＨという「**御名**」を区別します。ＪＨＷＨはその「**御名**」を歴史的な形態で、しかも中心的には出エジプトの出来事において、そしてイスラエルへの契約関係において、啓示し、具体化したのです。その際重要なのは、この啓示された「**御名**」もまた、そしてまさにこの「**御名**」こそが、常にまた、隠された、人間には手にすることのできない「**御名**」でもあり続けるということです。

バルトは新約聖書を念頭に置きつつ、話を先にすすめます。

シナイに、あるいは天に住まうＪＨＷＨ（主）の代わりにではないが、しかし確かに最終的にはエルサレムにおいてひとつの石の家に現実的に住まう主の御名の代わりに、今や人間ナザレのイエスの現実存在（Existenz）が、まさにその代わりとして登場する。……彼（イエス）は新約聖書の使信の頂点のひとつで、「わが主よ、わが神よ」と呼ばれる（ヨハネ20・28）。

しかしだとすると、バルトに反対して次のことが確認されるでありましょう。人間イエスの現実存在と彼の名は、（イスラエルの神の）「**御名**」の代わりとして登場するのではないのです。また、イエスの名は、エルサレムの神殿に住まう**ＪＨＷＨ**（主）の「**御名**」の代わりになるのではないのです。むしろイエスは神殿の代わりに（ヨハネ2・18―22）なるのであり、そして今や、**ＪＨＷＨ**の「**御名**」が住まい宿る場所、イスラエルの神のロゴス、神の言葉が住まい宿る場所になるのです（ヨハネ1・14）。

イスラエルの神に名前があるという事実はバルトにおいては、「父、子、霊」という三位一体的な記号と類概念において、水面下に隠れてしまうのです。もしバルトが、彼の基本的な、そしてＯ・グレーテル（O. Grether）――彼は自著をバルトに送りました――に向けて語られた洞察、つまり、**ＪＨＷＨ**（主）の「**御名**」は三位一体論の旧約聖書的根拠であるという洞察をバルト自身が真剣に受け止めていたならば、バルトは首尾一貫して以下の三つの「**御名**」を区別しなければならなかったでありましょう。（1）その啓示における父としての「**御名**」、（2）神のメシア的な子における神の自己現臨化における「**御名**」、（3）聖性の霊における神の現臨と働きにおける「**御名**」、の三つを。

積極的な意味で、次のことを想起するのがよいでしょう。バルトは後に、一九五三年と一九五九年の間に、三位一体論をもう一度決定的に新しく、契約と和解の物語的な（narrative）教説において展開しました。三位一体論はここでは、契約と和解の歴史によって内容的に構造を与えられています。しかもそれは、「存在は働きに従う」（esse sequitur operari）という方法論的基本命題――神の存在は排他的に神の歴史的行為からのみ理解される――の意味において、構造を与えられているのです。そこではバルトは、キリストの復活における「父の判決」（ＫＤ第59節3）、イエス・キリストの復活の諸々の現われにおける「子の指示」（ＫＤ第64節4）、そして最後に、すべての肉なるものへの霊の注ぎにおける新しい創造の霊としての「霊の約束」（ＫＤ第69節4）が啓示されているのを見ています。しかし残念ながらここでもまだ、イスラエルの神の「**御名**」は、「父、子、霊」について語る三位一体論の内に見失われてしまっています。

一九五九年から六一年にかけて書かれた和解論の倫理学においてはじめて――その中でバルトは「主の祈り」を解釈しているのですが――バルトはＪＨＷＨの「**御名**」において基礎づけられた、三位一体論の旧約聖書的・新約聖書的な根拠へともどってきます。すなわち、イエス・

キリストにおいて、イスラエル的・ユダヤ的な人間、メシア的な人間が、神の「**御名**」を全く聖なるものとする構想の上に登場します。この御名において、来るべき国の到来は再臨待望的な現臨（adventliche Gegenwart）となり、そしてこの名においてイスラエルの神のトーラー意志（Tora-Wille）が完全に行われ成就されます。

バルトは、和解論の倫理学〔天野有訳『キリスト教的生』Ⅰ、Ⅱ〕において、神の「**御名**」について、父とは神への呼びかけである、と書いています。**ＪＨＷＨ**（主）とは神の御名なのです。「父とは、神の言葉の確実な解釈である」（S.83）。

バルトは更に次のように言います。

> **御名**は父に対する明瞭な関係点である。なぜなら、古代ギリシア人たちも、ゼウスを父と呼んだからである。（S.88）

イエス・キリストの名、彼のメシア的な「インマヌエル」の名（エレミヤ7・14、8・8、マタイ1・23）も、イエスという名も――この名においてイスラエルの神は彼の民を「救う」のですが（マタイ1・23、使徒行伝4・12）――たといそれがイスラエルの神の「**御名**」に分かちがたく結びついているとしても、この「**御名**」からは区別されます。なぜなら、メシアのキュリオスという名は、神の「**御名**」をほめたたえ、栄光を帰することに仕えるからです（マタイ21・9、フィリピ2・11)。

とはいえ、積極的に以下のことは確認され続けます。すなわちバルトは、**ＪＨＷＨ**(主)という「**御名**」を三位一体論の旧約聖書的な根拠として再発見したのであり(ＫＤⅠ／1)、三位一体論を契約と和解の歴史の枠において語りつつ展開したのです(ＫＤⅣ／1―3)。「**御名**」は三位一体論の根拠であるのみならず、その目的でもあるのです(Ⅰコリント15・28)。

(b) ヴァルター・ツィンマリ

ゲルハルト・フォン・ラートは、キリスト啓示を有する新約聖書とは異なり、旧約聖書はすべてを規定するような中心に欠けていると言いました。このフォン・ラートとは違って、Ｗ・ツィンマリは、その大規模な仕事を一貫して、そして彼の『旧約聖書神学概論』においては圧縮された仕方で、粘り強く、すでに旧約聖書にある中心への問いかけを続けました。そしてツィンマリはこの旧約聖書の中心を、この中心を契約思想に見出したＷ・アイヒロットとは違って、**ＪＨＷＨ**(主)という「**御名**」において見出したのでした。とりわけ出エジプトの出来事において具体化されたこの「**御名**」において、旧約聖書の神の啓示の中心が示されます。

「**私はＪＨＷＨ**(主)である」という名前の告知を、「**私は私**であるところの者だ」(出エジプト3・14)によってより詳しく説明することは、ツィンマリによれば、存在論的・形而上学的翻訳の試みではありませんし、**ＪＨＷＨ**(主)という「**御名**」を、先行する存在概念の中に含めてしまおうとする試みでもありません。このような試みをツィンマリはすでに七十人訳の（御名を）存在論化する翻訳において見出しているのですが、それと同様ではありません。

残念ながら、ツィンマリは、旧約聖書における証明の言葉についてのこの様式史的認識を、新約聖書の理解にとっても実り豊かなものにすることはありませんでした。むしろその逆です！一九八〇年の彼の講演「キリスト教聖書の部分としての旧約聖書」において――ちなみに私は、この尊敬する教師をその時ヴッパータールに招待したのですが――彼は、ヘブライ語聖書のキリスト教的な読み方は、ユダヤ教的・シナゴーグ的な読み方と違うということを、ＪＨＷＨという**「御名」**の様々な箇所において説明しました。

ツィンマリの驚くべき、しかし教義学的・伝統的なものにとどまっているテーゼは次のようなものです。

> われわれのキリスト教聖書から、ＪＨＷＨ（主）の名が完全に（！）消えてしまった。ハレルヤ（Halleluja）においてだけ、この固有名の最後の名残が保たれている。

ツィンマリは次のように続けます。

> キリスト教共同体がその王（イエス・キリスト）によって体験した新しい示しによって、

ひとつの転換過程（！）が起こった。旧約聖書のＪＨＷＨ（主）は、イエス・キリストにおいて行為する主についての言明によって、転換させられる。ある新しい固有名が、旧約聖書の固有名に取って代わったのである。

あたかも対立関係があるかのように！　なぜなら、イエスの名における祈りは、キリスト教徒にとっては基本的で疑問の余地がないからです。しかし、ツィンマリによってそこから引き出された結論は、釈義的にも神学的にも当たっていません。なぜなら、イエスの名における祈りは、イスラエルの神、われらの父に向いているのであり、その願いは、この神の「**御名**」が聖とされることを目的にしている（マタイ６・９）からです。神の民イスラエルと諸民族との約束されたメシアであるイエスは、ADONAIの名において来るのであって、ADONAIとして来るのではありません（マルコ11・９）。イスラエルの神によるイエスの高挙は、「父なる神の栄光」（フィリピ２・11）に仕えます。そしてHalleluJAは、とりわけ私たちの復活祭と聖霊降臨祭の賛歌（EG 100ff, 125）においては、ツィンマリが言うように「最後の名残り」などではなく、むしろ、神学的にきわめて意味深いことなのです。

新しい名前、メシア的な名前「イエス・インマヌエル」は、旧約聖書の聖四文字に取って代わるのではありません。聖四文字はメシア的な名と分かちがたく結びついています。しかし、にもかかわらず、それらは区別されます。

6　結　論――いくつかのテーゼ

最後に、旧約聖書と新約聖書の（つまり全聖書的な）パースペクティブにおいて三位一体論の再定式化をするために、四つのテーゼを挙げて、これまで語ったことを要約したいと思います。

1．三位一体論は神学的に放棄しえない。それは、三位一体論が古代教会において、とりわけ新プラトン主義との対話において勝ち取られた形而上学的存在論の聖書化、人格化を述べているからだけでなく、むしろ決定的に、それが旧約聖書的・新約聖書的な根拠を持っており、この根拠から理解され、新しく言い表されなければならないからである。

2．約束史的な三位一体論から内在的三位一体論への関係は、逆転されてはならない。L・フィッシャーが述べたように、教義は「思考の到達点」であるが、それは神学的反省の出発点にされてはならない。旧約聖書と新約聖書において物語られた、来たりつつある神の国の歴史におけるＪＨＷＨのイスラエル現臨、メシア現臨、霊現臨は、三位一体論の出発点であり続け、またその試金石でもあり続ける。それゆえ、イスラエルの神の名は、「父」なる神、そのメシア的な「子」、および「聖性の霊」についての三位一体的な言明をも包括しており、これらによって置き換えられえない。イスラエルの神が契約の神として、イスラエルにおいて、キリスト・イエスにおいて、そして神の霊において行為するように、彼（イスラエルの神）は自己自身において関係豊かな神でもある。

3．三位一体論の再定式化は、異邦人キリスト者（男女）にとっては任意ならざる、イスラエルの神のその民イスラエルと諸民族との、三つの歴史の凝集点（Verdichtungspunkt）において方向づけられなければならない。すなわち、神のイスラエル現臨において、キリスト・イエスにおいて与えられた神のメシア現臨において、そして聖霊降臨祭で贈られた霊現臨においてである。詩編（朗読）の最後の三位一体的頌栄は、この理解において、私たちがなぜ詩編をシナゴーグのイスラエル・ユダヤ教と共に、彼らをキリスト教化することなく共に祈るのかということについての、不可欠の異邦人キリスト教的な説明保存記録（Rechenschaftsablage）であるかもしれない。それゆえ三位一体論は、私たち異邦人キリスト者が聖霊降臨祭を通してイスラエル民族の選びに参与する道が開かれたということを物語り、それを超えてイスラエルの神の「**御名**」を三位一体的に讃美するということに、特別なアクセントを置く責任を負っている。

4．再定式化された三位一体論は、イスラエルの神の「御名」が一つの概念へと翻訳されたり、手の届く対象にされたりすることは決してない、ということについて目覚めて（見守って）いる。なぜなら、イスラエルの神が自らをこの「**御名**」において啓示し、この「**御名**」を彼の民イスラエルにおいて住まわせ、彼の霊における認識のプロセスに至るまで名前のある主体であり続けるということは、三つ組みの神の生命（triadische Lebendigkeit Gottes）（マタイ28・19）への信仰告白において、確保され続けるからである。

（片山寛訳）

5　アブラハムは一つにし、かつ区別する

ユダヤ教・キリスト教・イスラームの三者間対話の基礎づけと展望

1　導入として——三者間対話《トリアローグ》の緊急性と実践的な諸々の挑戦

始めに三点、手短な前置きを述べておくべきでしょう。第一点は、最初にこのテーマの表現を少しばかり手直ししたいということです。すなわち「アブラハムは一つにし、かつ分離する（scheiden）」に代えて、むしろ「アブラハムは一つにし、かつ区別する（unterscheiden）」と言い表したいのです。同時に私は、このより正確な表題でもって「そもそもユダヤ教徒とキリスト教徒の間にはアブラハム理解においてどのような区別があるのか」という問いに回答を試みたいと思います。そして本報告では、一方におけるキリスト教の歴史的経過の中で生じてきた分離と、他方における新約聖書と聖書諸文書に存在する区別（これは分離を意味しない）とを、区別したいと思います。

第二点は、ケルンのアブドルジャヴァド・ファラトゥーリ（Abdoldjavad Falaturi, 1926-1996）が報告した内容（Abraham und der Islam. Abraham aus der Sicht des Koran und der mündlichen Überlieferung. [unveröffentlicht]）に自分が事実上たいへん近いと感じており、私自身この方向へとさらに進んで行きますが、それを完遂すれば、結局、偶然ならず再びファラトゥーリの「アピール」に戻ってくるということです。つまり源泉への帰還は私たちに一つの大きな自由な空間をもたらすのです。また私がこの自由な空間へと戻って問いたいのは、その源泉から——それは根本主義的にではありませんが、しかし聖書の根本からという意味で――これまで私たちが看過してきた展望を新たに発見できないだろうかということです。

第三点は、私のロンドンの友人であるラビのジョナサン・マゴネット（Jonathan Magonet, 1942-）との共同研究報告において明らかになったことですが、私たちが典礼の上で生きたアブラハムの伝統を持っていないせいで私たちの霊性がいったいどれほど損失を被っているかを、嘆かざるを得ないということでした。それはまた礼拝における霊性の喪失への嘆きでもあり、さらに私たちキリスト者のほとんどがアブラハムの伝統といかに冷淡に無感動のまま関わっているかということでした。

南ドイツの著名な詩人で牧師のイェルク・ツィンク（Jörg Zink, 1922-）は、彼の七〇歳の誕生日に、ルター派、カトリック教会、そしてキリスト教内部の諸教派の教派的神についてこう語りました。「ルター派だけとか、カトリック教会だけとか、あるいはプロテスタントだけの神というのは偶像だ」（一九九二年のインタビューから）。そしてより大きな世界宗教をも考慮してこう付け加えています。「キリスト教にだけ権限を持つ神とは偶像だ」。それゆえ私たちは、ユダヤ教徒とキリスト教徒とムスリムの対話を必要としているのです。「われわれは今日、全世界とそのすべての歴史と被造物に対して権限を持つ神について語らなければならない」。

つまり神は、一部の者にのみ関心を持って関わる神なのではなく、全人類、全歴史、全被造物に関心を持ち、彼らの苦難と希望と共に歩む神なのではないでしょうか。

一九九一年に創刊された福音主義の雑誌『諸宗教の対話』（Dialog der Religionen, 1/1991,1）も、それと似たような仕方でこう表現しました。

今日、諸宗教の対話に関しては決して選択の余地はない。宗教的狂信主義や誤解や傲慢さといった危険性が今月極めて明瞭に意識された［それはイスラエルへの脅威が現実となっているという誤解と第一次湾岸戦争の様式化に伴う湾岸戦争の時期にあって、キリスト教世界といわば攻撃的とされたイスラームとの間で画期的な議論がなされた時期でした］。宗教間の対立と憎悪が政治的衝突へと噴出しており、またその逆も起きている。

さらに編集者は「宗教ははたしてどれほど平和に貢献できるのだろうか」と問うて、次のように答えています。

ほとんど克服不可能であるかのような困難にもかかわらず、対話は生きるために不可欠である。人類が宗教的かつ政治的衝突とともにそれらの一致を自覚するならば、その時対話はなおさら価値がある。対話とはある解放された経験であり、その経験がわれわれの個人的かつ文化的な自意識をすでに変化させてきたのである。しかしこの経験はまたわれわれの時代の問題に直面して繰り返し異議を唱えられている。

それにしても、私たちの対話を導きあるいは継続させることができる地点をどこに見出すのでしょうか。というのは、この出発点こそが私たちが得ようと努めている目標を決定するからです。ケルンの「キリスト教とユダヤ教の協同のための協会」（Die Gesellschaft für christlich-jüdische Zusammenarbeit）はそのために正しいテーマを掲げ、傾注すべきポイントを前面に出してくれました。それが、私たちが取り組まなければならず、またキリスト教の神学者として取り組みたいテーマ、すなわち「アブラハムは一つにし、かつ区別する」です。

ハイデルベルクの宗教学者であるテオ・ズンダーマイヤー（Theo Sundermeier）は、ロルフ・レントルフ（Rolf Rendtorff, 1925-2014）に捧げられた献呈論文集（Festschrift R. Rendtorff, hrsg. von Erhard Blum u.a., Neukirchen-Vluyn 1990, S.575-579）に説教「アブラハムの旋律による宣教――創世記12・1―9について」を寄稿していますが、そこでアブラハムの約束（創世記12章）についてこう語っています。

私たちは今日、多元宗教的な社会に生きています。私たちはそのような者として、一つのテキストを、別な人たちの耳でも聴かざるを得ません。その人たちはアブラハムに関わりを持つ別の宗教に属し、私たちが信仰の父とみなしているのと同じように彼をそうみなしています。アブラハムを証人とする三つの世界宗教の存在は、「あなたを祝福する人をわたしは祝福する！」という約束の実現なのでしょうか？　ユダヤ教徒たちがアブラハムに忠誠を保ち続けてきた事実は現代に至るまで見ることができます。しかし、私たちキリスト者はアブラハムに関係する祝日を何も持たず、彼を現在化する礼拝様式を何も知らず、礼拝においてアブラハムを取り入れた挨拶もまた何も知りません。しかしムスリムはアブラハムに結びついて、もし彼らがメッカへの大きな巡礼旅行において――あるいはメディナへの巡礼旅行かもしれない――ムハンマドの街へではなく、アブラハムの街へと足を延ばすとき、それはアブラハムを想起し、神殿の最後に残った石に口づけするためなのです。彼らの伝統によれば、その神殿はかつてアブラハムが建てたものでした。彼らは、神に阻まれるに至った愛する独り息子の奉献という大きな祝祭においてアブラハムを想起し、トルコにおいてはバイラムの祭り（Bayram-Fest）と呼ばれている祭りへと招きます。すなわち彼らは、この祝祭に貧しい隣人たちを招いて人々と祝い、アブラハムを覚えるのです。

ズンダーマイヤーはさらにこう述べています。

それに対して、私たちキリスト者は私たちの賛美歌集にあるヨアヒム・ネアンダー（Joahim Neander, 1650-1680）の歌詞からだけかろうじてアブラハムを想い起こすに過ぎません。すなわち「アブラハムの子孫と共に神を褒め称えよ」（『福音主義讃美歌集』317番5節、一九九六年）と。そしてこの歌詞はカトリックの賛美歌集『神賛美』（258番4節、一九七五年）においては、アブラハムとの関わりも彼の名前も外されて、こう変更されています。「彼（神）を褒め称えよ、彼の約束を授かったすべての者たちと」と。

ズンダーマイヤーの指摘以外にも私がアブラハムについての典拠を見いだせたのは、私たちの賛美歌集においてようやく二つだけに過ぎません。第一は改革派の伝統のもので、こうあります。「アブラハムの希望であった約束は、いまなお変わることなく立ってい」る（『福音主義教会讃美歌集』462番4節、ジュネーヴ、一五六二年）。もう一つは、有名な賛美歌「われ心から汝、主を愛しまつる」における、「ああ主よ、私の最期にあなたの愛する御使いを遣わして、私の魂をアブラハムのふところに持ち運んでください」（『福音主義讃美歌集』397番3節、一九九六年）です。

私たちのテーマは決してアカデミックな遊び場ではありません。一九九二年一二月一日から二日に、ケルンで開かれた「一つの世界におけるユダヤ教・キリスト教・イスラーム」という研究協議会の折、その終了にあたり四二〇名の参加者たちによって、旧ユーゴスラビアにおける戦争に反対する決議文が採択されました。出席者たちは暴力行使を非難し、即座にすべての戦闘行為を停止することを求めました。彼らは直面している人々、とりわけボスニア・ヘルツェゴビナの人々の困窮と悲惨を目の当たりにして、自分たちの恐怖とともに嫌悪感を露にしたのです。

われわれは戦争を遂行する党派と政治家たちに要求する。それぞれの宗教の道徳的価値をすべての国家的かつ民族的違いよりも尊重することを、そして憎しみを追い求めないことを。キリスト教徒、ムスリム、そしてユダヤ教徒としてわれわれは、諸宗教の共同体の間に新しい境界線を築くことを容認できない。ドイツにおけるムスリム、正教会、カトリック教会、福音主義教会、そしてユダヤ教徒としてのわれわれにとって重要なのは、各自の共同体において、誤解や猜疑に抗して、われわれの宗教の共通性を擁護することである。

われわれはイスラームの少女と女性に対する恥ずべき行為にショックを受けている。それに対しわれわれは嫌悪を明言する。アウシュヴィッツの教訓はわれわれにそのような犯罪に対しては沈黙しないことを義務づけている。われわれはまた将来にわたって、責任ある者たちを公に告訴することを止めないであろうし、犯行者とその委託者、そしてその共感者に対して、われわれの政府に最も鋭い抵抗と制裁を加えるよう呼びかける。

われわれはすべての人々に、ドイツにおいて難民の悲惨を被っている少なくともその一部の人たちを助けるため、人間性と宗教的義務に従い、極限まで行動するよう勇気付ける。すべての宗教を一つにする基本的原則としての隣人愛は、困窮のうちに苦しむボスニア・ヘルツェゴビナの人々をただ放置したままにしてはならないことをわれわれに要求している。

日常的な関わりにおいて私たちはユダヤ人と一つのあるいは同じ街にともに住んでおり、私たちはその街の会堂を訪ねることが許されています。こうして妻と私は一九九二年一一月の二日間、ヴッパータール・バルメンのユダヤ人墓地が荒らされたあと、ユダヤ教共同体の議長から招待を受けたのでした。ブライヒャー氏（Bleicher）はその晩、私たちにこう語りました。「私はいつも自分がドイツのユダヤ人であることを感じてきました。昨年の事件発生以来、私に再び始まったのは、私がドイツにいるユダヤ人であることを自覚することでした」と。それから彼はこう語ったのです。

私はエルバーフェルダー墓地に自分の墓を持っております。そこには最初の妻が葬られています。彼女は私とともに多くの強制収容所を生き抜いてきたのでしたが、早くに亡くなりました。私は彼女の横に葬ってもらうことを望んでおります。しかし今や、自分が外国の地に葬られてしまうのではないかと恐れています。かつて私は、群衆の絶え間ないわめき声（ゲジョーレ、Gejohle）を浴びながら駅に連行されました。今日、私がネオナチのあのわめき声を聞くとき、再びその当時のことを思い出すのです。

しかし、この点では社会の中で実践的に挑戦することも大切です。私は数年来、大きな関心を持ってハーゲンＹＭＣＡのプロジェクトを追跡してきました。このＹＭＣＡはイスラームの若者たち、その青年たちの諸々のグループ、そしてそう、サッカーチームまでＹＭＣＡの交流に招き入れています。それは、連帯というものが公共生活のきわめて具体的で実践的なモデルの中にこそあるという一つの徴です。そして彼らはキリスト者として私にこう尋ねました。

ぼくたちはこの活動を人道主義と客人をもてなす精神から行っています。しかしあなたたちらそもそも神学者として、なぜこれを単に人間としてではなく、キリスト者としてなすべきなのかを、教えてくださるのではないですか。

本稿は、彼らの問いに対する回答の試みでもあります。

エジプトのイスラーム学者であるファド・カンディリ（Fuad Kandil）はこう語っています。

ムスリムがここドイツ連邦共和国において、独りの神、アブラハムの神に対する信仰において同じ価値を持つパートナーと見なされ評価されることなど現実にはお話にならない。だから私のキリスト者に対する問いはこうである。「あなた方の《宗教システム》あるいは《宗教パラダイム》の枠内で、あなた方がムスリムを評価する可能性はあるのか」。（Dialog der Religionen 1/1991, S.63）

ここまで私たちは、このテーマの緊急性とその実践的挑戦のいくつかの例を考えてきました。

2　三者間対話《トリアローグ》を妨げるモデルからの決別

テーゼ1：　諸宗教の排他性の要求と優越性のイデオロギーには決して未来がないだろう。(1) ユダヤ教とイスラームを排除するキリスト教原理主義も、また (2) 絶対宗教としてのキリスト教理解もそうだが、(3) 啓蒙主義の段階思想 (レッシング)、そしてユダヤ教、イスラーム、キリスト教のアイデンティティなき人道主義の段階思想 (E・ジーモン) にも未来はない。アイデンティティを保持したユダヤ教、イスラーム、キリスト教に立ち戻るときにのみ、つまり共に生きかつ互いを擁護する中で、協同して現代の社会と人間の問題に挑戦していく立ち戻りにのみ、未来があるだろう。この、三者間対話《トリアローグ》における出会いとアイデンティティの発見というプロセスにおいては、それぞれの宗教の中にある原理主義的かつ帝国主義的なイデオロギーを批判することは避けられない。神の啓示は宗教の危機である (K・バルト)。三つの姉妹宗教のアイデンティティを発見することが必要であり、それは三者間対話《トリアローグ》を通して促進されるのだが、そこではアブラハムが、つまり私たちすべての者の父がきわめて重要な意味を持つだろう。

私たちがアブラハムにおける手がかりをさらに詳しく考察する前に明確にしなければならない

のは、私たちが何を望まないのか、どこから離れなければならないのか、ということです。その際さしあたり私はキリスト教側の叙述に限定することとします。つまりキリスト教において発展したモデル、すなわち排除（ヴォルフガンク・フーバー［Wolfgang Huber］は致命的な排除の論理について語っています）、絶対性、優越性、そして他者の強制的併呑、というモデルです。Cogite intrare ――彼らを強いて教会に来させよ（ルカ14・23）――これは実に具体的になされましたし、野蛮に遂行されたのです。

2・1　排他性のモデル（聖書主義的根本主義）

私は拙著『イスラエルと教会』（Israel und die Kirche, 1980）において、教会とイスラエルの関係を規定するいくつかのモデルを示しておきましたので、以下に手短に報告したいと思います。それは次のようなものです。

〈教会はユダヤ教会堂《シナゴーグ》に取って代わった。なぜなら新約聖書は旧約の約束の成就だからだ〉。あるいはこうも言う。〈教会は真のイスラエルとしてユダヤ人キリスト者を統合するが、しかしユダヤ教自身は教会の外に留まる〉。あるいはこうも言う。〈教会は救済を最終的に代表するのであって、イスラエルは教会の前段階として叙述されるに過ぎない〉。そして最後にこう言う。〈教会にとって、シナゴーグつまりユダヤ教は、キリスト教会が肯定的に際立つための否定的な引き立て役である。ユダヤ教は審判と正義を代表し、教会は恵みを代表する。つまりユダヤ教には預言者の審判が当てはまり、教会は赦しの約束によって生きる〉。

シナゴーグは真理を見ようとしないが故に打たれ、戴冠した教会は光と真理を見る者として恵まれるというわけです（Herbert Jochum (Hg.), Ecclesia und Synagoga. Das Judentum in der christlichen Kunst (Ausstellungskatalog), Essen/Saarbrücken 1993）。ファラトゥーリは、これとまったく対応する型にはまった考え方があることを、イスラームとキリスト教に関する学生たちの質問に基づいて具体的に報告しています。

要するに、そのようなモデルは単にユダヤ教に対してだけでなく、イスラームに対しても致命的となっているのです。その例としてマルティン・ルターの文書が引き合いに出されます。一六世紀初頭のオスマン帝国によるヨーロッパへの軍事的威嚇という脅威のもとで、そして彼の時代の歪んだカトリック主義に対する正当な戦いの中で、ルターはローマの権力乱用と教皇の行為義認というすべての要素と要因を、ユダヤ教とイスラームの中に投影しました。彼にとってユダヤ教とイスラームは行為義認の原型であり、終末時における反キリスト的勢力と見なされるのです。

この思想が今日までどのようにムスリムに対する排他的なモデルとして貫かれているかを、私はヨハンネス・トリーベル（Johannes Triebel）がエアラゲン大学の私講師就任に際して行った講義によって明らかにしたいと思います。講義のテーマは「イスラームとキリスト教における聖書理解」（Schriftverständnis im Islam und Christentum）でした。
イスラーム的自己理解、すなわちコーランは神自身のうちに起源を持つがゆえに神性が備わっているという自己理解に基づいて、トリーベルは次の結論に到達しています。

イスラームにおいてはコーラン自体が啓示された神の言葉であるのに対して、新約聖書はイエス・キリストにおける神の啓示を証言する。つまり神の自己啓示が生じたのは聖書の中ではなく、肉となった言葉の中である。イスラームにおいて神の言葉が聖典となったことは、イエス・キリストにおいて肉となった言葉に対立する。（Theologische Beiträge 6/1992, S.317-332, 325）

トリーベルはこのテーゼを何度も繰り返しています。だがトリーベルが文献の中で言及しているスメイル・バーリック（Smail Balic）は、コーランにおいて神の言葉が聖典となったというような観念は《イスラーム的》であるとは言い難いと述べているのです。
だがさらにトリーベルは、聖書の中心からしてイエス・キリストこそ根本規範かつ目的として評価されるべきだという基本原理から出発し、こう続けます。

コーランの中でイエスは確かに卓越した位置を持つが、しかし彼は神に至るまさに唯一の通路という位置にはいない。そしてパウロはすでにガラテヤ1・8でこう語っているではないか。「たとえわたしたち自身であれ、（ムハンマドにおけるガブリエルのように）天使であれ、わたしたちがあなたがたに告げ知らせたものに反する福音を告げ知らせようとするならば、呪われるがよい」と。（Theologische Beiträge 6, S.330）

しかし、トリーベルが依って立つ聖書は、彼が述べるようなキリストの排他性を知りません。キリストは父に至る入り口をかくも排他的な仕方で開けているのではありません。というのは、キリストの進む道はモーセのトーラー〔律法〕の道だからです。またキリストが生きる真理は、父祖たちと結んだ神の契約に対する神の信実だからです。そしてキリストが代理する生は、彼が認め確証する契約とトーラーによる生（ヨハネ14・6）だからです。したがってトリーベルのような仕方で原理主義的に聖書を引き合いに出すモデルは、排他性の論理に従っているため、対話する能力を持ちません。

2・2　優越性のモデル（絶対宗教としてのキリスト教）

このモデルは最初に二世紀の弁証家たちによって、それからもういちどE・トレルチ（E. Troeltsch, 1865-1923）の著書『キリスト教の絶対性と諸宗教』（Die Absolutheit des Christentums und die Religionen, 1902）によって、そして最終的に包括的な仕方でミュンヘンの組織神学者ヴォルフハルト・パンネンベルク（Wolfhart Pannenberg, 1928-2014）によって展開されました。このモデルは一見したところおおいに対話を歓迎しているようです。なぜならキリスト教は最初諸宗教の枠内の宗教と見なされるからです。神学はあらゆる諸宗教とすべての哲学を把握しようという思索的努力として理解されます。神学はあらゆる諸宗教をそれらの基礎にある真理の要求にそって調べるという労苦を引き受けます。そして神学はその点において他の諸宗教における真理契機に開かれているのです。パネンベルクの講義「キリスト教神学の展望における諸宗教、および非キリスト教的諸宗教との関係におけるキリスト教の自己描写」（Die Religionen in der Perspektive christlicher Theologie und die Selbstdarstellung des Christentums im Verhältnis zu den nichtchristlichen Religionen）において、彼はこれまでの包括的な努力をもういちど総括してこう述べました。

真理はただ一つしかありえないがゆえに、人間による真理把握の多元性は避けられず、衝突という要素を取り込んでしまう。神の真理はイエス・キリストにおいて終末論的に啓示されたという信仰を真剣に受け取る限り、キリスト者は、キリスト以外の何ものからも救いは与えられないという命題のもつ排他的な要素を、創造信仰から帰結する意図、すなわち全人類を神の被造物として御子の啓示に組み入れようとする意図と一緒に、しっかり保持しなければならない。キリスト教の自己理解には次のような契機が属している。すなわちキリスト教が真理だと主張する排他性（！）の契機、全人類にとって唯一の神である方の啓示を信仰する包括性（！）の契機、そして異なる信仰形態があるという事実上の（！）多元主義を承認する契機。（Theologische Beiträge 6, S.305-316, Zitat: S. 316）

しかし、この諸宗教の神学はやはり、とどのつまりキリスト教ないしはキリスト教的啓示が絶対であって、いっさいの他宗教に優越することを照らし出すという目的にしか仕えません。すなわち、その神学とは、いかにしてキリスト教の啓示が他宗教の真理契機をより包括的な枠組みの中へと包含しかつ統合することができるかを証明することなのです。

アメリカの神学者ポール・ニッター（Paul F. Knitter）はこの包括性と絶対性のモデルについて、論文「もう一度、絶対性の問題を」（Nochmals die Absolutheitsfrage）においてこう語りました。

私は、他者から得た利益や、他者から学びたいという願いを高く掲げることができる。ただし、あらかじめ次のことに確信を持てるならばだ。すなわち他者の真理は、最終的に私の真理へと併合し統合できる限りにおいてのみ利益となり、私の真理によって初めて十全に妥当し成就する、ということだ。だがもしそうだとすると、そんな対話は猫と鼠の会話のようなものに終わってしまう。どんなに巧みに愛想よく装おうと、私の「最後の言葉」は他者の言葉を否定するか、さもなくば最小限の意義を与えるにすぎない。もう一度たとえて言うなら、猫の腹に入ったときに鼠はその存在を成就するというわけだ。(Evangelische Theologie 49, 1989, S.505-515, 512)

このキリスト教の他宗教に対する優越性モデル——他宗教との対話による通路を通りつつも、しかし他宗教は最終的には包含されてしまう——は、それが語る包括的な認識にもかかわらず、絶対性と優越性の対話モデルであって、絶対的宗教としてのキリスト教のテーゼをもっぱら現代的に変容させ修正したものにすぎません。

2・3　啓蒙主義のモデル（レッシングと相対主義的な宗教の神学）

アイデンティティなき寛容のモデルは一八世紀における啓蒙主義のモデルです。それはG・エフライム・レッシング（Gotthold Ephraim Lessing, 1729-1781）のモデルです。啓蒙主義のこのモデルにすら限界を設けるとすれば、まずは驚かれるに違いありません。というのは、啓蒙主義は以下においても決して貶められるようなことがあってはならないからです。その逆です！　むしろ啓蒙主義は、アウシュヴィッツ以後に私たちが意識するようになった、銘記されるべき限界を持っています。ここでは啓蒙主義それ自体を貶めることではなく、その限界を銘記することが重要なのです。この限界の銘記は、ちょうど今日ジョン・ヒック（John Hick）とポール・ニッターによって主張されている多元主義的宗教理論と宗教的相対主義に対しても妥当します。

第一次湾岸戦争の時期、すなわちイスラエル国の存在が脅かされた時期であり、また表向き遅れて保守的とされるイスラームの中東諸国と、表向きキリスト教的で自由で平和志向とされている西洋諸国との間の世界史的対立が再燃した時期である一九九二年に、私はレッシングの『賢人ナータン』が演じられるのを何回も観、ユダヤ教とキリスト教とイスラームの三者間対話《トリアローグ》に対する啓蒙主義の意義と魅力を体験することができました。私はフランクフルトとヴッパータールの上演を比較することができました。

ヴッパータールでは特殊な背景のもと、つまり湾岸戦争の勃発とともに男女の俳優たちが昼夜入れ替わりつつ、異なる舞台演出により、ヘブライ語聖書、新約聖書、コーランから抜き出された文章を朗読しました。大勢の人々はそこで初めて、聖書とコーランを続けざまに聞き比べるという経験をしたのです。平和問題に関するまことにエキュメニカルな貢献が教会の外から、すなわち劇場の舞台の上からなされたのです。これもまたレッシングの『賢人ナータン』の広範囲にわたる効果でした。

私はそこから三点を強調したいと思います。第一に、キリスト教原理主義に対するレッシングの批判は正当だということです。シターはスルタンにこう語ります。「あなたはキリスト教徒の正体をご存じないし、彼らを知ろうともなさいません。彼らの誇りとはキリスト教徒であるということだけで、人間であるということではないのです」（第2幕・第1場）と。

第二に、キリスト教徒がユダヤ教徒とムスリムに対して犯した罪の指摘も当たっています。

「ほかの宗教よりも優れた神を持っているという敬虔な熱狂、そしてこの優れた神を人類最高の神として全世界に押しつけようとする敬虔な熱狂が、今ここでその暗い邪悪な姿をいとも鮮やかに現しているのです」（第2幕・第5場）。レッシングは十字軍を標的にしながらこう書いています。「十字軍は構想段階では教皇たちの政治的技巧だったが、実行段階では非人間的迫害となった。その責任はキリスト教的迷信にある」。

最後に、レッシングが啓蒙主義の人道観に基づいてユダヤ教とキリスト教とイスラームを相対化したことは、ほとんど正しくありませんでした。彼にとって、ユダヤ人ナータンは真の人間の理想像です。そしてムスリムのサラディンは人道的で賢い支配者の理想像なのです。

レオ・ベックの弟子エルンスト・ジーモン（Ernst Siemon, 1899-1988）は、一九六五年にケルンで開かれた教会大会におけるユダヤ教とキリスト教の対話の対話者でした。彼は一九二九年、「レッシングとユダヤの歴史」（Lessing und die jüdische Geshichte）という小さな論文を書きました。彼が『賢人ナータン』に下した結論は全体として批判的です。曰く、メンデルスゾーン（Moses Mendelssohn, 1729-1786）は決して自ら進んで指輪の寓話を使わなかった。彼はユダヤ人ではない者の口からその寓話を語らせようとしたのだ、と。アウシュヴィッツの後、すなわちショアーの後には、次のことがいっそう当てはまります。

われわれは精彩を欠いたユダヤ的幻影ナータンを放棄すべきであった。……われわれは、自分たちのシオニズム運動にレッシングの毅然とした人道観をあまりにも必要としていたけれども、にもかかわらず彼の精彩を欠いた血の気の無いユダヤ人像から離れるのである。（Ernst Simon, Brücken. Gesammelte Aufsätze, Heidelberg 1965, 219）

一九九一年の冬学期、ヴァルター・イェンス（Walter Jens, 1923-2013）はテュービンゲン大学において、啓蒙主義のこのヤヌス的人物について「アウシュヴィッツ以後の観点における賢人ナータン」（Nathan der Weise aus der Sicht nach Auschwitz）という題目できわめて注目すべ講義を行いました。そこで彼はこう判断を下したのです。

モーゼス・メンデルスゾーンによって目に見えるようになった解放の結果とは、最終的には、ドイツ人となるためにユダヤ人としてのアイデンティティを放棄することだった。その点を考慮するなら、そもそもドイツ人とユダヤ人の共生（Symbiose）、つまり対等な意味での共同体は果たして成り立つのかという疑問が生じる。

したがって、レッシングが『賢人ナータン』を著した一年後の一七八〇年に早くも『人類の教育』（Erziehung des Menschengeschlechts）を出版したことは決して驚くに値しません。そこでは、レッシングにとってヘブライ語聖書はもっぱら教育の最初の段階であり、子どもたちに与える入門書、考える訓練のできていない素朴なイスラエル民族の書なのです。この入門書つまりヘブライ語聖書は、ある一定年齢の人類にしか向いていません。成長した子どもを長くこの幼年期に留め置くことは有害です。こうして『賢人ナータン』の一年後に、我々は進歩への呼びかけをこう聞くのです。すなわち、子どもはもはや必要以上に長くヘブライ語聖書に触れるべきではない、と。

それは子どもに、こせこせした、ゆがんだ、細かいことにこだわる悟性をもたらす。つまりラビたちが聖なる書物を扱うのと同様の態度だ。聖書がその民に与える精神は、それと同様の（ゆがんだ、細かいことにこだわる）性格なのだ。（『人類の教育』52節）

ユダヤ教の次に来るのが、人倫教育の第二段階としてのキリスト教です。

子どもの手から使い古された［旧約聖書という］入門書を奪いとるために、より良い教師が来なければならなかった。そしてキリストが来た。（同52節）

しかし、後者の入門書もいずれは不要となる時が来るでしょう。というのは、この第二の年齢、つまりキリスト教は第三の年齢に取って代わられるからです。すなわち、

第三の年齢は、「完成の時代」である。そこでは人類は、善が善であるが故にそれをなすようになる。（同85節）

なおレッシングは、タルムードに対して、細かいことにこだわり、こせこせしているという中傷をする一方、コーランに対しては沈黙しています。総括すると、ユダヤ教とキリスト教とイスラームの諸宗教は、『人類の教育』によれば、人類が真の人間性へと至る通過段階にすぎないのです。

感覚的なユダヤ人から、精神的なキリスト者を経て、人道的で啓蒙された人類へと至る発展が、重要なのだ。（同93節）

私たちがレッシングから保持すべき第一のことは、啓示には三つの時期があるという指摘です。ただし、啓示の三つの時期を、レッシングのように低い段階が高い段階によって克服されていくことだとは理解しません。むしろそれを、すべての契機と要素が留まり続ける神の啓示史の道だと理解するなら、この時代区分からは、ユダヤ教とキリスト教とイスラームを理解するために重要な洞察がもたらされます。すなわち、アブラハムとイサクとヤコブの神（ユダヤ教）、アブラハムの息子であるイエス・キリスト（キリスト教）、そしてあらゆる肉なるものへの神の聖霊の注ぎ（アブラハム共同体としてのイスラーム）です。レッシングは、このあらゆる肉なるものへの神の聖霊の注ぎについて、フィオーレのヨアキム（Joachim von Fiore, 1130/1135-1202）に関連して語っています。この点に関してまたのちほど戻るつもりです。

第二に私たちは、レッシングが啓蒙主義と人間性を擁護したことを忘れないでおきましょう。レッシングはアブラハムの神への注意と神の啓示史の時代区分を超えて一つの要素を思い出させてくれました。その要素とは、当時のルター派正統主義キリスト教が忘れていたものですが、告白教会の神学者でありかつ啓蒙主義が大好きだったハンス・ヨアヒム・イーヴァント（Hans Joachim Iwant, 1899-1960）が、記憶されるべきレッシングの遺産として、次のように語った要素です。

今こそ教会は、政治の領域において脅かされ、あるいは失われ、そして汚されている寛容を打ち立てる必要がないのか。教会はそのような寛容の生きた証しを立てる必要がないのか。キリストが「アブラハムの息子として」すべての人間のために死なれたということが、政治の領域においても何事かを意味する必要がないのか。

さらに彼は続けて言います。

宗教改革の教会が非寛容である原因は、おそらく教会が限定された人類だけの和解を［つまり、少数の者だけが選ばれ、多数の者が捨てられる、と］教えたことにあるのではないか、だからこそ啓蒙主義が、人間とその尊厳という普遍的概念を構築することによって、激しく攻撃する必要があったのではないか。（H. J. Iwand, Frieden mit dem Ostern. Texte 1933-1959, München 1988, S.150）

まとめましょう。私たちは啓蒙主義を、そして分割されない一つなる人類に対するレッシングの擁護を放棄することは許されないでしょう。しかし私たちは、エルンスト・ジーモンから発せられたユダヤ教からの異議申し立ても思い出さねばならないでしょうし、さらに私は、『賢人ナータン』に対するイスラームからの異議申し立てもあるのではないかと問いたいのです。だがその異議申し立ては、人間性と寛容に反対するものではなく、ユダヤ教、キリスト教、イスラームそれぞれのアイデンティティなき人間性と寛容に対する異議申し立てなのです。

3　アブラハムの神――イサクの、イシュマエルの、そして諸国民の神

テーゼ2：　絶対的な《成就》・《完成》・《最終的な究極的妥当性》といった排他的カテゴリー

の代わりに、アブラハムという人物の姿と歴史が、ユダヤ教、キリスト教、イスラームのカテゴリー的な基準点として登場し、またそれによって、彼に贈られた祝福の約束もそのような基準点として登場する。その約束は、（1）イサク、つまり最初に選ばれた者（ユダヤ教）に与えられ、（2）イシュマエル、つまり最初に割礼を施され、神との契約において祝福された者（イスラーム）に与えられ、（3）イエス・キリストを通して後から付け加えられ共に祝福に与る者である、諸国民から成るキリスト者に与えられた。――アブラハムとサラの神はまた、イシュマエルとハガルの神でもあり、イエス・キリストの父なる神でありマリアの神でもある。――アブラハムに与えられた祝福の約束の多次元性は、彼以外の祝福の受け手を否定するかたちでアブラハムに退歩することを排除する。アブラハムへと排他的に退歩することは、私たちすべての者を宗教的に分断し、私たちは自らを、アブラハムの約束から排除してしまう危険にさらす。――アブラハムに与えられた祝福の多次元性は、ただユダヤ教とキリスト教とイスラームが協同することによってのみ掴み取ることができ、一つなる人類のために共に奉仕することによってのみ次代に伝えていくことができる。

一九六五年、第二バチカン公会議は基本的に次のように定式化しました。

教会はムスリムをも、尊敬をもって見る。なぜなら彼らは、生きておられ憐れみ深く全能であられる独りなる神、天と地の創造者にして人間に語られる方を崇めているからである。それどころか彼ら［ムスリム］は、ちょうどアブラハムのように、神の計りがたい命令に心から服従しようと努めている。イスラームの信仰は、自らが特にアブラハムと深く結びついていると自覚しているのだ。（Islam-Lexikon, 1991, Bd. II, S.430）

スメイル・バーリックはこのバチカンの表明をきわめて肯定的に評価しました。

有能な教会人たちによって作成された［第二バチカン公会議による］このイスラーム描写は、カトリック世界において、対イスラーム評価に関して、まことに革命的な気運の転換を引き起こした。それはこの疎遠な宗教をキリスト者たちに近づけたのだ。

さらにバーリックは続けます。

私に言わせれば、この対話は――イスラーム側から見て――もしも一神教を奉ずる他の諸共同体と一緒になって行われるなら、エキュメニカルな次元を持つようになる。イスラームはもとよりユダヤ教とキリスト教に対して開かれている。（Dialog der Religionen 1/1991, S.68）

私はこの第二バチカン公会議の表明を取り上げたいと思います。なぜなら、その課題はまだ続行しており、ムスリムとキリスト者は同じ神に祈っているのかという問いは答えられていないからです。さらにそこでは、コーランとムハンマドに関して何の記述もないのです。

3・1 イサク、イシュマエル、そして諸国民の神

アブラハムの神は、イサク、イシュマエル、そして諸国民の世界の神です。創世記の12章に、アブラハムの子孫、すなわちイスラエル民族のための包括的な祝福表現が現れます。しかしイサクつまりイスラエルを越えてイシュマエルもまた、アブラハムの祝福の約束に与る者なのです。「そしてわたしはお前を大きな国民としよう」（創世記17・20）と言われているとおりです。そして祝福の約束の第三の次元は、諸国民からなる世界に妥当します。「地上の氏族はすべて、あなたによって祝福に入る」（創世記12・3）。バベルの塔の建設に至る呪いの歴史を背景として、神はアブラハムを通して、そしてイスラエルとイシュマエルを越えて、諸国民からなる世界のためにも祝福の歴史を約束します。創世記12章以降において、神は、第二バチカン公会議で表明されているような単なる創造者ではなく、アブラハムの神である、つまりアブラハムへの祝福に与ることを三つの異なる、しかし切り離されない次元で約束する神なのです。私たちはさらにもう一歩進むべきでしょう。つまり、ヘブライ語の聖書は、すべての諸国民と同じようにイシュマエル

も創造の神に対する関係をもっているを語るだけではなく、むしろ、イシュマエルが決して契約を解消しない神に対する関係をもっていることを、はるかに熱心に語るのです。

3・2　イサクとイシュマエルとの解消されない神の契約

カトリックの神学者ノーバート・ローフィンク（Nobert Lohfing）とエーリッヒ・ツェンガー（Erich Zenger）は、彼らのヘブライ語聖書の研究において、イスラエルとの決して解消されない神の契約について説得力をもって語りました。それによって彼らは、一九三三年にマルティン・ブーバーが無防備に語ったこと、しかしその内容は正当でよく考え抜かれたイスラエルの知識、つまりイスラエルとの決して解消されない神の契約をめぐる知識に賛成するブーバーの発言を受け入れ、それを先に進めたのです。つまり、神のイスラエルとの契約は解消されない、ということです。このことは、今日のキリスト教とユダヤ教との対話の本質と基礎です。

しかしモーセの第一の書〔創世記〕によればイサク＝イスラエルだけでなく、イシュマエル＝イスラームもまた、この決して解消されない契約と同盟の約束に関与しています。イシュマエルは創世記17章によれば、アブラハムと共に神の契約の中に組み入れられ、それどころかイサクより前に割礼を施されます。

しかしこれがわたしとあなた方、そしてあなたの子孫との間の契約である。男子はすべて割礼を受けなければならない。そこでアブラハムは彼の息子イシュマエルを取り、なお同じ日に、神が彼に命じたように彼に割礼を施した。彼の息子イシュマエルは一三歳だった。（創世記17・20、23）

アブラハムとその息子イシュマエルは同じ日に割礼を受けました。そのあとに初めてイサク誕生の約束が実現したのです。

3・3　イシュマエルとハガルに対する聖書の共感

アメリカのマイケル・ウィショグロッド（Michael Wyschogrod）は一九九一年のベルリン夏期大学において、ハガルとイシュマエルに対して創世記が示している共感について語りました。アブラハムの神は抑圧されたハガルの叫びを聞きますが、彼女は今日、ボスニアにおいて暴力を受けているイスラーム女性たちの姿をとって叫んでいます。イスラエルを選んだ神は、その永続する最初のイスラエルの選びを破棄しませんが、同時に、イシュマエルとハガルの支持者です。最初の選びは、ヘブライ語聖書に従えば、ハガルとイシュマエルを越えてではなく、サラとイサクを越えて進んでいきます。しかしイスラームのアブラハム共同体も、イシュマエルすなわち最初の割礼者を越えて、このアブラハム契約の祝福の歴史に参与するでしょう。ちょうど諸国民からなる世界もまたイエス・キリストを通してこの契約の祝福の歴史に参与するように。

3・4　アブラハムへの祝福の約束の多次元性

もしもヘブライ語聖書が、このように包括的な仕方でイシュマエルをアブラハムのための祝福の約束に参与させており、それどころか、イシュマエルを最初の者そして最初の割礼受領者としてアブラハムとの神の契約へと加えているとすれば、そしてもしアブラハムの神がこの共感において、すなわちハガルの叫びを聞いた憐れみにおいて、イシュマエルとハガルに自らを啓示したとすれば、こう問うことができないでしょうか。すなわち、私たちは今日、私たちの礼拝の中で――フェミニズム神学の正当な指摘に従えば――確かにアブラハムとサラの神を告白し、イサクとリベカの神を告白するが、しかしどうして同様の仕方でイシュマエルとハガルの神を告白しないのか、と。というのはアブラハムとサラの神は、つねにまたイシュマエルとハガルの神だからです。このアブラハムの神と、イサクとイシュマエルの神の同一性について、残念ながら第二バチカン公会議とジュネーヴの世界教会《エクメーネ》は手をつけないでいますが、ヘブライ語聖書がある以上、このまま無視しておくことはできません。

今日告発されているユダヤ教、イスラーム、そしてキリスト教のアブラハムへの退歩については、神のアブラハムに対する祝福の約束の多次元性から来る次のような問題があります。すなわち（1）イサクに対する祝福の約束から来る問題、（2）イシュマエルとハガルに対する祝福の約束から来る問題、（3）私たちキリスト者が由来している諸国民の世界に対する祝福の約束から来る問題です。その問題とは次のようなものです。つまり私たちがしばしば――そしてアブラハムに対する祝福の約束の異なる受け取り手はたいていがそうしてきたし、さらに今日まで広範にそうしているのですが――アブラハムへと退歩し、そのことによって同時に彼以外の受け取り手、他の祝福の担い手とその違った祝福の歴史を、明確にあるいは密かに無視してしまうことになります。そうなるとアブラハムはイサクだけの父となる、つまり神はただユダヤ人だけの神となるのです。全く同じように、アブラハムは単に最初の原型的なムスリムとなり、神はただムスリムだけの神となります。同じように続けることができます。アブラハムは単に最初のキリスト者となり――宗教改革的に言うなら――彼はただ罪人の義認によって生きるのです。

しかし、アブラハムに対する神の祝福の約束の多次元性（創世記12・1以下）を踏まえるならば、彼以外の約束の受け取り手を迂回してアブラハムに、場合によってはアブラハムの神に退歩する企ては正当とは認められません。アブラハムに対する祝福の約束は、その多次元性においてのみ認識されなければいけません。そうでなければ、それは全く理解されないことになります。ただ一つの次元への排他的な集中は私たちを宗教的に歪め、最終的には私たちをアブラハムへの約束から締め出してしまいます。アブラハムの祝福はこの多次元性において、ただユダヤ教徒、ムスリム、そしてキリスト教徒が協同することによってのみ把握され、また今日協同することによってのみ人類へともたらすことができるのです。

4　イエス・キリストはアブラハムの祝福を諸国民の世界へともたらす

テーゼ3：　イエス・キリストの派遣と彼の十字架に至るイサクの道（アケダー）は、アブラハムへの約束の枠組みの中で起こる。アブラハムも、イエス・キリストを通してすべての国民からなる信仰者たちの父となる（ローマ4・16）。――諸国民からなるキリスト教は、ユダヤ人でありダビデとアブラハムの息子（マタイ1・1）であるイエス・キリストを通して祝福に与る。イエス・キリストはイスラエルの神の約束されたメシアとして、神の預言者として、また神の僕として、イサクの道を行くことによって（マルコ1・11、12・6）、アブラハムの祝福を諸国民からなる世界へと仲介する。彼の十字架は――アブラハムの歴史のように――人類の呪いの歴史から全人類のための祝福の歴史へと至る転換点（創世記3―11章、ガラテヤ3・13）に立っている（創世記12・1、ガラテヤ3・14）。――キリストが到来したのは、父や母たちに与えられた約束を保証し確証するため（ローマ15・8）であって、決して取り消すためではないのだから、そのことはまたイシュマエルにおいてアブラハム共同体に与えられた祝福の約束（創世記16―17章）にも有効である。したがって、キリストを通してアブラハム契約の空間に入るよう指示されたエキュメニカルな神学は、その現実的理解においては、四つの大きな民を一つの解消できない実践的関係へと据えるだろう。それは（1）イスラエルという民族、(2) ムスリムのアブラハム共同体、(3) すべての国民からなるエキュメニカルなキリストの民、つまりアブラハムと共にアブラハムにおいて人間性に仕えるために諸国民から選ばれたすべての民を、(4) 一つなる分割できない人類となるよう呼び出された諸国民へと。

アブラハムとイサクとイシュマエルの神――この神が新約聖書の本質であり私たちキリスト者を定義します――は、イエス・キリストの父であり、イエス・キリストはその父のメシアなる息子です。しかしこのことは、アブラハムへの祝福の約束を取り消さず、十字架でローマ人が科した拷問死に至るまでのイエスの派遣と苦難によってその約束を裏書きするのです。それゆえイエス・キリストの派遣はとりわけイスラエルのためのアブラハムへの約束の枠組みにおいて生じているのであって、その約束はそのつど――つまりイスラエルにとって、キリスト教にとって、そしてムスリムにとって――異なる約束となるのです。それについて次に展開したいと思います。

4・1 アブラハムの約束の地平におけるイエス・キリストの派遣(マタイ1・1)

驚くべきことにキリスト教からはその神学的意義が広範に排除されているのですが、新約聖書の最初の文章は、三掛ける一四世代の系図、つまりイエス・キリストの歴史はまず第一にイスラエルとユダヤ教のメシア的希望の中に埋め込まれているのだと主張する系図から始まっています。

レオ・ベック（Leo Baeck, 1873-1956）はアウシュヴィッツ前後の時期、ショアー（SHOAH）以降のヨーロッパ・ユダヤ教の代表でしたが、彼の著書『ユダヤ人の信仰史の証書としての福音』（Das Evangelium als Urkunde jüdischer Glaubensgeschichte, 1938）、そして彼の死去の年に行った講義「ユダヤ教とキリスト教とイスラーム」（Judentum, Christentum, Islam, 1956）において、メシア的希望に関してこう指標的に述べています。

弟子たちはイエスを、イスラエルの神が約束したメシアだと理解した。イエスは、メシアを送るというイスラエルの神の約束を思い起こさせ、その約束を裏書きし、その約束を開始しつつ現実化した（使徒言行録10・36以下）。イエス・キリストは天から響く声（マルコ1・11）を根拠としてメシアなる神の子と告白されるのだが、それは彼の中に、元々最初から《神の子》と呼ばれたイスラエルの民の現実と真理が凝縮し人格化された限りにおいてである。

このことと関連してさらに重要なことは、イスラエルもまた王なるメシアをアブラハムに対する祝福の約束の地平に置いていることです。たとえばメシア的と解釈される王の詩編72編はイスラエルの希望を叙述し、アブラハムの祝福がメシアなる王によって諸国民の世界へと伝えられると告白します。彼――つまりこのメシアなる王――は、小さき者と貧しい者を憐れみ、貧しい者の魂を支え、抑圧と暴力から解放します。彼らの血は王の目に貴いからです。彼の名、つまり王の名は永遠に留まり、「彼の名［つまりメシアなる王の名］とともに、男も女も、すべての民が祝福を受け、彼を幸いな人と誉め称えるであろう」（詩編72・17）。

しかし今や、約束のメシア（マタイ1・1a）であるイエス・キリストは、アブラハムの息子として到来し、働く（マタイ1・1b）ことが明瞭となります。イスラエルの神がイスラエルに約束したメシアが、父祖たちに与えられた約束を裏書きするために到来したとき、イエスはアブラハムへの約束の枠内に立っており、イスラエルと諸国民の仲介者として、父祖たちに与えられた約束をイスラエルに対して確証し、諸国民からなる世界に伝えるために到来しているのです（ローマ15・8―9）。

こうして新約聖書の最初の文章であるマタイ1・1は、マタイ福音書の最後の節であるマタイ28・16―20と関連づけて理解されるでしょう。つまりすべての国民からなるキリスト教は、イスラエルと諸国民に約束されたメシアなる解放者であるイエス・キリストを通して、イスラエルのために、そしてイシュマエルと諸国民のためにアブラハムに与えられた祝福に参与する、ということです。

4・2　アブラハムの約束の枠組みにおけるキリストの苦難（ガラテヤ3・13―14）

イエスはマルコ1・11によれば、彼の召命時の神の声を通して、単に、メシアなる息子として、すなわち「あなたは私の息子」と呼ばれて油注がれただけではありません。天からの声は、もう一つの要素――たいていは読み過ごされ、見過ごされている要素――を含んでいます。すなわち「あなたは私の愛する息子」とあるのです。この表現は私たちに創世記22・2を指し示します。神はアブラハムに「あなたの息子、あなたの愛する独り子イサクを連れていきなさい」と語りました。イエスが独り子として、愛する息子として、ローマ人による拷問と十字架に至るまで歩むこのイサクの道は、イエスの苦難と十字架刑を、イサクの縛り、つまりユダヤ人のアケダーの苦難と結びつけます。つまり、ユダヤのマカベアの殉教者たちから中世の諸々の迫害を経てショアーへと達する苦難と結びつけるのです。

ぶどう畑の借地人の譬え（マルコ12・1以下）は、神の派遣する預言者が迫害され殺されるマルコ12・6の記述と結びついています。「そしてそのとき彼にはまだ独りの息子、愛するものがいた」。これはまたしても創世記22・2の引用です。私がそこから引き出す結論はこうです。イエスはトーラーに忠実であり続け、サドカイ派の支配構造による棄却の恥辱にも、またローマ人の十字架の苦しみと不名誉にも尻込みしなかったがゆえに、イサクの試験に合格します。天の父の愛する息子として（マルコ1・11＝創世記22・1）、彼は神の名を聖とするという第一戒への従順のうちに、ローマ人の十字架の苦しみを受けいれます。こうしてイエス・キリストの派遣の全体が第一戒の成就となるのです。キリストの十字架がガラテヤ3・13―14でパウロが理解しているとおりのものであることは決して偶然ではなく、むしろ当然です。パウロによれば十字架は、諸国民の世界の呪いの歴史から諸国民の世界のための祝福の歴史への転換点なのです。アブラハムの召命とアブラハムへの多次元的な祝福の約束が諸国民の世界の呪いの歴史を背景としているように、アブラハムの息子、アブラハムの子孫であるイエスの十字架を通してアブラハムの祝福が世界に到来します（ガラテヤ3・12）。言葉と業におけるイエスの派遣と同じく、彼の十字架刑もアブラハムへの約束の空間の中にあり、その十字架は呪いから祝福への歴史の転換点となります。キリストの十字架は、世界の呪いの歴史とアブラハムへの祝福の歴史の交差点に立っています。こうして十字架は、イスラエルと諸国民からなる世界に和解がもたらされ、アブラハムへの包括的な祝福の約束が置かれる場所となるのです。

4・3　アブラハム――彼は諸国民からなる信仰者たちの父でもある（ローマ4・16）

アメリカの神学者ポール・ヴァン・ビューレン（Paul van Buren, 1924-1998）は三巻本からなるユダヤ教神学の研究書を出版しました。ドイツ語に訳された三部作の第一巻がほとんど売れなかったため、彼の膨大な業績の残り二巻はドイツで刊行されませんでした。――アカデミックな神学の実態を暴く事実です。

ヴァン・ビューレンによって確証をもって展開された基本テーゼはこうです。

パウロは諸国民に向かってキリストを宣教することができた。なぜならパウロはキリストを、アブラハムに与えられた諸国民への約束の裏書き、つまりアブラハムが多くの諸国民の父となるであろうという約束の裏書きだと理解したからである。今やパウロは、アブラハムへの約束がまさに自分の派遣、自分の使徒性を通して実現されることを理解した。同労者へと派遣されることを通して実現される約束に、自分が召されていることをパウロは知った。アブラハムに与えられた約束は、キリストの到来を通して今や諸国民からなる世界の目にも明らかとなり、現実となり始めた。なぜなら、アブラハムが単に息子イサクの父であるのみならず、また息子イシュマエルの父であるのみならず、非ユダヤ人の父にもなるという仕方で、今や神はアブラハムへの約束を成就するからである。

パウロはローマ書4章で「アブラハムは単にイスラエルの父であるだけでなく、諸国民からなる世界の人々の父でもある」という主題のもとでこの事情を展開します。彼はその際、私たちによく知られた分離と排除の論理を用いてはいません。むしろ彼は開放と包含の論理を用います。それはヘブライ語聖書において教育されたユダヤ的神思想の論理であり、その神はただイスラエルだけの父ではなく、諸国民からなる世界の人々の父でもあります。パウロはきわめてユダヤ的にこう尋ねています。「それとも、神はユダヤ人だけの神なのか。諸国民の神でもないのか」、そして答えて言います、「そうだ。諸国民の神でもある。もし神が唯一であるならば」（ローマ3・29―30）。私はこの定式化、すなわち「アブラハム――彼は諸国民からなる信仰者たちの父でもある」を自覚的に用いましたが、今私は二つの問いを掲げたいと思います。第一の問いは、アブラハムは誰に属するのかということです。ほとんど一致して語られるプロテスタントの釈義の判断によれば、アブラハムは神によって義とされた人間の原型です。アブラハムはプロテスタント・キリスト者の原像です。私は新約学者のG・クライン（G. Klein）の驚くべき文章を引用しますが、この点について彼は全く孤立無援ではないのです。

パウロは「ユダヤ人側の要求するアブラハムの子孫性を廃棄することを目標とする」。パウロと共に確定しているのは、「キリスト教共同体以外にアブラハムの子孫性はなく《キリストの到来の前に》（ante Christum）そのようなことはおよそいちどたりともなかった」ことだ。

それに対してカトリックの新約学者のフランツ・ムスナー（Franz Mußner）は、「アブラハムは誰に属するのか」という副題をもつ論文「ガラテヤ書の例における神学的埋め合わせ」において明確に反論しました。

パウロのテーマはキリスト者の排他的なアブラハムの子孫性にあるのではなく、諸国民からなる世界の人々を、アブラハムに与えられた〈あなたのうちにすべての国民は祝福されるだろう〉との約束に加えることである。

アブラハムがプロテスタントの釈義においては今日に至るまで排他的な意味で罪人の義認から生きる最初のキリスト者とみなされているように、コーランにおいてもまた「イブラヒムは預言者たちの前史における最初のムスリム」と理解されています。それゆえ、イスラームはユダヤ教とキリスト教から枝分かれしたのです。「なぜならイスラームは、アブラハムを誤解したユダヤ・キリスト教的啓示以前にこの人物において完成していた宗教的人間を、発見したからである」。それゆえコーランは、イスラームに時間的に先行するユダヤ教とキリスト教のアブラハム伝承を批判しそれから距離をとりつつ、アブラハムについてこう述べています。「まことに、私の主は私をまっすぐな道に、つまり堅く据えられた宗教、すなわちアブラハムの宗教（millat Ibrahim）へと正しく導いてくださった。彼は真の信仰者（hanif）であったし、偶像に仕える者ではなかった」（コーラン6・161）。

第二の問いは、「新約聖書における神のイスラエルとは誰なのか」です。教会の伝統は、二世紀以来二〇世紀に至るまでこう答えています。すなわち神のイスラエルは教会であって、ただ排他的に教会だけが、つまりイスラエル・ユダヤ教を排除した上でユダヤ人キリスト者と異邦人キリスト者から成り立つ教会だけが神のイスラエルなのだと。それに対して再びムスナーは画期的な仕方で別な理解を唱えました。彼はそのために、パウロに従って（ガラテヤ6・16もまた）イスラエルの名が属するところ、イスラエルの名をそのまま残しておきます。イスラエルの名は一度たりとも教会の名称ではなく、いつもイスラエルの尊称なのです。それがパウロの言わんとすることです。すなわち、イスラエルは教会ではない！　教会はイスラエルではありません。教会は新約聖書全体のどこにもイスラエルと呼ばれてはいないのです。

4・4　アブラハムの約束の四つの次元

私たちがフランツ・ムスナーとともに聖書釈義の領域においていまだ終わらない革命の地点に立つならば、ベルリンの組織神学者マルクヴァルト（Friedrich-Wilhelm Marquardt, 1928-2002）の業績とともに組織神学における革命の開始――それはまだほとんど知られておらず、しかもそれはアブラハム召命の意義を顧慮した神学ですが――に立つことになります。

それによれば、アブラハムの召命はたんに排他的にキリスト教的召命の原型としてのみ（誤って）理解されることは許されません。むしろアブラハムの召命はキリスト者の召命をはるかに拡大しています。マルクヴァルトが彼の著書を転換と更新の教義学と名づけたのは偶然ではなく、彼のプロレゴーメナには「神学の貧困と試練について」（Von Elend und Heimsuchung der Theologie, München 1988）という特徴的な表題が与えられたのです。

一一〇頁を越える包括的な項目において、「われらの父アブラハム」という定式――その理解は神学においてキリスト者の召命に矮小化されてきました――をもってマルクヴァルトはアブラハム物語の諸次元、すなわち、諸国民の世界からなる私たち人類もまたメシア・イエスを通してそこに参与している諸次元を展開します（プレロゴーメナ6節）。こうしてマリアの賛歌では「すべてのイエスの宣教はアブラハムへの約束の徴の中に位置づけられている」のです。イスラエルの神は、私たちの父祖に約束し、アブラハムとその子孫たちに永遠に約束した憐れみ（ルカ1・73、同1・55）を思い起こすために、彼の僕・イスラエルを受け入れました。同様に、ザカリアは彼の賛歌でイエス物語を、イスラエル・ユダヤ教に対するアブラハムへの約束の証しの中に位置づけます。

イスラエルの神である《御名》をほめたたえよ。なぜなら彼はその民を受け入れ、始まった解放を備えてくださったから。われらを敵の暴力と、われらを憎むすべての者の手から救ってくださるから。神は、われらの父アブラハムに立てられた誓い、その契約を覚えていてくださる。イスラエルが敵の暴力から救われ、恐れなく、聖性と正義のうちにあって、《神》に仕えることができるためである。（ルカ1・68―75）

そして、マルクヴァルトはこう続けます。

新約聖書においてイエスの宣教とキリスト教信仰の理解がアブラハムの物語と信仰に結び

つけられてきたという事実の意義は、どんなに評価しても評価しすぎるということはない。(S.280)

約束されたメシアであるイエス・キリストを通して、キリスト教徒は一つの関係に置かれる。すなわち一つはユダヤ民族との、もう一つは全人類の歴史との関係である。(S.281)

しかし――そしてこれが私のマルクヴァルトへの問いなのですが――このアブラハムに関する革命的な章においてすら、アブラハムの子孫性とアブラハムへの約束のもう一つの次元、つまりイスラームのアブラハム共同体とイシュマエルの約束が欠落していることに、痛みをもって気づくのです。その欠落がいっそう顕著となるのは、マルクヴァルトが彼の教義学の第二巻『ユダヤ人イエスへのキリスト教的信仰告白――キリスト論』(Das christliche Bekenntnis zu Jesus, dem Juden. Eine Christologie, Bd II, München 1990, S.144 ff) を「地〔イスラエル〕の外のイエス」の章でもって着手し、「ムスリムにおけるイエス」をイエスの非キリスト教的理解のもとに考察するときです。私はマルクヴァルトのアブラハムに関するすべての重要な洞察をたんに後追い的に強調できる者に過ぎませんが、だからこそマルクヴァルトと強く結びつきつつ、しかし同時に、彼を越えるためにさらなる重要な次元を補う必要があります。それを私は次のテーゼにまとめたいと思います。

アブラハムの息子たちと娘たちになるべき諸国民からなる人々は、またアブラハムの愛する子どもたちの兄弟姉妹、つまりユダヤ教徒とムスリムの兄弟姉妹となる。アブラハムの子孫であることは、ユダヤ教徒とムスリムに対する兄弟姉妹の関係においてのみ一つの良き意義を持つ。私たちの、イエス・キリストにおいて完成したアブラハムへの共なる召命は、エキュメニカルな教会を、イスラエル民族つまりユダヤ教、アブラハム共同体つまりイスラーム、そして分割できない一つなる人類、つまりアブラハムの分割できない祝福が最後に究極的に有効となる人類へと関連づける。神学は今日、このアブラハムへの約束における四つの次元を聖書的に熟考することによって、つまりイスラエルの次元、イシュマエルの次元、キリストの次元、そして諸国民の次元を熟考することによって、エキュメニカルな拘束性をもつ道に至るのである。

5　すべての肉なるものへの聖霊の注ぎ

テーゼ4：　アブラハムがたんに過去の人物ではなく、歴史によって時効にできない約束を代表しているがゆえに、エキュメニカルな神学もまたアブラハムに与えられたイシュマエルの約束を実現する問題に応えなければならないだろう。そしてさらにユダヤ教とキリスト教とイスラームにおけるアブラハムの神の同一性への告白を越えて、アブラハムの神によって派

遣された者、すなわち彼を通してだけムスリムが唯一の神の崇拝へと導かれてきた者、アブラハムの神が彼を通してアブラハムの共同体に約束し派遣した者、つまりムハンマドを考慮しなければならないだろう（H・キュンク／W・ツィンマリ）。――エキュメニカルな聖霊の神学（K・バルト）は、ユダヤ教とイスラームとの結びつきをたんにアブラハム、つまりユダヤ教徒とムスリムとキリスト教徒の父であるアブラハムへと後ろ向きに追求してはならないだろう。その神学は、この結びつきをすべての肉なるものへの聖霊の注ぎ（ヨエル3章）において実現するという認識の中で、前向きにも探るだろう。実際この神学はキリスト教の成立の祭り（聖霊降臨祭）以来、聖霊の受領（使徒言行録10章、ガラテヤ3・2）とはアブラハムを信ずる者たちと共に祝福されることを意味する（ガラテヤ3・9）、ということを知っている。

私たちはこの点でゴットホルト・エフライム・レッシングの『人類の教育』（一七八〇年）に戻りましょう。レッシングは、フィオーレのヨアキムが唱えた聖霊の時代への待望と結びついて、全人類を包括する真の人間性の時代を期待し、それを彼の啓蒙論において模範的かつ活発に奨励しました。私たちは今となってはレッシングの指摘を変更して受容します。というのはレッシングの場合、待望された聖霊の時代、すなわち人間性と寛容の時代とは、その表題から明らかなように、アブラハムに由来する信仰共同体――つまりユダヤ教徒、ムスリム、キリスト教徒――をまたぎ越してしまったからです。それは要するに宗教的・信仰的に規定されたアイデンティティなき寛容のモデルでした。しかし私たちはレッシングと違って、新約聖書と共に、聖霊降臨祭におけるすべての肉なるものへの聖霊の注ぎはすべての国民からなるエキュメニカルな神の民の創立の出来事であった、ということから出発します。しかし、教会のこの創立の出来事は超越とか排除とかいうことではなく、すべての国民のために与えられたアブラハムへの約束が始まりつつある、という現実を表現するものです。そして私たちはこう語ります。ヨエルと共に旧約聖書の預言が待ち望んでいたすべての肉なるものへの霊の注ぎとは、ユダヤ教徒、ムスリム、キリスト教徒、そして全人類のために実現しつつあるアブラハムへの約束であると。ヨエルの2章〔原文ママ〕にはこうあります。

その後、それは起こるであろう。わたしはすべての人にわが霊を注ぐ。あなたたちの息子たちや娘たちは預言し、老人は夢を見、若者は幻を見るであろう。その日わたしはまた奴隷となっている男女にもわが霊を注ぐ。（ヨエル3・2―3）

5・1　アブラハムに与えられた約束の確証としてのキリスト

ヘブライ語聖書と新約聖書からすべての肉なるものへの神の霊の注ぎを問うために、私たちはアブラハムに与えられた約束、つまりユダヤ教徒であるイスラエル民族、キリスト教徒であるキリストの民、そしてムスリムであるアブラハムの共同体のための約束の実現を問います。私たちはこうして一般的な創造の啓示からではなく、アブラハムへの約束がキリスト教と世界の中に始まりつつある現実化としての聖霊降臨（Pfingsten/Schawuot）から出発するのです。

私たちはヘブライ語聖書の普遍的な聖霊の注ぎと約束の聖霊の注ぎというこの表題において、本稿の第1節から第3節において考察してきた前提を忘れてはいません。その前提からして私たちは、いわゆる自然神学の基盤に立つハンス・キュンクの寛容モデルを用いません。確かに、キュンクが初期カトリシズムの「教会の外に救いなし」という《排他性の病》から一線を画しているのは正しいでしょう。しかしキュンクは——第二バチカン公会議もそうであるように——ムスリムに対する寛容においては、単に自然神学的伝統に基づいているにすぎません。自然神学は、他宗教の中にもばらまかれた神的真理、いわゆる「種子的ロゴス」（logoi spermatikoi）を前提とし、これが認められるのだとします。この伝統は、全人類への《創造啓示》つまり全被造物と人間との神の契約（ノア契約）に基づいて、被造世界における真理また諸宗教における真理も容認します。それゆえ「この伝統には、プラトン、アリストテレス、《教育者》プロティノス、キリストまでがいる」のです。もちろんこの寛容モデルにとどまることが困難であるのは、ムスリムのアブラハム共同体がただ全人類に対する神の一般的な創造啓示（第一項）のもとでのみ扱われており、アブラハムへの約束とアブラハム契約という特殊性のもとに扱われていないからです。創造啓示という根拠のみによる寛容思想は、ムスリムを単なる全人類の段階に、つまり非一神教徒の段階に位置づけます。一般的な創造啓示を基礎とした寛容モデルは、ムスリムのアブラハム共同体がアブラハム契約の地平に属することも、またアブラハムへの特別な祝福のもとに立っていることも否定してしまうのです。

私たちはヘブライ語聖書と契約の約束に基づいて、また新約聖書とイエス・キリスト（第二項）に基づいて、すべての肉なるものへの霊の注ぎ（第三項）を問います。そのために私たちはアブラハムに与えられ、既に始まっている約束の実現、つまりユダヤ教徒であるイスラエル民族、キリスト教徒であるキリストの民、そしてムスリムであるアブラハムの共同体のためのその実現を問うのです。したがってその際、私たちはキュンクに従ってムスリムを一般的創造啓示のもとに分類するのではなく、アブラハムとイシュマエル・ハガルに対する神の特殊啓示のもとに割り当てます。

それゆえエキュメニカルな聖霊の神学は、ユダヤ教との結びつきを、またイスラームとの結びつきを、たんにユダヤ教徒とキリスト教徒とムスリムの父であるアブラハムを越えて後ろ向きに見出すのではありません。その神学はまた前向きにも、つまりアブラハムへの約束がこの結びつきをすべての肉なるものへの聖霊の注ぎにおいて実現するのだという認識の中で探るでしょう。実際この神学はキリスト教の成立の祭り（聖霊降臨祭）以来、聖霊の受領（使徒言行録10章、ガラテヤ3・2）とはアブラハムを信ずる者たちと共に祝福されることを意味する（ガラテヤ3・9）、ということを知っているのです。

5・2　バルトによるエキュメニカルな聖霊の神学のヴィジョン

スメイル・バーリックはカール・バルトの弁証法神学は本質的にキリスト教内の対話へと導いたことを指摘しました（Dialog der Religionen 1/1991, S.57）。またバルトの有名な宗教の止揚としての神の啓示に関するテーゼ（カール・バルト『教会教義学』一九三八年、第17節）もこの対話に役立つといいます。つまりそれは、いつも誤って主張されるように、そもそも宗教批判的に外部に向けられているのではなく、バルトがしばしば語ったように、キリスト教という宗教の内部に向けられています。福音とは、イエス・キリストにおける神の啓示からの、キリスト教的宗教、その原理主義と帝国主義、そして恐るべきその罪の歴史に対する危機と批判を意味するのです！

破棄されない契約に関するバルトのキリスト論は、周知のようにキリスト教とユダヤ教の対話に貢献しましたが、そこから展開されるバルトのエキュメニカルな聖霊の神学に関するヴィジョンは、彼が友人たちに口頭で伝えたものであって、残念ながらもはや書き残されることはありませんでした。しかしバルトはこの関連ではっきりと、キリスト教とユダヤ教の対話のために、そして聖書とコーランの関係の理解のために、そのキリスト論の意義を語りました。

啓蒙主義の基盤にあって聖霊の第三の時代を期待したレッシング（もちろんそれには多く共感をもって賛同します！）とも違い、旧約聖書とユダヤ教を排除した聖霊の神学であるシュライアマハーとも違い、ムスリムを含めた全人類に対する神の創造啓示の神学であるハンス・キュンクとも違い、他宗教に優越しその限りで絶対宗教であるキリスト教のモデルを掲げるヴォルフハルト・パネンベルクとも違い、バルトは彼の人生最後の年に「一つのなお包括的な企てとしての聖霊の神学」を語り、この関連でムスリムとの対話と聖書とコーランの関係について不可欠の理解を明確に指摘しました（Karl Barth, Brief 1961-1968. 1975, S.505）。このエキュメニカルな聖霊の神学は、ユダヤ教徒との対話を前提としていますが、聖霊降臨以来イエス・キリストの預言がすべての人々と国民に広がることを考慮に入れています。それはすべての肉なるものへの神の霊の注ぎ（ヨエル2章〔原文ママ〕）において具体化されます。その神学は、キリスト教が聖霊降臨祭以降考慮するこの霊の注ぎ、またその約束から、ムスリムとの対話を導くことが許されています。そのようなエキュメニカルな聖霊の神学は、ムスリムのことを考える際に、パウロがキリスト教の使徒の知恵として与えた次のような勧めを真剣に受け取ります。「〝霊〟の火を消してはいけません。預言の教え（なぜムハンマドの教えがそうでないと言えるのでしょうか?）を軽んじてはいけません。すべてを吟味して、良いものを大事にしなさい」（Ⅰテサロニケ5・19―21）。

ハイデルベルクの新約学者クラウス・ベルガー（Klaus Berger）は、バルトのエキュメニカルな対話モデルを知らずして、しかしカール・バルトと類似の構想を、彼の最高度に啓発的な「異邦人と異邦人キリスト教」（Heiden. Heidenchristentum, in: EKL, Bd. II, 3.Aufl. 1989, Sp. 407-410）において主張します。つまり、古代教会からハンス・キュンクに至るまでの、他の諸宗教においてもまた真理の撒かれた火花があるという伝統的なモデルに対して、ベルガーは正当にもこう判断を下すのです。「しかしながら問題は、われわれが他宗教の自己理解に正当な評価をくだしているのか、なおかつ同時にキリスト教を切り詰めてはいないか、ということである」。ベルガーは肯定的に——バルトとまったく同じように——《同心円モデル》を主張しますが、その結果、ユダヤ教はキリスト教の根源とみなされ、ユダヤ教を「独自の宗教としてキリスト教から分離することはほとんど不可能」（S.409-410）となります。キリスト教とユダヤ教の対話は他のあらゆる対話の基礎であり前提なのです。」

キリスト教の他宗教に対するどの態度決定に際しても思い起こさなくてはならないのは、キリスト者はユダヤの神の民の歴史へと包含されることを通して明確な点において身動きが取れないという事実である。すなわち、ただ加えられたものとしてキリスト教はいわば「亭主抜きで勘定を済ます」ことはできない——つまりキリスト教はイスラエルの他宗教に対する態度を共に考慮しなければならないのである。（S.410）

キリスト教がユダヤ教に根を下ろしているというこの公理的な前提から、「しかしそこで諸宗教が存在する……、キリスト教に特別近い、例えばイスラームといった宗教がある」のです。このイスラームとの対話はベルガーによれば、最初の「輪」を形成するはずであって、その輪においては神学的共同性がさらに容易になり、その更なる輪とは他の高度な宗教（仏教、極東の宗教システム）であるかもしれないのです（S.409-410）。

特に重要なのは、非ユダヤ教への聖霊の賜物に関するベルガーの詳論です。「というのは、ただ復活において作用する神の霊だけが人間に、神へのそれ以上ない近さと神の子としての関係をもたらすからである（ガラテヤ４・６）」（S.409）。いっそう重要なのは、ベルガーが霊の賜物とアブラハム契約とを結びつけていることです。

しかし非ユダヤ教徒に対するこの霊（聖霊降臨祭における霊、そしてその後に続く霊の賜物）はアブラハムへの約束（ガラテヤ３・８、14）にほかならない。そしてそれゆえ異邦人キリスト者は神学的にただイスラエルに加えられたものとしてのみ考えられる（ローマ11・15―24のオリーブ油の譬え）。これによって、異邦人キリスト者はキリスト者であることを獲得する。ひとがそれをイスラエルの展望から見なし得るのはただ次の事実、すなわち、異邦人キリスト者がイエス以降そしてイエスと共にイスラエルと共なる神の歴史へと組み入れられることを通してだけである。

その際、「非キリスト教徒であるユダヤ人は神の選ばれた民」（S.409）のままです。以上がクラウス・ベルガーの重要な釈義的・組織的な指摘です。
こうして私たちは一九六七年と六八年のバルトの表現に突き当たるのですが、それは他宗教に対するイエス・キリストの積極的な内的関係性設定の方向を、一般的な創造啓示からではなく、すべての肉なるものへの霊の注ぎからさらに詳細に示し具体化します。次の記録をあげましょう。

1. バルトが行うはずだったイスラームとの対話の態度決定はこうである。バルトは神学的に禁じられているユダヤ教を非キリスト教の領域へと秩序付けることを越えて、そしてユダヤ教に対する迫害と抹殺の歴史に対するカトリック教会に欠落している罪責告白を越えて、こう問う。すなわちイスラームに言及するとき、そのようなこと（罪責告白）は、いわゆる《十字軍》における致命的な教会の役割を想い起こす場所にもまたならないであろうか（Karl Barth, Ad Limina Apostolorum, 1967, S.40）。

一年後の一九六八年、バルトはヘンドリックス・ベルコフ（Hendrikus Berkof, 1914-1995）に手紙を書いて、レバノンのイスラーム研究者ヨーハン・ブーマン（Johan Bouman）との会話についてこう報告した。「そこ（レバノン）の状況の神学的評価において、……私たちは完全に一致しました」、しかも「聖書とコーランの関係についての新しい理解が私たちにとって緊急の課題だ」という点においても、と（S. 504-505）。

2. ユルゲン・ファングマイアー（Jürgen Fangmeier, 1931-2013）の報告によれば、バルトは少なくとも彼の生涯最後の年に三回、諸宗教とのなされるはずの会話の問題について自分自身から語ったそうである。もしバルトになお時間と体力があったなら、彼はもっと集中的に（a）ローマ・カトリックと、（b）東方教会と、（c）同様の仕方・同様の整合性をもって諸宗教と、会話に従事したことだろうと。

この関連においてユルゲン・ファングマイアーとの次の会話記録は重要である。

私が一九六八年九月、最後にカール・バルトのそばにいることができたとき、彼が語ったのは、もし彼がこの先も神学的な仕事を続けるとすれば何に従事するだろうか、ということだった。彼は、ローマのカトリック主義、東方教会をあげた後、キリスト教以外の諸宗教をあげた。しかし彼はそれに加えて、ひとがたいていそう進むのとは全く違って、そこでたぶんイエス・キリストは、諸宗教の頂点として最高度に高められるはずの一般的な基礎ではなく、そこから諸宗教が、そしておそらく、なお全く新しい会話が開かれ得るであろう、そういう基礎である、と語った。(Karl Barth, Briefe 1961-1968, 1975, 5045)

ヨハネ14・6によれば、イエスは道、光、そして命です。しかしそれはヨハネ4・22「救いはユダヤ人から来る」を破棄してはいません。そして両者は、それ自体で神が霊の形態において派遣するであろうイエスのメシア的慰めの約束を持っています。「私は父にお願いしよう。父は別の弁護者を遣わして、永遠にあなたがたと一緒にいるようにしてくださる。この方は、真理の霊である」(ヨハネ14・16―17)。この約束された弁護者の伝統は、ムスリムによって様々な時代と時期にムハンマド、つまり《称えられるもの》と結びついて用いられることが可能でした。

5・3　霊に満たされた使者の神による派遣（ムハンマド）

スメイル・バーリックは彼の指標となる論文「何についてわれわれは語りうるのか？　キリスト教徒とムスリムとの対話の神学的内容」において、キリスト教徒とムスリムの態度について次のように説明しました。

イスラームを告白する者がイエスとその母や弟子たちについて軽蔑的な発言ができるとは考えられない。そこには一つの重要な行動の違いがある……。後者（キリスト教徒）にはこの自分を越える観点が欠けている。別の言い方をすると、キリスト者はムハンマドに対してなんら尊敬を払うよう義務づけられているとは感じてはいない。（Dialog der Religionen 1/1991, S.70）

カトリックの宣教神学者ルートヴィヒ・ハーゲマン（Ludwig Hagemann）がまさに第二バチカン公会議に関する考察の中で苦言を呈しています。第二バチカン公会議はキリスト教徒とムスリムの共通性を独りの唯一の神という観点において強調するが、しかし「ムハンマドの派遣に対するイスラーム信仰は明確に度外視されている」というのです。

それゆえカトリックの側からハンス・キュンクは彼の著書『キリスト教と諸世界宗教』（一九八四年）においてこう述べていました。

もし第二バチカン公会議が、唯一の神を崇拝するムスリムをもまた尊敬をもって見るならば、私の考えでは、同じ教会とすべてのキリスト教会もまたその一人物を尊敬をもって見るべきであり見るべきでなかったか。その名はあの（バチカンの）表明において（そして私の補足では、ジュネーヴのエキュメニカルな表明においてもまた）困ったことに黙殺されている。だが確かに彼が、彼だけがムスリムをこの唯一の神への崇拝へと導いた。この神が人間に語ったのは彼を通して最後であったとされている。すなわちその人の名は預言者ムハンマドである。

カトリック側のハンス・キュンクと並んで立つのは、プロテスタント側ではただ私の旧約聖書の教師ヴァルター・ツィンマリ（Walter Zimmerli, 1907-1983）だけです。彼はすでに一九四三年、彼の教師であるエーミール・ブルンナー（Emil Brunner, 1889-1966）のイスラームに対する教義学的偏見から根本的に転回する際、一つの論文「旧約聖書とイスラームにおける預言者」（Der Prophet im Alten Testament und Islam）をまとめました。彼はそこでまず「rasul（アラビア語で派遣された者の意）の称号は語源学的にはまさに新約聖書的には apostolos（使徒）に対応する」と言います。

この観察はさらに続いて彼を決定的な問いへと導きます。つまり「ムハンマドの預言者性はほんとうか?」という問いです。そしてツィンマリは旧約聖書の預言者たちの召命とその際に観察される現象、つまり預言者たちが彼らの意思に反して神の言葉によって不意に襲われるという現象を比較することによってこう答えました。

ムハンマドは詐欺師であったという古くからの非難は、旧約預言者の学問的研究を踏まえれば保持できない。聖書の預言者たちに妥当することは、ムハンマドにも妥当する。われわれはムハンマドの預言者的体験の真正性を疑う権利を持っていない。ムハンマドを不意に襲い、彼に預言者的派遣の確信を与えたものは、一つの異質な体験であった。預言が預言者的体験から真実だと評価されるところでは、人はムハンマドをもまた真の預言者と承認することを避けることはできない。(Walter Zimmerli, Studien zur alttestamentlichen Theologie und Prophetie, Gesammelte Aufsätze II, München 1974, S.295)

霊に満たされた使者ムハンマドに関するこの章をまとめましょう。アブラハムがたんに過去の人物ではなく、歴史によって時効にできない約束を代表しているがゆえに、エキュメニカルな神学もまたアブラハムに与えられたイシュマエルの約束を実現する問題に応えなければならないでしょう。そしてさらにユダヤ教とキリスト教とイスラームにおけるアブラハムの神の同一性への告白を越えて、アブラハムの神によって派遣された者、すなわち彼を通してだけムスリムが唯一の神の崇拝へと導かれてきた者、アブラハムの神が彼を通してアブラハムの共同体に約束し派遣した者、つまりムハンマドを考慮しなければならないでしょう。

6　アブラハムの服従の倫理

テーゼ5：　すべての諸国民からなるエキュメニカルなキリスト教は、ユダヤ民族との生きた関係、およびイスラームのアブラハム共同体への生きた関係において、アブラハムとその子孫たちの道に参与する。すなわち（1）世界の裁き主に対するアブラハムの呼びかけ、つまり正義を示す道（創世記18章）、（2）個々人の命を救うためのアブラハムの闘い、つまりそれを通して彼が《神の友》と呼ばれる闘いの道（イザヤ41・8、ヤコブ2章、コーラン9・35）、そして（3）アイデンティティに基づくアブラハムの開放性と寛容の道、つまりメルキゼデク（＝「私の王は正義」の意）から祝福を受けた道。最後に、排他性と優越性、アイデンティティなき寛容という対話のモデルに代わって相違における関係が登場する。すなわち（4）他者から思考し（エマニュエル・レヴィナス）、他者の豊かさと美しさによって魅了されるという道。

アブラハムは、彼の子孫たちの生活にとって批判的な基準です。それゆえ最終的に問題となってくるのは、ユダヤ教徒とキリスト教徒とムスリムに共通する課題を素描し概観することです。ヤコブの手紙では、アブラハムは彼の正義の行動ゆえに義とされています。しかし私たちはルターの宗教改革以来ヤコブの手紙を神学的に侮り、《わらの手紙》と宣告し、それによって私たちプロテスタンティズムにおいては、アブラハムの服従の倫理はそれ以上前進させられませんでした。ひとりジャン・カルヴァンだけが宗教改革の時代、ヤコブの手紙への神学的批判から距離を置いて、今日に至るまで重要であり続ける注解書を著しました。カルヴァンは、地上で善行を積まなかった神なき人間の義認は、最後の審判における彼の業に対する正当な評価を中止しないし、それを不要にもしないと知っていました。フランツ・ムスナー（Franz Mußner）は一九六四年、指標となる注解書を、やはり正義の人ヤコブに対する名誉回復として書きました。そしてその第五版のあとがきで哲学的かつ神学的テーマである「他者」について補足しました。「何のためにユダヤ人レヴィナスは哲学的に闘ったのか。それは『他者』という……ラディカルな視点のためだ。そしてユダヤ人ヤコブもまたそのために闘ったのである」（引用は次より。Franz Mußner, Der Jakobusbrief. Auslegung [Herders Theologischer Kommntar zum NT], S.254ff., 5Aufl. 1987, Zitat: S.258）。

この《ハラカー》（Halacha）、つまりアブラハムに従う道行きの倫理とはどのようなものでしょうか。ユダヤ教徒とキリスト教徒とムスリムが互いに人類全体のためにアブラハムの道を歩む上で協力できる共通の課題とは何でしょうか。私はこれまでの考察を通して、結局のところ啓蒙主義のテーマとレッシングの関心事を肯定的に受容します。

6・1　人間の正義のための闘い（アブラハムの神の正義に対するアピール）

私たちはこれまで本稿の1節から3節において、創世記12章と22章の意義について語ってきました。それはアブラハムにおける祝福の約束、つまりイサク、イシュマエルとハガル、そして諸国民の世界とイサクのAQEDAの道（創世記22章）に対する約束でした。イサクが歩んだように、アブラハムの息子たるイエス・キリストも、その道を十字架刑において苦しみを受けるまで歩んだし、また歩みつづけているのです。

しかし創世記12章と22章の間に18章、すなわちアブラハムによる神の正義への訴えと人間の正義のためのアブラハムの闘いがあります。ラビ的な釈義はこの事柄の関連性を気づかせます。つまり《AQEDA》すなわち創世記22章の《イサクの縛り》は、ソドムが人間的かつ身体的に生き残るためのアブラハムの闘いを前提しているということです。後者は人間の正義のための闘いであり、法と正義の神への訴えです。「全世界を裁く方、その方は正義を行われるべきではないのですか」（創世記18・25）。

私たちはスメイル・バーリックが書いた啓蒙的な書物『ミナレットからの呼び声』（Ruf vom Minarett）の印象的な章を参照することができます。そこにはイェフダ・ハーレヴィ（Yehuda Halevi, 1085-1145）からレオ・ベックに至る教師たちが登場するのですが、読者は、なぜ中世の偉大なユダヤ教の教師たちがキリスト教とイスラームにおける正義と法のための倫理的な行為を、メシア的神の国の到来の道備えとして理解し認識していたかを理解することができるでしょう。それゆえ私たちは、神の国の到来とその正義の道備えをする倫理を、アブラハムとイエス・キリストとムハンマドに従うことにおいて展開しなければいけません。いずれにしても創世記18章から学ぶのは、人間の正義のためのアブラハムの闘いは、諸国民の世界と人類に対するアブラハムの祝福の現実化の一部分なのだということです。

しばしば主張されることですが、新約聖書は、人間の正義のためのアブラハムの闘いという旧約聖書的そしてイスラーム的伝統を知らないとされます。しかし事態は正反対であって、イエスのたとえ話（ルカ16・11—31）におけるアブラハムの懐にある富める男と貧しいラザロの物語は、アブラハムの服従における人間の正義の闘いの光り輝くそして印象的な記録なのです。

ヴァルター・ツィンマリはすでに一九四三年、ムハンマドの倫理的使命と預言者たちの宣教が類似性を持つことを指摘しました。すなわち「彼（ムハンマド）において、かの人々（旧約聖書の預言者たち）においてと同様に、実践的な（信仰の）証明……が隣人に対する正しくかつ憐れみ深い態度において存続する限りにおいて」類似性を持つと。ムハンマドの場合、隣人への正しい態度が強く重視されます。それは孤児たちへの配慮、貧しいものへの食事（コーラン89・18以下、107・1—3）、囚われ人たちの解放（90・1—3）です。

この預言者（ムハンマド）が、こうしたアッラーの要求にいかに無条件に服したかは、彼が……アッラーから与えられた（批判的な）呼びかけに黙ってはいられなかったことから明らかとなる。あるとき彼は、不信仰な富を欲している一人の貧しい盲人から、霊的な助言を求められた。彼は男にコーランの啓示《朝》（93・6以下）を聞けと言って、その望みを退けた。「彼（神）はおまえを孤児とはされなかったではないか。おまえのねぐらを用意されたではないか。おまえに必要なものを与え、おまえを豊かにされたではないか。だから孤児を虐げず、物乞いに乱暴な物言いをせず、主の恵みを語れ」。

6・2　個々人のいのちを救済する倫理（アブラハム＝神の友）

人間の正義のための闘いは、決してたんに地球的にでも一般的にでもなく、常に同時に具体的に理解され、個人的に生きられなくてはなりません。それゆえユダヤ教、イスラーム、キリスト教におけるアブラハムへの服従の伝統では、個々人の救済と個々人のいのちへの取組みをはっきり強調していることが特徴です。一人ひとりの人間の救済が最高の戒めであって、アブラハムの祝福とアブラハムの服従が実現するように参与するということは、その点にあります。社会全体のための正義の倫理は、個々の人間に責任を負う倫理を最後まで果たすかどうかで試されるのです。

ユダヤの伝統に関しては、シナイ律法の啓示とタルムードを偉大な社会的宣言の文書として挙げておかねばならないでしょう。レオ・ベックは彼のユダヤ教神学『この民――ユダヤ的実存』(Leo Baeck, Dieses Volk. Jüdische Existenz, Bd. I, Frankfurt a. M. 1955, S.126) でこう書きました。

タルムードのいたるところに社会的関心が貫通しており、……今や、社会問題に関する全く異なる一つの立場が聖書を貫いていることが分かる。世界中の法は――東洋もギリシアもローマ世界も――すべて持てる者の観点から書かれていた。持てる者には持つ権利が保証された! しかし聖書の古い法は、預言者たちが告げたように、小さき者、弱き者、困窮者の観点から書かれている。結びの言葉は常にこうだ。「汝らの隣にいる貧しい者、困窮する者、寡婦、孤児、……が生きることができるためである、また寄留の異邦人が生きることができるためである」。そのためにこの法が与えられた。そこでは全く異なる観点が採られている。つまり弱者、困窮者、小さき者の観点から法が賦与され、常に新たに告知され宣言される。

キリスト教の伝統に関しては、カール・バルトが『キリスト者共同体と市民共同体』(Christengemeinde und Bürgergemeinde, 1946) において、市民共同体の領域の中でキリスト者が正義と法のために闘うことを書いています。私はここでコーランを引用しますが、それはユダヤ・キリスト教の伝統と意見が一致していると教えています。「誰でも人を殺した者は、全人類を殺したのと同じである。しかしたった一人の人間を救った者はまた全人類を救ったのと同じである」

（コーラン5・32）。個人に責任を負い、個々人のいのちを救済する倫理は、全人類を祝福するアブラハムの約束を具体化し、それを全世界のために実現します。新約聖書の中でコーランにおける表現に対応し、イエスの伝統に高度に特徴的なテキストは、ヤコブの手紙です。

兄弟姉妹たち、もしだれかが、自分は「アブラハムのような」信仰をもっていると言いながら、行いが伴わなければ、何の役に立つだろうか。たとえばもし、兄弟あるいは姉妹が、着る物もなく、その日の食べ物にも事欠いているとき「もし彼らが囚われており亡命庇護を願い出ているとすれば」、あなたがたのだれかが、彼らに、「安心して行きなさい。温まりなさい。満腹するまで食べなさい」と言うだけで、体に必要なものを何一つ与えないなら、何の役に立つだろうか。あなたは神は唯一だと信じているのか。悪霊どももそう信じている。あなたは「アブラハムの」信仰がその行いと共に働いたことを見ている。こうしてアブラハムは神を信じたし、それが彼の義と認められたのであって、彼は神の友と呼ばれたのだ。（ヤコブ2・14―26による）

6・3　普遍的な人権のための闘い（アブラハムとメルキゼデク）

アブラハムの服従における社会正義と個々人の人権といのちのための闘いにおいて、ユダヤ教徒とキリスト教徒とムスリムは、すべての非ユダヤ教徒と非キリスト教徒と非ムスリムと同盟していることを知っており、また後者すべても、国連人権宣言に表現されている個々人の人権と社会的権利のために闘うことを知っています（W・フーバー）。ここでは、つまり人間のいのちと人権と尊厳を守るための闘いでは、ユダヤ教徒とキリスト教徒とムスリムの実践的な同盟がすべての人間とともに存在しているのです――後者が、その他のいかなる宗教や民主的・法治国家的伝統あるいは民主的・社会主義的ユートピアから由来するのであろうとも。そこではユダヤ教とキリスト教とイスラームの彼方にある啓蒙と人間性に対するレッシングの賛同が永続的な正当性を持つに至っています。

しかしユダヤ教徒とキリスト教徒とムスリムは――レッシングが意図しまた望んだのとは違って――アイデンティティなき寛容に依拠するのではなく、ユダヤ教の、キリスト教の、そしてイスラームのアイデンティティに依拠しつつ普遍的な人権の闘いに参与するのです。

ゲーテは『西東詩集』の中で、いわゆる唯一神教における神経験すなわち《エロヒーム啓示》と正義の要求との関連を正しく結びつけ、それゆえ正義と人権の問題を神への服従における責任ある神学と行為の基準としたのでした。

神のものは東方に、神のものは西方に
北と南の土地は神の御手の中にある
唯一の正しい方は、誰のためにも正義を望まれるその百の名前によってこの方が高く褒め称えられよ。アーメン。

それに対応するのが詩編82編であり、そこでは反論の余地なくイスラエルの神は神の集会つまり神々の協議の中に立っています。しかし諸国民の神々が評価し判断される基準は、たしかにエロヒームと呼ばれています。

いつまであなたたちは不正に裁き、悪事を働く者の味方をするのか。弱い者のために裁きを行い、苦しむ人、渇ける人々の正しさを助けよ。弱い人、貧しい人を救い、神に逆らう者の暴力から助け出せ。（詩編82・2―4）

これに対応してユダヤ教は、十八祈祷の十一番目である《ベラカーの祈り》において、神の国とその正義がメシアと共に到来することへの道備えを祈りかつ望みました。

最初のようにわれらの裁き手をもたらし、始まりのようにわれらの助け手をもたらし給え。われらから嘆きとうめきを消え失せしめたまえ。あなたがわれらを、主アドナイよ、慈しみと哀れみのうちに支配したまえ。あなたがわれらを正義のうちに義とならしめたまえ。あなたが褒め称えられますように、公平と正義を愛するアドナイよ。

これに対応してユダヤ教は、非ユダヤ教の諸国民からなる世界のために定式化した七つのノアの戒めの中で真っ先に正しい裁きの回復をあげていますが、それは偶然ではありません。それゆえドイツ連邦共和国におけるユダヤ教徒とキリスト教徒とムスリムは、近い将来のために、国家的、民族的に方向付けられた《ドイツ》モデルから距離を取り、共和国が多文化的で福祉社会的な法治国家となるために具体的に参与すべきなのです（Wolfgang Huber, Artikel Menschenrechte/Menchenwürde, TRE Bd. 22, Berlin u.a. 1992, S.577-602）。

しかしここでは、ユダヤ教徒とキリスト教徒とムスリムが、民主主義と社会正義のために闘うその他のグループと結ぶ同盟だけが考えられているわけではありません。聖書はそれ以上に驚くべき予想外のことを語っています。私は具体的には、アブラハムがエルサレムの《正義の王》であるメルキゼデクと出会ったときのことを考えています。ユダヤ教徒にとってはもとより、キリスト教徒とムスリムにとっても驚きであり常軌を逸しているのは、諸国民の世界への祝福がアブラハムに約束された（創世記12・1—4）にもかかわらず、アブラハムがメルキゼデクを祝福していない、ということです。逆にメルキゼデクがアブラハムを祝福し、アブラハムがメルキゼデクから祝福を受けています（創世記14章）。ヤーコプ・ペツコウスキー（Jakob Petuchowski, 1925-1991）はそれに関して『メルキゼデク——エクメーネの原型』（Jakob Petuchowski, Melchisedek. Urgestalt der Ökumene, Freiburg i. Br. U.s. 1979, S.11-37）という啓発的な書物を編纂しました。彼はユダヤ・ラビ的釈義がその事実を承認するのにいかに困難を感じているかを、こう指摘しています。

アブラハムがメルキゼデクを祝福したのではなく、メルキゼデクがアブラハムを祝福した――メルキゼデクは諸国民の世界からやってきた異教徒であり、正義の王であった。そしてユダヤ教徒とキリスト教徒とムスリムにとって、もっと意義深いのは、メルキゼデクが祝福を授けることをアブラハムが許したということである。（S.11-37）

この件をめぐってはラビたちの議論がありますが、キリスト教の側にも対応する議論があり、またスメイル・バーリックが『ミナレットからの呼び声』で明らかにしたように（S.117-245）イスラーム側にも同様の議論があります。それは次のように語り、考え、振る舞っています。すなわち、本来アブラハムがメルキゼデクを祝福すべきであったのだがそうなっていない。しかしやはりアブラハムの祝福が諸国民の世界に及ぶのであって、その逆ではない。にもかかわらず創世記14章があのように語っているのは、それによってユダヤ教徒とキリスト教徒とムスリムたちに高慢になるなと警告しているのだ。すなわちアブラハムの祝福は異邦人の王であるメルキゼデクを介して外からやってくるのだ、と。しかし、創世記14章によれば、君たちの正統的な伝承に基づいて期待するのとはまったく逆のことが生じている。すなわちメルキゼデクがアブラハムを祝福し、そして、――もっと重要なのは――メルキゼデクが祝福を授けることをアブラハムは許したのだ。こうして、アブラハムとメルキゼデクの出会いを記す創世記14章は、今日に至るまで取り消すことのできない伝承であり続けています。それは三者間対話《トリアローグ》をも超えて、非アブラハム的諸宗教との出会いと協同という広い地平を開きます。そこからまた祝福と派遣と学習が期待されるのです。

6・4　他者からの思考と生

フランスのユダヤ人哲学者エマニュエル・レヴィナス（Emmanuel Lévinas, 1905-1995）はある哲学と倫理を展開しました。それは自我中心的な自己における個人の倫理ではなく、また普遍的な世界全体の倫理でもなく、他者からの思考と生の倫理です。レヴィナスによれば、他者の顔と向き合う思考と生の倫理の模範はオデュッセウスではありません。彼は最後にはイタカへと、つまりただ自分自身へと帰還します。他者との出会いの模範はむしろアブラハムであり、それは決して偶然ではありません。

我々は、イタカに帰還するオデュッセウスの神話にアブラハムの歴史を対置したい――常に未だ知られざる国へと旅するために父の地を後にし、自分の息子すら出立の地に連れ戻さぬよう僕に命じたアブラハムの歴史を。（Emmanuel Lévinas, Die Spur des Anderen 1983,

215f.; H. H. Henrix [Hg.], Verantwortung für den anderen – und die Frage nach Gott. Zum Werk von Emmanuel Levinas, Aachen 1984.）

レヴィナスは、このまったき他者への旅立ち、そして他者の顔を通して魅了されることを《帰還なき旅立ち》と名づけていますが、「にもかかわらずそれは決して無へと導かない旅立ちである」といいます。こうした他者の顔からの倫理のためにも、ユダヤ教徒とキリスト教徒とムスリムの三者間対話《トリアローグ》は貢献できるでしょう。

他者の美しさによって傷つけられること、他者の顔によって魅了されることが、エルサレムのイスラエル博物館における「イスラーム世界の聖書」（“The Bible in the Islamic World” Dokumentationsband Jerusalem 1991）の展覧会場ではっきり証明されました。私がそこで見たのは、感銘を受けるほど他者に開かれた姿勢と、他者の顔に魅了されるイスラームの記録でした。それはちょうど、何度も言及したスメイル・バーリックの『ミナレットからの呼び声』において、またアブドルジャヴァド・ファラトゥーリによるムハンマドに関する啓蒙的冊子『授業におけるイスラーム』（Der Islam im Unterricht, 1992）において、イスラームの魅力を説得力をもって書いているように、偏見を打ち壊し、イスラームの寛容を示す明白な記録です。次の物語もまたイスラーム研究者が私に教えてくれました。それはイスラームにおける苦難の経験とそれへの対処の記録です。私が目にした絵画は、一九世紀のイラン——そこはファラトゥーリの故郷——で描かれた《ヨセフの美しさに圧倒されるエジプトの宮廷女性たち》というタイトルです。そこに描かれたヨセフ物語の饗宴シーンは、後のペルシャ絵画の好むモチーフとなりました。イスラームの伝統はこの物語を――一九世紀のこの絵が記録するように――次のように語るのを常としています。

街の女たちの何人かがひそひそ話を始めた。「ポティファルの妻が若い奴隷を誘惑しようとしたんだって。彼女は彼のために目が眩んで夢中になったにちがいないわ。わたしたち街の女は、彼女が犯したことをとんでもない愚かなことと見ているの」。その噂話がポティファルの妻にまで届くと、彼女は宮廷の女性たちを饗宴へと招き、彼女たちのために座布団を準備し、またリンゴを切るナイフを用意した。それは彼女らの視線をヨセフだけに向けさせないためだった。それからポティファルの妻は、彼女たちの前にヨセフを呼び出した。すると彼女たちは驚愕して魅了されるあまり、リンゴを切る代わりに自分たちの手を切ってしまった。それほど彼女たちはヨセフの容姿容貌に魅せられてしまったのである。（In: Biblical Stories in Islamic Paintings, Israel-Museum, Jerusalem 1991; vgl. auch Hans Jochen Margull, Verwundbarkeit, in: Ev. Theologie 34,1974,410-420.）

私がこの物語で言いたいのは、またこの物語に語らせたいのは次のことです。他者の宗教や文化に対して宗教と関わりなく人間的に心を開く者は、結局、宗教的にも人間的にも完膚なきまでに砕かれるということです。

7　エピローグ——隣人関係の対話モデルと道の共同体

私がここで三者間モデルとして導入しようとしたものは、決して静止状態にある宗教間の優位性モデル、つまり一つの宗教が他宗教を、もしくはその真理を統合することによって最終的に優位であることが証明されるようなモデルではありません。私は優位性と排他性に基づく非寛容モデルに賛成しませんでしたが、しかし多元主義的かつ相対主義的な寛容モデルと宗教的アイデンティティを放棄するモデルにも賛成しませんでした。私がむしろ導入しようとしたのは、宗教の隣人関係モデル、すなわち、全人類のためのアブラハムへの祝福の約束に奉仕することにおいて、イスラエルの民の、エキュメニカルなキリスト者の民の、そしてムスリムによるアブラハム共同体の隣人関係モデルでした。そのためには道のモデルがふさわしい。すなわちそこではアブラハムからイサクとイシュマエルの息子たちが、サラとハガルの娘たちが祝福され、またアブラハムの息子であるイエス・キリストを通して祝福が諸国民からなる世界へと及んでいきます。その祝福を通して私たちはキリスト教徒として祝福され、一つなる人類に派遣され、被造世界の保全のために召されるのです。アブラハムの神は唯一の神であり、イスラエルとの契約と忠誠を永遠に保ち、神の手の創造の業を放棄することはありません。神は――ムスリムが彼を告白するように――いと高き方にして超越者、天と地の創造者、来るべき正義の裁き主です。

しかしアブラハムの神は無限者で超越者であると同時に、近くにいて共に歩む神であり、天の高みにいるけれども、同時に、ヘブライ語聖書が忘れがたい言葉で述べているように（イザヤ57・15）、貧しく権利を奪われ砕かれた心の者に寄り添う神です。コーランの最も美しく魅力的な章も神についてそう告げています。それはことわざのような教えとしてこう語ります。「神はあなたの胸の動脈よりも、あなたの近くにおられる」（50・15）。

このアブラハムの服従の倫理において何が問題かを、アブドルジャヴァド・ファラトゥーリは一九九一年に行った「アピール」の中でこう書き直しています。

疑いもなく正義と平和を求める努力とその意味での人間の権利の保持と保護は、ユダヤ教とキリスト教とイスラームという、三つの宗教の使信の核を形作っている。この価値は手付かずのまま残る。もしその価値がこれらの宗教のどの信奉者によって繰り返し傷つけられたとしてもである。責任を自覚したユダヤ教徒とキリスト教徒とムスリムによる今日の世代の課題とは、この枢軸的価値の違反をもって新しい争いのための動機とするかわりに、責任の現実化という意味においてヨーロッパと世界における平和のために相互に強固になることである。この共同の責任のための手がかりは数多く諸宗教の経典の中に存在する。世界平和のために大宗教の信奉者たちが意識的に参画しないかぎり、この世界に平和はない。（Abdoldjavad Falaturi, Der Islam im Unterricht. Beiträge zur interkulturellen Erziehung in Europa, Frankfurt a.M. 1991, S.11）

その後、預言者ムハンマドの血を分けた子孫であるヨルダンのフセイン国王が、エルサレムで先に暗殺されたイスラエル首相イツハク・ラビンの棺のもとで、アラー・エロヒームの神に呼ばわってこう語ったことは決して偶然ではなく、本質的なことでした。

我々は声をあげ、高らかに、公然と我々の平和に対する告白を語ろう。今日ここでだけではなく、いかなるときも。一人の神である我々の神は、我々が平和に生きることを望んでおられると信じる。我々は希望し祈ろう。神が我々すべてに、各人に神の立場において正しい導きを与えてくださるように。そしてそれが各人によき将来のためにできることをなさせてくださるように。（「エルサレム・ポスト紙、一九九五年七月一一日より）

8　補　足

プロテスタントの神学と教会は、宗教改革によって教えられ、「二つの契約の書」の言葉を聴き、ユダヤ教と共に学び、ユダヤ教から学ぶことによって養われてきました。だがプロテスタントの神学と教会は、ユダヤ教とキリスト教の基礎的対話――それはキリスト教とイスラームの対話へと開かれなければいけませんが――をさらに越えて、他の世界宗教との対話を試みるでしょう。その際、彼らの固有の聖書がこの対話を、何らかの一般的な宗教概念による宗教多元主義ではなく、具体的に共生と証言と対話（テオ・ズンダーマイヤー）に導くよう勇気づけることが可能です。それは、その固有の聖書もまたこの知恵の対話をすでに導いてきたからです（G. von Rad, Weisheit in Israel, 1970）。たとえば、カナンのエル／至高なる神を崇める高等宗教（創世記14章。アブラハムとメルキゼデク）、エジプトのアメン・エム・オペの知恵の書物の章（ヨブ、コーヘレト）、エジプトの知恵（箴言22・17―23・17）、バビロンとペルシャにおける正義と法の伝統（出エジプト18章。エトロの裁判の伝統）、ヘレニズムの伝統など。ヘレニズムの伝統はキリストの十字架と区別はされますが、取り除かれはしません（Ⅰコリント1・18以降、Ⅰテサロニケ5・21。「すべてを吟味して、良いものを大事にしなさい！」）。イエス・キリストは「すべての人を照らす世の光」（ヨハネ1・9）であるがゆえに、また創造以来の永遠なるヤハウェの霊の力が新たに聖霊降臨を通してすべての肉なるものに注がれたがゆえに（ヨエル書2章〔原文ママ〕、使徒言行録2章）、教会の外に、世界の出来事の中に、創造における光と共に、文化的、哲学的、政治的、社会的な真理と宗教的真理があると見ることができますし、また見ることを許されています（カール・バルト『教会教義学』Ⅳ／3、第69節。そこに題詞として「バルメン宣言」第一項中の文書が引用されている）。それらの真理は外からエキュメニカルに私たちに問いかけ、私たちの教会的なキリスト一色の狭さに問題を提起し、これまで認識されてこなかった待望の書物としての聖書の偉大な豊かさを私たちに指し示します。そして聖書と共に、ヤハウェの約束の油注がれし者、永遠なる者、イスラエルと世界の諸国民の神であって彼のうちにあらゆる真理の宝がある（コロサイ2・3）メシア・イエスを示すのです。「キリストは私たちのために神によって真理となられた」（Ⅰコリント1・30、バルメン宣言第二項）からです。

＊　この論文はベルトールト・クラッパートが一九九二年一二月二日、「キリスト教とユダヤ教の協同のための協会」が主催する三者間研究協議会において行った講演に遡る。そこで他に報告及び補足報告を担当したのは、スメイル・バーリック（Smail Balic ウィーン）、アブドルジャヴァド・ファラトゥーリ（Abdoldjavad Falaturi ケルン）、ヴォルフガンク・フーバー（Wolfgang Huber 当時ハイデルベルク・現在ベルリン）、ジョナサン・マゴネット（Jonathan Magonet ロンドン）、マルティン・シュトール（Martin Stöhr ジーゲン）、そしてベアーテ・ヴィンクラー（Beate Winkler ボン）である。本稿が最初に公表されたのは『ライン講演1』（Rhein Reden 1, 1996, S.21-64）においてである。

（相賀昇訳）

6　イエスが受けたメシア的霊の洗礼

メシア・イエスは第一聖書とユダヤ教に属する

イエスの洗礼は、神の子〔息子〕メシア・イエスの歴史の中で測り知れない深い出来事です。このイエスのメシア的霊による洗礼は、メシアが聖霊によって誕生したという物語（マタイ1・20、J・モルトマン）において、また子の先在性への信仰告白において、さらに創造の媒介者（ヨハネ1・3）である子への信仰告白において一層深められます。なぜなら召命と選びは、同一ではないからです。選びは召命に先行します。選びは召命の深層次元（エレミヤ1・5、ガラテヤ1・15）なのです。それにより、イエスの洗礼の養子論的誤解は不可能となります。

福音書においてイエスの洗礼の意味は、「旧約聖書」、より正確に言えば「第一聖書」に即して展開され、その中に根拠付けられています。イエスの洗礼は、卓越した意味において「聖書に従って」起こっています。つまりイエスの洗礼は、トーラー（以下、律法）と預言者と諸書に従って理解されるべきなのです。イエスの洗礼はその中に自らの根拠を持っています。メシア・イエスは、旧約聖書、より正確に言えば「第一聖書」に属しています。以下に述べる種々の諸次元及び強調点が明らかにされるべきでしょうが、その際私は第一聖書ないしイスラエルの聖書の種々の暗示や影響を跡付けたいと思います。

私はマルコ1・9—11のテキスト伝承における次の五つの次元を区別しています。すなわち、

1　イエス――神のメシア的子（詩編２・７）
2　イエス――神の支配のメシア的代理人（マルコ１・15）
3　イエス――神の「愛する子」（創世記22章）
4　イエス――メシア的「神の僕」（イザヤ42章）
5　イエス――父の「ハシディズム的な（敬虔な）子」（ルカ２・49）

1　イエス――メシア的「神の子」（詩編２・７）

イスラエルの神のメシア的子へのイエスの召命

イエスのメシアの秘密は、復活以降の福音書のあとからの構成物ではありません（W・ヴレーデ、R・ブルトマン、E・ケーゼマンと彼ら以降の多数者）。メシアの秘密は、むしろイエス・キリストの復活前の歴史に属するものです。それはイエスの洗礼の中に位置づけられています。W・ツィンマリは彼のエゼキエル書注解の中で、旧約預言者たちの召命物語において個々の預言者たちの派遣全体の特別性が凝縮されていると指摘しました。それに相当することは、メシア、すなわちイスラエルの神のメシア的子へのイエスの召命と全権委任の物語にも当てはまります。

(a) 神のメシア的子へのイエスの召命

イエスの人格のメシア的次元を、全ての福音書記者は明確に強調しました。つまり、

福音書は、イエスの洗礼を公のメシア的諸活動への召命の行為として描写する。……そして、マルコ1・11とその並行箇所の神の声なる言葉は、聖書の助けによって入念に定式化されている（イザヤ42・1、44・2、詩編2・7を比較せよ）。その神の声なる言葉はしかし、報告されている出来事を歴史的に疑うべき根拠を提供してはいない。（P・シュトゥールマッハー）

イエスに対し彼の権威の正当性と由来を質問したサドカイ派の組織メンバーとの論争において（マルコ11・27―33）、イエスは洗礼者ヨハネの権威を参照するよう指示しました。ヨハネによるその洗礼は、イエスには「彼の派遣にとって決定的な召命の出来事」でした。もし、マルコ1・9―11をマルコ11・27―33と結びつけるならば、**ヨハネによるイエスの洗礼において公のメシア的証言の職務へのイエスの全権委任の出来事**を見ることが許されるでしょう（同右）。

もしイエスが、「どこからイエスはその権威を得ているのか」との問いに対して、「ヨハネの洗礼が神からのものだったのか、それとも人からのものだったのか」（マルコ11・30）という反問をもって答えたとするならば、これが、イエスが直接の応答を免れようとする一つの回避策であっ

たり、一つの駆け引きであったりすることはまずあり得ないでしょう。しかし、もしイエスの反問が真剣に意図されたものならば、その反問は「わたしの権威は、ヨハネによるわたしの洗礼の時に起こった事柄に基づいている」（J・エレミアス）ということを言い表しています。

そのときイエスのメシア性の性質や方法にとって重要なのは、イエス自らがメシアであると宣言することではなく、彼が主なる神（JHWH）自身によってメシアとして宣言されることです。「真のメシアは自らを宣言してはならず、神が彼を公に即位させ、『あなたはわたしの子（息子）である。……、わたしの右の座に就くがよい！』（詩編2・7、詩編110・1）」（O・ベッツ）と告知されるまでは、隠されたままなのです。

(b) イエス――イスラエルと異邦諸国民のメシア

神のメシア的子（マルコ1・11、詩編2・7）として、イエスは根本的に**イスラエルの民**と関連づけられています。このことはまず、そもそもイエスがヨハネの洗礼を受けるため荒野のヨルダン川にやって来ることにおいて示されています。ヨハネによるヨルダン川での洗礼は、一度限りの悔い改めの清めの行為であり、エゼキエル36・24―27の約束、つまり「わたしが清い水をお前たちの上に振り掛ける時、お前たちは清められる。……わたしはお前たちに新しい心を与え、……お前たちの中に新しい霊を置く、わたしのおきてに従って歩ませる」（ヨハネ3・5を参照）

との約束と関係があったのです。

イエスの洗礼に至る道行きは、**罪深いイスラエルの民との一つの連帯の行為**です。この連帯の行為は、古い伝承に基づいており、その伝承は作り話ではありません。「悔い改めと救いに至る洗礼への洗礼者の呼び掛け」は、イスラエルでの「偉大な悔い改め運動と覚醒運動へと導いた」のです。イエスもまた「人気のないヨルダン渓谷の洗礼の場所にまで赴いた。……この報告の信憑性を証明するのは、その報告が初代教会の資料証拠に従ってもたらした二重の躓きである。一方では、イエスが洗礼者ヨハネから洗礼を受けた（マタイ3・14以下）ことによって、イエスが自らを洗礼者の下位に置いたという点に人は躓きを覚え、他方では、イエスが〈罪の赦しのための〉洗礼を受けたという点を（マルコ1・4）人は困難であると感じた。……それほどまでに躓きをひき起こす諸報告を人は作り出したりはしなかった」（エレミアス）のです。

イエスはヨハネのこの洗礼を受けるため荒れ野へ出かけることによって、自らを連帯的にイスラエルの民の一員であると認めます。すなわち「イエスが、洗礼者の集めた終末論的な神の民の一員に自ら加わるべくヨハネの洗礼を受けた時、イエスは自身の召命を体験した」のです。あるいはより的確に表現するなら、「イエスは、その終末論的な神の民（イスラエル）の一員になるために洗礼を受ける」（同右）のです。

洗礼へのイエスの道行きは、**イスラエルの歴史の反復**です。なぜならヨハネは、ヨシュア（イエホシュア＝イエス）のもとでイスラエルの民がヨルダン川を渡った（ヨシュア3章以下）ペレアのヨルダン川東岸で洗礼を授けるからです。そのようにしてイスラエルの民は、ヨハネの洗礼によって再びイスラエルの地に入ります（U・シュネレ）。イエスはヨルダン川で洗礼を受けることによって、彼もまた新たにイスラエルと共に約束の地に入ることで、イスラエルの民の辿った道を**反復**します。マタイ2・15によれば、イエスはエジプトからのイスラエルの脱出を同じように繰り返したのです。

ルカ11・20によればイエスは、「わたしは**神の指で**悪霊を追い出す」と語りました。これは、――フルッサーが私に注意を喚起した箇所ですが――「神の指」が奴隷からの解放という出エジプトの伝承に属している出エジプト記8・19への一つの示唆です。ここでもまたイエスは、彼の癒しの業において、奴隷からのイスラエルの解放的脱出を反復し継続しているのです。

洗礼者は、マルコ福音書の冒頭で第一聖書からの二つの引用によって特徴づけられています。その引用は、――通常言われているように――「混合引用」として特徴づけられるべきではありません。なぜなら、マルコ1・2に引用されている旧約聖書箇所イザヤ40・3とマラキ3・1は、イスラエルの聖書の預言者の部分の最初と最後を形成しているからです。これによって、洗礼者ヨハネの中に旧約聖書の預言の全体がまとめられている、と言われているのです。そして、そのことでヨハネをマラキ3・23において約束されている終末時のためのエリヤとして決定付けるために、マラキ3・22―24が新約聖書に引用されています（マルコ9・11以下、ルカ1・17）。その際ヨハネは、その審判の説教においてモーセ律法《トーラー》の解釈者です――「わが僕モーセの教え《トーラー》を思い起こせ」（マラキ3・22）。ヨハネの審判の説教と悔い改めの説教は、モーセ律法《トーラー》を現実化します！そして「罪の赦しを得させるための」洗礼は、新しい契約（エレミヤ31・34）の約束を現実化するのです。われわれはそこから以下の点を学ぶことができます――「〈イエス・キリストの福音のはじめ〉（マルコ1・1）は、イスラエルと共なる神の歴史である。〔マルコ〕福音書は、イスラエルの〈聖書の〉証言の中にその歴史的、規範的、形成的起源を持っている」（E・ツェンガー）。「私の後に来る人（メシア―人の子）は私よりも前におられた」（ヨハネ1・30）との洗礼者の言葉によると、そこでは終末論がまた始源論も含んでいます（その逆ではありません！）。すなわち、来るべき人の子は先在者でもあるのです。終末論から始源論へと向けて語り思考することは、伝統的教義学にとっては馴染まない方法です。

詩編2・7（サムエル記下7・12―16を参照）による神のメシア的子へのイエスの召命は、したがって、空虚な場所においてではなく、**イスラエルの民という場所において**、すなわちイスラエルの民との連帯の中で起こります。この民は、出エジプト4・22、エレミヤ31・20とホセア11・1によれば、しかしまたマタイ2・15とローマ9・5によっても、選ばれたイスラエルの神の「子〈息子〉」です。つまりイスラエルは、神の長子（最初の息子）なのです。エレミヤ3・19によれば神は、ご自身の民イスラエルについて語ります――「わが父（Avi）とお前はわたしを呼んでいる。わたしから離れることはあるまい」。「わが父よ」との神に対するイエスの語りかけは、それゆえ同時にイスラエル的であり、メシア的でもあるのです。このことはしかし、次のことを意味しています。つまり、神の子としてのイエスのメシア的派遣は、まず**イスラエルの民の選ばれし息子**としての場所においてのみ遂行されうるのです。それゆえにイエスは、イスラエル全十二部族を代表する十二弟子を召し出したのです。

メシア的「神の子」として、イエスは**霊によって油注がれ**ました。洗礼の際、――全ての伝承が報告しているように――イスラエルの神の霊がイエスに降る、ないしはイエスの中に入り込みます。ヨハネ1・32によれば、この霊の賦与はイザヤ11・2に関係付けられます。すなわち霊は、イエスに降っただけではなく、イエスの上に留まったのです（エレミアス）。そこからH‐J・クラウスは、「〈神の子〉としてのメシア・イエスは、霊によって油注がれた者である。一つの聖霊論的キリスト論が導入される」と結論づけています。D・ボンヘッファーは一九三五年に、ダビデ王に関する彼の聖書研究で次のように述べています。

> 洗礼の際にイエスに下り、そして彼をメシア的王に封印するのは、霊である。われわれは、洗礼を受ける前のイエスについて何も知らない。……イエスにおける洗礼は、ダビデにおける油注ぎである。

メシア・イエスはしかし、イスラエルの民にのみ関係するのではなく、霊による彼の全権付与は**異邦諸国民の世界**にも関連するのです。メシアの支配には、全異邦諸国民をメシア的支配の中におくという目的があります。詩編２・８にはこう記されています。「わたしに求めよ。そうすればわたしは、諸国をお前の嗣業とする」（詩編２・１以下を参照）。主なる神（ＪＨＷＨ）とそのメシアであり油注がれた者に抵抗するために逆らい立つ異邦諸国民は、神の律法《トーラー》に対する服従において神の子のメシア的支配に組み入れられ、また従属するべきです（詩編２・10以下）。「メシアは、異邦諸国民の主である」（クラウス）。復活されたキリストの命令、「全ての異邦諸国民に、子の名において洗礼を授けよ」（マタイ28・19）は、これによってすでに暗示されているのです。詩編２・７に由来する「天からの声」（マルコ１・11）はその際、第一聖書（サムエル記下７・11―14、アモス９・11、イザヤ11・１以下、エレミヤ23・25以下、33・15以下、エゼキエル34・23以下、37・24以下）にだけでなく、ひとりのメシアへの**初期ユダヤ教の**待望にもさかのぼります。初期ユダヤ教において、「ダビデ家出身の一人の王的メシアの待望は特に広がっていた」のです。ソロモンの詩編17編以下のファリサイ的伝承はそこである特別な役割を果たします。そして、イエスの時代にさかのぼるファリサイ的ユダヤ教の十八の祈願（シェモーネー・エスレー）の中の十四番目の祝福の「メシア待望」は、そのエルサレム校訂版では次のようなものです。

憐れみたまえ、主（ＪＨＷＨ）、あなたの大いなる憐れみによって、我らの神、あなたの民イスラエルを、あなたの町エルサレムを、あなたの栄光の住まいなるシオンを、あなたの神殿を、そしてあなたの正義のメシアであるダビデの家の王国を憐れんで下さい。エルサレムを建てるダビデの神、主なる神（JHWH）、あなたはほめたたえられ、祝福されますように。

十五番目の祝福もまた「ダビデの子孫」であるメシアについて語っています（サムエル記下7・11―14）。

あなたの僕、ダビデの子孫をすみやかに生み出させてください。……なぜならわれわれは、一日中あなたによる解放を望んでいるのですから。解放の角を生えさせる主（JHWH）、あなたがほめたたえられ、祝福されますように。

ダビデの子、王的メシアの姿はその際、「常に神の民〔イスラエル〕と関係づけられます。しかし、彼はその際に決してただ彼らの政治的解放者としてのみではなく、教師また警告者として、宗教的かつ社会的諸問題と緊急事態における助け手としても思い描かれます。さらにまた、彼に対しては同じように異邦諸国民のための普遍的諸課題ならびに普遍的諸機能も付加される」（B・シャラー）のです。

（c） イエス――道の途上と生成におけるメシア

H－J・クラウスは、イエスの道の中に詩編2・7が照らし出され引用される特徴的な諸点があることに注意を喚起しました。つまりイエスは、メシア的子として**全権を委任され**（マルコ1・11）、**変貌させられ**（マルコ9・7）、**復活させられ**（使徒13・33）、**高く挙げられ**ます（ヘブル1・5）。

ヨハネによるイエスの洗礼のメシア的次元についてはこれ位にしておきますが、それは、天からの声（バト　コル）、「神の子」とイエスを呼ぶこと、霊による油注ぎ、そして全異邦諸国民の支配というその目的の決定等に示されているのです。

イエスの洗礼から全異邦諸国民への普遍的な支配にいたるまでの、イエスのメシア的道行きの種々のいまだ完結していない諸段階は以下のことを言い表しています。イエスはイスラエルの約束のメシアとして万物復興のために、つまり全異邦諸国民のためのメシア的平和の国の目的（イザヤ11・1―10）をもって、イスラエル十二部族全体の建て直し（使徒1・6）のために**定められています**。**その限りにおいてイエスは、その道の途上と生成におけるイスラエルの約束のメシアです**（J・モルトマン）。イエスに対してなお異論が唱えられ（マタイ11・2―6）、イエスに躓くことはありえます（11・6）。人は、――洗礼者ヨハネの姿におけるユダヤ教のように――イエスに対しそのメシア性を問うことができ、そしてその結果、キリストの問題を留保することができるのです（D・ボンヘッファー）。「詩編2が告知するものを、〔ようやく〕黙示思想〔ヨハネ黙示録12・5と19・15〕が、成就したと見なすのである」〔H－J・クラウス〕。

　イエスはメシアである、しかし彼は道の途上にあり、生成の中にある。イエスは約束のメシアであり、そのように指名された〔designatus〕メシアである〔K・ハーカー〕。このことを、旧約神学者エーリッヒ・ツェンガーが正しくも強調しています。「まさにキリスト者たちが第一聖書のいわゆるメシア的諸テキストに耳を傾けるそのことが、一方ではキリスト者たちに、神の諸々の約束がまだ実現されていないという事柄への関心を抱き続けさせるはずである。そして第一聖書に耳を傾けることは、他方で、ユダヤ人が——神の国のために！——メシア問題を留保しなければならないと考えるならば、あの——キリスト者たちを不愉快にさせる——メシアとしてのイエスに対するユダヤ人の否を理解させるはずである」。

2　イエス——神の支配のメシア的代理人〔マルコ1・15〕

　神の子〔マルコ1・9—11〕としてのメシア的職務へのイエスの召命と全権委任の背後に、詩編2編がその基礎と背景としてあります。そのことによって、天からの声によるメシア的子イエスの全権委任は、決定的にイエスの父としての神を指し示すのです——「わたしは彼〔ダビデ家の王〕の**父**となり、彼はわたしの子となる」。そのように、サムエル記下7・14〔歴代誌上28・6を参照〕のナタンの約束の「預言者的全権委任の言葉」〔クラウス〕に記されています。王に選ばれたダビデ家の者についてこう言われる――「彼はわたしに呼びかけるであろう。『あなたは**わたしの父**です』と」（詩編89・27）。タルグム〔旧約聖書のアラム語訳〕は、アラム語の「abba at」によってその呼びかけを再現しています（エレミアス）。神への呼びかけ〈アッバ〉はそれゆえイエスにおいて一つのメシア的次元を持っています。そのようにメシアは彼の父である神に語りかけるのです。神が、ご自身を詩編2・7によればダビデ家の者の**父性的神**として、またマルコ1・11によればメシア・イエスの**父性的神**として示しているのと同じように、神は、ご自身を全権委任と選びの言葉においては**母性的神**として示しているのです――「今日わたしはあなたを**生んだ**」（詩編2・7＝ルカ3・22）。その際に神の父性と神の母性は、**神の名の一つの釈義**です。なぜなら詩編2編においては「主（JHWH）とその油注がれた者」（詩編2・2）が問題になっているからです。

(a) イエス――神の支配のメシア的代理人

父性的または母性的神の言葉、すなわち「あなたはわたしの子、今日わたしはあなたを生んだ」（もうけた！　のではありません）は、同時にイエスのメシア的派遣の根本的な**神中心的**次元を啓示しています。クラウスは詩編2・7について言っています。「選ばれた王は神の側に移される。その王は……神の支配の代理人となる」、つまり主（JHWH）の支配（歴代誌上28・5以下）の代理人となるのだ、と。

メシア・イエスもまた、洗礼の際（マルコ１・11）のあの詩編２・７に方向付けられた主（ＪＨＷＨ）の全権の言葉によって、来るべき・彼において既に始まっている神の支配（マルコ１・15）の代理人に任命されます。それゆえにイエスは「主の祈り」の中で、まず神の御名を聖とするように、神の支配の到来を祈るように、主（ＪＨＷＨ）の律法の意志を行なう（マタイ６・９以下）ようにと、われわれに教えています。したがって、カトリックの旧約神学者Ｅ・ツェンガーは、全ての疑わしい、あまりにも排他的な「キリスト一元論」に対して正当にも次のように述べています。

もし、第一聖書と第二聖書の〈中心〉があるとすれば、それは常に新しい〈生活の文脈〉の中で救い・裁く神として自らを示す主（ＪＨＷＨ）である。新約聖書もまた、その多様な形態において究極的には〈キリスト中心的〉ではなく〈神中心的〉である。

別の表現をするならば、「第一聖書の〈神－学〉なしには、新約聖書のキリスト論は根拠なき・無歴史的なものとなる」ということです。

イエスが彼の父である神によって神のメシア的子に任命され、〈限りない霊〉（ヨハネ３・34）を賦与される伝承は、**イスラエルの三一の神**に対する後の教会的信仰告白の根源の一つなのです。父、子、聖霊は、イスラエルの唯一の神の到来の仕方であり、その名前が神の到来において釈義され、具体的に物語られ得るものとなります。
神の支配、つまりイスラエルの神の来るべき支配の代理人として、メシア・イエスは彼の全行為において活動します。「彼（イエス）の王権は、最終的に神の王権と一致する」（クラウス）のです。メシア的子へのイエスの召命（マルコ1・11）は、彼を主（JHWH）の支配の代理人または仲介者にします。ボンヘッファーは一九三五年のダビデ王に関する聖書研究の中で「メシア的王」という表題で次のように書いています。

神の王権はシオンの山の上のダビデの王座に堅く立つ。……ダビデの子は神の子であるだろう。ダビデの支配は神の支配であり神の国であるだろう。

(b) イエス――「律法と預言者」の解釈者

「すべてのことは、父からわたしに任せられています」というマタイ11・27もまた、ヨハネによる洗礼の出来事においてイエスに生じた経験への一つの反響です。ゆだねる（paradidonai）、アラム語 mesar は「教説の伝承のためのテクニカル・タームである」とJ・エレミアスは述べ、このイエス語録を内容的かつ時間的にイエスの洗礼に位置づけました。父のメシア的子としてのイエスに、その洗礼において「律法と預言者」を釈義しこれを成就する（マタイ5・17―20）法的権限が委ねられたのです。かつて私がエルサレムの偉大なタルムード学者シュムエル・サフライを、彼の娘ハンナとともに客人としてわが家に迎え、マタイ11・27に関する彼の解釈を尋ねたとき、彼は咄嗟にこう答えました――「イエスは、『わたしの父である神がわたしに口伝律法全体、モーセ律法の釈義を委ね、ひき渡してくださった』と考えたのです」。神のメシア的子であり、神の支配の代理人であるイエスは、したがって洗礼の際に、「律法と預言者」を法的効力をもって釈義し、またそれにより口伝律法を伝承する権威を与えられたのです。イエスは、モーセ律法に由来する一つのメシア的キリスト論がすでにここに暗示されています。**「律法と預言者」**と預言者の権威ある伝承者また成就者たる権限を与えられたのです。

洗礼の際の天からの声が文字通り反復されているイエスの変貌の出来事（マルコ９・２以下）は、イエスの派遣のこの次元を説明しています。律法の代表者である**モーセ**と、預言の代表者である**エリヤ**がイエスのもとに現れ、彼と語り合い、苦難の中へと歩む彼のこれからの道において彼の正しいことを**証明し**、かつ彼を力づけます。そのようにしてイエスは、――E・ツェンガーが正しくも見たように――「律法と共なる生の」メシア的「範例」となり、そして――私は付け加えたいのですが――預言と共なる生のメシア的範例となります。変貌の物語（マルコ９・２以下）において、洗礼の際の声に対してはもちろん「あなたがたはこれに聞け」（マルコ９・７c）という要素が付け加えられます。それは再びあのモーセ伝承とモーセの約束を指し示すのです――「私のような一人の預言者を、あなたの神、主（ＪＨＷＨ）はあなたの中心から、あなたの兄弟たち（同胞）の中から立てるであろう。**あなたがたは彼に聞け**」（申命記18・15）。

イエスの洗礼のあとに、悪魔の誘惑による**メシア・イエスへの試み**が直接続いています。そしてイエスは、彼が律法によって生き、誘惑者に対しモーセ律法の言葉によって応答する（マタイ4章）ことでその誘惑に打ち克ちます。なぜイエスが山上の説教においてモーセ律法の権威ある・現実化する解釈者として登場したのか、またなぜモーセを凌駕する者としてでも、ましてやその排除者としてでも登場しなかったのかということ（マタイ5―7章）は、イエスの洗礼から理解できるようになります。マタイ福音書におけるイエスの洗礼伝承で、モーセ律法との関係がさらに強調され、イエスは「あらゆる正義を実現するために」来られた（マタイ3・15）のだと付け加えられています。それに対応して、旧約聖書では詩編2編に律法の詩編1編が先に置かれていますが、それはメシア的王がモーセ律法の解釈者かつ実行者たるべきであり、またそうであるためです。

イエスは、したがってまた彼が「律法と預言者」の解釈者であり成就者であるということにおいても、イスラエルの神の支配のメシア的代理人です。なぜなら神の支配は、「律法と預言者」に結ばれているからです。この神の支配は「律法と預言者」に即して実現します。**イエスは彼の受洗以来、「律法と預言者」と共なる生のメシア的範例なのです。**それゆえにイエスは「主の祈り」の中で、神の国の到来の祈願のあとに律法を守ることの祈願、つまり「あなたの律法の意志が行なわれますように！」と続けています。

（c）イエス――メシア的人の子

イエス――イスラエルの神である主（ＪＨＷＨ）の支配のメシア的代理人――は、「律法、預言者、諸書」の解釈者であり成就者である。そのようにわれわれはこれまで述べてきました。その両方のことは、イエス自身の言葉にのみあらわれ、イエスの根源的伝承に属するものであり、――主（ＪＨＷＨ）の支配の告知のように――イエスの洗礼後すぐに新約聖書全ての伝承の諸層において証言されている一つのメシア的称号に凝縮しています。すなわち、イエスはその洗礼をとおして、またその洗礼以来、**メシア的人の子に定められています**。それゆえに、マルコ1・7で洗礼者ヨハネによって告知された「(私）より優れた方」がダニエル書7章とエチオピア語エノク書伝承のメシア的人の子であることは、きわめて蓋然性が高いでしょう。このより優れた方は「到来する」。そしてこのことはまたしてもダニエル7・13以下によれば人の子にあてはまるのです。マタイ11・3によれば、イエスは「来るべき方」です。そしてこのことは創世記49・10のユダへの言葉のメシア的解釈、詩編118・26、ダニエル7・13によれば、メシア的人の子と関連づけられるべきです。この人の子は、洗礼の際の召命と一致し、これに内容的に対応する四重の委託を成就しなければいけません。すなわち、メシア的人の子なるイエスは、

1、**神の支配**の代理人として（ダニエル7・13）

2、一つの**メシア的希望の姿**として（エチオピア語エノク書）

3、**イスラエル民族全体**の代理人として（ダニエル7・27）

到来するのです。

4、**全異邦諸国民**の支配という目的と共に（ダニエル7・14）

始まりつつある神の支配ならびにメシア的人の子の支配は、その際二つの側面、つまり同一の希望の内容の神中心的次元とキリスト中心的次元なのです。イエスは、その働きと宣教において神の支配の将来の到来について語ったのです。J・エレミアスとW・G・キュンメルはそのことを、イエスを視野に入れて「実現されつつある終末論」と名づけ、そのことによってA・シュヴァイツァーのような「徹底的終末論」とC・H・ドッドのような「実現した終末論」から一線を画しました。

これに対応して、メシア的人の子であるイエスにおいても、実現されつつある終末論の意味で、**来るべき人の子の将来の到来**が起こります。

「イスラエルが期待しているダビデの子孫に由来する人間的（メシア的）救いの王とイエスとのあいだの質的差異」については、それゆえシュトゥールマッハーとともに語られるべきではありません。同じくシュトゥールマッハーのように、イエスにおけるメシア的幕開けをみて「メシア的成就の出来事」について語るべきでもありません。なぜならアラム語で話していた原始教会は、待降の叫び「マラナ・タ！」（我らの主よ、来りませ！）でもって、メシア・イエスにおける来るべき人の子のメシア的到来に応えたからです。来るべき人の子の現臨へのこの呼び求めにおいて、新約聖書ではイエスへのメシア的〈ホ・キュリオス・ヘーモーン〉（ho kyrios hēmōn）への信仰告白は、第一戒の主（JHWH）・キュリオス（KYRIOS）への信仰告白と区別されなければなりません（マルコ12・35―37）。これに対応して、二つの聖書（イザヤ7・14＝ルカ1・35、2・6f、イザヤ9・5。「神―英雄」、詩編45・7＝ヘブライ1・8、ヨハネ1・1、20・28、31、ゼカリヤ12・8、ダビデの家は、「エロヒームのようだ」）のメシア的神〈テオス〉（theos）への信仰告白もまた、同じく二つの聖書の神中心的〈ホ・テオス〉（HO THEOS）信仰告白と区別されなければなりません。

イエス・キリストのメシア的道行き全体のためにイエスの洗礼に帰せられる卓越した意味を考慮して、J・モルトマンによって提案され、私によってわずかに施された補足が、古代教会の信仰告白の中に受け入れられるべきでしょう。

〔われは〕ダビデの子孫、アブラハムの子を〔信ず〕
〔彼は〕聖霊によって生まれ、
洗礼者ヨハネから洗礼を受け、
律法への忠実さにおいて試され、
聖霊によって満たされ、
貧しい人々に神の国を宣べ伝え、
病人を癒し、

排除された人々を受け入れ、
イスラエルに仕え、全異邦諸国民の救いのためにイスラエルを呼び覚まし、
全ての民を憐れむ

私は、この関連において、われわれがその洗礼のあとですぐに遭遇するナザレのイエスの人の子の秘密についてはただ言及するにとどめ、ここでさらに展開することはできません。このことを私は、自著『約束の共同相続人』の中で、「人の子の約束からキリストを理解する」という表題で詳細に展開しました。

3　イエス――「子、愛する子」（創世記22・2）

(a)「アブラハムの子」へのイエスの召命（マタイ1・1）

イエスがメシア的職務への権威を与えられることになる天からの声は、詩編2・7とならんで創世記22・2「あなたの息子、あなたの愛する独り子イサク」にも関連づけられています。なぜならイエスは、マタイ1・1によればダビデの子であるだけでなく、アブラハムの子、つまりイサクでもあるからです。

このことはしかし、多くの最近の聖書翻訳と注解書では見過ごされています。なぜなら、「（イ

サクの）縛り」やそこから最終的に「イサクの犠牲」についてのユダヤ教的伝承はあまり知られていないからです。著しく誤った翻訳を含んでいる『公正な言葉による聖書』（Bibel in gerechter Sprache, 2006）は――「これはわたしの愛する子、彼はわたしの心に適う者」（マタイ3・17）ないしは、「あなたはわたしの愛する子、あなたをわたしは喜ぶ」（マルコ1・11）の箇所において、詩編2・7とイザヤ42・1しか指示していません。創世記22・2はその際に重要視されていません。P・シュトゥールマッハーの場合もまずさしあたってマルコ1・11について、「この包括的叙述の本文は、創世記22・2、詩編2・7、そしてイザヤ42・1、44・2に依拠している」と正しく指摘してはいます。しかしながら、創世記22章への解説はどこにもなされていません。それどころか、シュトゥールマッハーはローマ8・32――これは彼が正しく見ているように同様に創世記22章に関連づけられる――を古代教会以来のイサクとキリストの間にある凌駕とアンチテーゼの伝統的予型論によって解釈しています。イサクが犠牲とはならなかったことをキリストが自らの犠牲によって凌駕したように、「神はアブラハムになおまさり、そして無比の仕方によってご自身を、恵み深い方、そして憐み深い方として証明されたのである」と。

J・エレミアスもまた、詩編2・7の影響（Einspielung）も創世記22・2の影響も認識していません。なぜなら彼は、マルコ1・11を神の僕へのイエスの召命に限定しているからです。「その召命の声は、メシア・王という諸表象の領域へと導くのではなく、神の僕に関する聖書の言表の領域へと導くのである」と。後者は間違いではありませんが、まったく一面的です！

これに対してマルコ1・11とその並行記事に関する〈ネストレ・テキスト〉は、常に創世記22・2をも挙げていました。そしてH－J・クラウスは彼の『詩編の神学』の中で、「もしイエス（マタイ3・17並行マルコ1・11）がアガペートス（愛する子）と呼ばれるなら、この言葉は創世記22・2、16（ローマ8・32をも参照）を指し示している」と簡潔に表明しています。またクラウスは、「この言葉――それに対応してローマ8・32――によって、アブラハムがイサクと共に行かねばならなかった〈犠牲の道（自己犠牲の歩み）〉の十字架のしるし（signa crucis）が話題になるべきではないのか」と問うています。しかし、初期ユダヤ教のアケダー伝承（イサクの縛り）をクラウスは知らないようです。

一九八六年の創世記22章に関する彼の黙想において――その黙想は同じく一九八六年に出版されたH・W・ツォイデマの著書『イサクは再び犠牲にされる』と自らを関連づけていますが――H・クレーマースは、イサクの縛りと犠牲の伝承を取り上げ、そしてマルコ1・11について言及しています。

アブラハムが息子を惜しまなかった（正確に言えば、惜しむことができなかった）ように、神は、ご自身の子を惜しまなかった（正確に言えば、惜しむことができなかった）（ローマ8・32）御方である。つまり、天からの声はイエスの洗礼の際、彼にイザヤ42・1と創世記22・2の混合引用によって、「愛する子」と呼びかける（同様の混合引用をわれわれはマタイ12・18

にも見出す）。

最後にH・ティエンは、彼のヨハネ注解でヨハネ1・29について、ヨハネ的洗礼の声においてイエスは、真の過越の子羊――19・36によると、イエスは過越の子羊たちの屠殺の時刻に死ぬ――つまり、真の神の僕の子羊（イザヤ53・7）としてだけでなく、真のイサクの子羊としても理解されることを指摘しています。

イサクのアケダー（縛り）というユダヤ教の呼び方は、既にその関心の重要な推移を指し示している。聖書の物語の中ではアブラハムと彼の揺るがぬ神への信仰のみが中心にあったとすれば、創世記22章への関心はマカベア家の殉教者の時代以来、明らかにイサクの態度と彼をめぐる出来事に移っていった。

今や、この指摘をイエスの洗礼の際の声とイエスの道の解釈のために受け入れることが重要です。すなわち、イエスは（イサクを）凌駕しているのではなく、イサクの道を歩み、そして反復するのです。

ヨハネ3・16とローマ8・32によれば、イスラエルの神はそこで底知れぬ深い仕方で、アブラハムの役目とその役割とを引き受けています。神はそのことによって、イサクの道を歩まなければばならず、しかしまた自発的に従順に従いゆくイエスの試練と苦難の中へと引き入れられます。神は、父・受苦説の意味において共に試練を受けた者であり共に苦しむ者です。イエスは、イサクの道を自身の苦しみの中で歩み、また反復することによって、マルコ1・11の洗礼の声が示すごとく、自分の父としての神と向き合います。イエスがイサクの道を反復することによって、新約聖書において神はアブラハムの立場に秘義に満ちた仕方で立つのです。

もし、私が次節で、**イエス・キリストの洗礼とその十字架に至るまでの道行きの解釈のためにイサクの縛り／犠牲の伝承**を引き合いに出すならば、私がともかくそうするのは、古代教会において、特に**サルデスのメリト**（一九〇年没）以来、イエス・キリストの犠牲の死が、いわゆる「旧約聖書」におけるイサクが犠牲とはならなかったことに対して、遂行された犠牲として予型論的に対置され、批判的かつ反ユダヤ主義的にユダヤ教に反対して宣教されてきたからです。それ以降――メリトの考えでは――キリストの犠牲の優越性は、旧約聖書の神はイサクを惜しんだが、新約聖書の神はイエスを犠牲として献げたという点に示されるのです。「キリストは……苦しんだ、イサクはそれに対して苦しまなかった。なぜなら彼（イサク）はキリストの将来的苦難の予型であったからである」（M・クルップ）。

(b) キリストの十字架のサディズム的誤解に対して

二〇〇〇年五月一一日付けの『ツァイト』誌二〇号の記事で、ベルリンの哲学者**ヘルベルト・**

シュネーデルバッハが「キリスト教の七つの先天的欠陥」について語っています。彼にとってはキリスト教の犠牲の神学も、つまり神がこの世を和解させるためにキリストの十字架において人間の生け贄（犠牲）を必要としたということも、このキリスト教の先天的欠陥の一つです。

この不可解なシナリオに直面した人は次の質問をしたいと思うだろう。なぜキリスト教の神は、ユダヤ教の大贖罪日の祭におけるユダヤ教の神と同じ条件のもとで赦すことができないのか、そしてひょっとして犠牲の子羊なしでもそうすることができないのか、と。このことが、世界史にかつて存在し、いまも存在するあらゆる犠牲者に対してキリスト教を鈍感にしたのである。

ベルリンのフンボルト大学の神学者リヒァルト・シュレーダーは、同じ『ツァイト』誌の二〇〇〇年五月二五日付け二二号で一つの応答を試みました。つまり、彼はイエス・キリストの死において生起した「犠牲の論理との決別」について言及します。これ以後の更なる全ての犠牲を不当なものだと言明するためにキリストの犠牲は必要だったのだ、と彼は論拠づけるのです。「神をなだめるためにもはや犠牲は必要ではない、神はわれわれをご自身と和解させてくださったのだ」。これに対してシュネーデルバッハは正しくも次のように答えています。

私にとって全く理解できないのが、犠牲の論理との決別としての十字架の解釈である。イサクが生け贄として奉げられようとしたとき、人間の犠牲が動物の犠牲によってきっぱりと代替されたはずである。そうだとすれば、なぜそもそも犠牲が新たな人間犠牲、つまりイエスという人間犠牲によって退けられねばならなかったのか？

シュネーデルバッハと同様に**ウルリヒ・ヘディンガー**もまた、『イエスの処刑』というその著書において、イエスの苦難と十字架とに関する新約聖書の証言を批判しています。しかし彼は同時にそれによって――彼の言う――「後期ユダヤ教の父権制的・一神教的宗教性」をも批判しています。つまりその枠の中で新約聖書において苦しみを平準化（無差別化）してしまうような表現がなされる伝統というものを批判しているのです。これは実際、**十字架の神学全体に対する一つの根本的な問いなのです。**ヘディンガーが考えるように、本当に新約聖書においてイエス・キリストの苦難という残酷な苦痛の平準化が起こっているのでしょうか？　苦しみは、受難物語や十字架の物語において精神化され、平準化されるのでしょうか？

さらにヘディンガーは、イエスの時代に支配していたユダヤ教の宗教性は、人間の苦しみと苦痛を全能の神の教育の手段として理解している、と述べています。そこから彼は、マルコ14・32―42の**ゲツセマネ伝承**をも次のように批判するのです。

苦しみの正当化に対するヨブの抵抗は、新約聖書の受難物語によって受けとめられなかった。ヨブの抵抗のかすかな反映は、せいぜい「苦い杯」が自分を過ぎ越してくれるようにというイエスの祈願において見出される。この祈願に続く「しかし、あなたのみ心がなりますように！」という相対化は、無論ヨブの抵抗のこの最後の名残を巧みにかわしてしまうのである。そのことで、不法や暴力や殺人への巧妙な順応が宗教史や人類の歴史におけるそれらの頂点の一つに達する。

ゲッセマネの物語は――ヘディンガーによれば――不法と暴力を巧妙に甘受する一つの物語である。それゆえにヘディンガーは、犠牲の死としての十字架の称揚に反論し、次のような結論を導き出します。

〈後期ユダヤ教〉の父権制的・一神教的宗教性の地盤の上では、イエスの十字架刑は神が意図した〈救いの〉行為にならなければならなかった。

「わたしの意志ではなく、あなたの意志がなるように！」

イエスの十字架刑が殺人行為として、つまりローマ帝国に属する辺境地の権力者によって実行された犯罪として真剣に受けとめられたならば、イエスの十字架刑は〈ユダヤ教の〉父権制的・一神教的宗教を疑わしいものにし、廃棄したことであろう。

私のそれに対する反対命題はこうです。ヘディンガーのこの解釈はユダヤ教の〈アケダー伝承（イサクの縛り伝承）〉の重大な誤解であり、また新約聖書の中にあるその伝承の存在の無視でもあります。そのために私は、二冊の著書、**W・ツォイデマ**『イサクは再び犠牲とされる――イスラエルの苦難のシンボルとしてのイサクの縛り』と**ルーカス・クンデルト**『イサクの犠牲／縛り』を参照するよう指示したいと思います。

（c）〈イサクの縛り〉というユダヤ教の伝承

アブラハムの試練から〈イサクのアケダー〉に至るまでのユダヤ教の伝承の道程を知りたいと思う者、また**アブラハムの試練**と**イサクの縛り**への新約聖書的関連づけをイエスの受難の道行きにおいて理解したいと思う者は、まずその**ユダヤ教の伝承の道そのもの**を見なければなりません。

（1）創世記22章ではイサクではなくアブラハムが中心に立っているので――「神はアブラハムを試された」（22・1）――われわれはまず**アブラハムの試練**について語らねばなりません。創世記22章のアブラハムの試練は、しかしながら、新しい時代と新しい試練の中へと移動していき、ユダヤ教史の内部で、**拷問や殺害を甘受はしませんが、拷問や殺害のただ中にあって正しい立ち位置を見出す助けとなっていくのです**（Yehoshua Amir）。そのようにして、アブラハムの試練はまずより広がりをもった形において——しかし相変わらずアブラハムの試練として——母親とその彼女の目の前で続けて拷問され殺された七人の息子たちについてのマカベア書の殉教者の物語において姿を現します。それによって、創世記22章のアブラハムの試練は**サラの試練**にまで拡大されるのです。創世記22章への明示的な指示は、拷問され殺された息子たちへの母の言葉の中でなされます。「私の息子たちよ。行って、お前たちの父アブラハムに言いなさい。あなたは犠牲奉献台のために一人を縛り（binden）ましたが、私は犠牲奉献台のために七人を縛り（binden）ました、と」（第四マカベア書13・12）。

したがってここではまず、アブラハムとサラの試練が問題となっています。その試練は、アブラハムとサラとは違って、マカベア時代においては、母親が彼女の七人の息子の姿におけるイサクを取り戻すの**ではなく、**残酷にも失うことによって、今やさらに拡大し深まります。イサクはやはり犠牲とされるのです！　そして「その童に手をかけてはならない！」という天使の救いの声は起こらなかったし、アウシュヴィッツにおいてもそれは生起しませんでした（Y・アミール）。七人の兄弟の母にとって**アブラハムの試練とサラの試練**は、**彼女の七人の息子の殺害に直面してその極度の苦しみに対処するための一つの助け**です。拷問の苦しみを受けた七人の息子を失う彼女は、アブラハムとサラの試練の中に慰めを見出し、アブラハムの物語（創世記22章）とサラの物語（創世記23章）の中に庇護と信頼の言葉を見出すのです。

アブラハムとサラの試練の先鋭化された形態は、それゆえ父権的で残忍な苦難を引き起こすような神についての記録ではありません。苦しみを引き起こした者たちは、殺人者であり拷問者であり、そのような犠牲を要求する彼らの国家神たちなのです。**むしろ、高まるアブラハムの試練への母親のこの示唆の意味は、無理に押しつけられ加えられた極度の苦しみを持ち堪え耐え抜く一つの方法です。**その母親は、言い尽くせない苦しみの中にあって、約束の神に、第一戒の神に、そして神の御名を聖とすることに固着するのです。彼女は、したがって、殺人者たちと拷問者たちに彼らの判断の最終的勝利を拒絶し、**そのようにして、究極的な抵抗と無防備（非暴力）の抵抗の中で、その出来事を信実（Treue）と生命の神に固く結びつけ直す（zurückbinden）のです。**

（2）ヘレニズム時代の迫害以来、つまりマカベア時代からローマ人による迫害の時代まで、アブラハムの試練とサラの試練から**イサクの縛り、殺害、犠牲**まで更なる重点の広がりが生起します。

＊その際、レオ・ベックの『ユダヤ教の本質』における解釈が示すように、人は特にバル・コホバの反乱（一三二―一三五年）の終焉直後の殉教者の姿と**ラビ・アキバ**の殉教をありありと思い浮かべます。すなわち、第一戒に対する服従と「心を尽くし、生命を尽くして」**死に至るまで神に仕える**信実（申命記6・5）を思い浮かべるのです。それについては、「たとい神〔イスラエルの神〕があなたの生命を取るとしても」という、ラビ・アキバにさかのぼる解釈を想起することができます。われわれにとって重要なのは、イサクの役割と彼の律法への忠実によって決定され

た自己犠牲を視野に入れるとき、ラビ・アキバの一人の弟子、ラビ・メイルが、師の拷問と殺害の後に与えた補足的解釈です――「自らを祭壇上に縛りつけたイサクのように」（申命記のミドラッシュ、Sifre-Deuteronomium 32）。

〈アケダー伝承〉、つまりイサクの拷問、殺害、自己犠牲についてのこの物語伝承の現実性をより良く理解するために、私は、既に亡くなった私の教師であり友人であるロンドン出身のレオ・ベックの弟子であるアルベルト・H・フリートランダーが私に話してくれた、一つの出来事をお伝えしたいと思います。公民権活動家で自由の闘士であった**マーティン・ルーサー・キング**の殺害後、フリートランダーはキングの父を訪問し、彼と共にマーティン・ルーサー・キングの墓へ出かけました。父キングは突然フリートランダーに訊ねました。

「あなたは私の名前を知っていますか？」

フリートランダーは答えました。

「ええ、もちろんですとも。あなたは、あのあまりにも惨たらしく殺されたマーティン・ルーサー・キングの御父上です！」

キングの父親はさらに続けて訊ねます。

「あなたは殺されてこの墓の中に横たわっている者の名前を知っていますか？」

フリートランダーは答えて言いました。

「もちろんです。この人は人種差別の不正に対して立ち上がり、黒人の法と正義のために非暴力で闘い、この非暴力の抵抗のゆえに殺されたわれわれの愛するマーティン・ルーサー・キングです」

「ちがいます！」とマーティン・ルーサー・キング翁は答えました。

「私はアブラハムです。そして、ここに横たわっているのは私のイサクなのです！　私は人種差別に対するこの非暴力の抵抗と自由の戦いのために**わが息子を犠牲としてささげなければならなかったのです。**私は彼を殺されずにおくことはできなかったのです。**私はわが息子を犠牲にしなければならなかったのです！」**

これは少なくとも、新約聖書の諸伝承においてもアブラハム伝承とイサク伝承を理解するための一つのアプローチです。われわれは今それらの伝承に、範例的に、選択的に、共観福音書に限定して取り組みたいと思います。

(d) メシア・イエスはその受難においてイサクの道を反復する

われわれは、すでに**マルコ1・11**のイエスの召命における天からの声（バト・コル）に言及しました。イエスはアブラハムの子（マタイ1・1）としてイサクの道（マルコ1・11）を反復しています。イエスは、アブラハムが創世記22章でイサクと共にその道を歩んだように、イスラエルの神もまたイサク－イエスと共に歩まれるイサクの試練の道を、反復するのです。したがって、イエスの召命物語はすでに受難と十字架について語っているのです。

マルコ9・7において、受難物語の前の変貌物語において、われわれは二番目のクライマックスに達します。イエスは「これはわたしの愛する子。これに聞け」という天からの声を聞きます。**ダーフィット・フルッサー**は、その『イエス』という著書の中でこの箇所についてこうコメントしています。――イエスが聴く天からの声は、彼の死の故にイサクを暗示しています。そこに居合わせた二人の預言者モーセとエリヤは、エルサレムでイエスが被るであろう死について語るのです。

そのときその声は、イエスを独り子と呼ぶのである。ちょうど神がアブラハムに「あなたの愛する独り子、イサクを連れて行きなさい……そして彼を焼き尽くす献げものとしてささげなさい」（創世記22・2）と語られたように。これは、イエスの将来の殉教を指し示している（ルカ9・31）。

イサクの縛りあるいはイサクの犠牲（自己犠牲）はそれゆえに、イエス・キリストのメシア的派遣全体と彼の受難の一つの重要な主題として明らかになります。それは予期されたエルサレムでの殺害、石打ち、十字架刑に直面してイスラエルの神の中に隠れるという主題です。そのようにアウシュヴィッツに至るまでのユダヤ教は、そして――これに対する類比で――マーティン・ルーサー・キングの父親は、白人の人種主義に対して立ち上がった彼の息子の殺害に直面して、イサクの伝承と共にアブラハムの神の中に隠れ、自らをアブラハムの神に固く縛り〔結び〕つけたのでした。〈アケダー〉はイエスにとって、律法への忠実と試練の中から生まれた信頼に満ちた――父なる神に対する――確信を意味しています。そのように、イサクの縛りと犠牲について、またイエス・キリストの十字架と死について語ることができるのです！

イエスが聴く召命の声を記したマルコ1・11、そしてイエスの変貌の際の声を記したマルコ9・7の後で、いまや**ぶどう園の農夫たちの譬え**であるマルコ12・1―12を取り上げることにしましょう。これはその核心において次のようにイエス自身に遡ります。つまりイスラエルの神は、その実りをぶどう園の農夫たちから受け取るために、まず彼の僕である預言者たちを派遣します。ぶどう園の農夫たちはサドカイ派の祭司階級を意味しており〔12・12〕、ぶどう園は選ばれたイスラエルなのです。ぶどう園の農夫たちはまず預言者たちを殺害しました。その後にこう記されています――「それから彼にはまだ一人、愛する息子がいた」〔**マルコ12・6**〕と。イスラエルの神である父によるイエス派遣のクライマックスは、それによって「あなたの息子、あなたの愛する独り子を連れて行きなさい」という創世記22・2を文字通り暗示しているのです。

この息子はマルコ12・7によると父の**相続人**です〔創世記22・17、26・3―5を参照〕。そして、イスラエルの神のこのメシア的子は、彼に近づきつつある死を予期しつつ、父なる神の中に隠れるのです。なぜならイスラエルの預言者たちの派遣は、イエスにとっても、彼の死、殺害、ないし石打ち以外の何ものも予期させなかったからです。イエスによって予期された死という終わりに直面して、**イサクの自己犠牲と縛りの伝承**は、当時のユダヤ教の文脈においてイエスが父なる神に信頼に満ちて固着する方法です。「彼にはまだ一人、愛する息子がいた」。そのことでメシア的子であるイエスは、彼自身が信頼に満ちた父なる神との結びつきにおいてイサクの道を歩むであろうことを知るのです。イスラエルの神は、イエスをサディスティックに死の中へと導かれることはありません。しかし神はイエスを**死のただ中**で導かれます。神は死のただ中においてもイエスを保持されます。神はキリストであるイエスに、自己献身と自己犠牲の死の中にまで、律法への忠実と神の御名を聖とする〔殉教の〕死の中にまで、同行されるのです。

さらに、もう一つ別の新約聖書のアケダー伝承、ヘディンガーがひどく誤解して反ユダヤ主義的に解釈した**マルコ14・32―42**のゲッセマネの物語を取り上げましょう。われわれはゲッセマネ物語において、イサクの道を反復し、イサク伝承を書き続けることになります。なぜなら、その中心には、イサクが創世記22章で彼の父を「アヴィ」（わたしの父よ）でもって、あるいは、――アラム語のパラフレーズによると――「アッバ」と呼びかけるのと同じように、「アッバ、父よ」と神に語りかけるイエスの呼びかけがあるからです。**イスラエルの神への「アッバの語りかけ」は、主の祈り（ルカ11・2）と並んで、イエスのゲッセマネの試みとゲッセマネの試練の中にその場をもっています。**この語りかけは、イサクの縛り（伝承）が受難物語においていかに強く現在しているかを裏書きしています。イエスが自分の父に対して最終的に「あなたの〈律法の〉御意志が行われますように」と答えることによって、われわれはゲッセマネにおけるイサク伝承のもう一つ別の要素と関わることになります。ゲッセマネの物語がイサク伝承の反復として理解できることは、さらに「試練／試み」（peirasmos）の語が現れることの中に示されています。人の子イエスは**試練と試み**に打ち克ち、弟子たちに試練の中で滅びることがないように目を覚まして祈るよう要求します。このイエスの言葉は、「神はアブラハムを試された」という創世記22章の冒頭の言葉を指し示しているのです。

最後にマルコ福音書の受難物語におけるアケダー伝承の存在に言及しましょう。**マルコ8・34によれば**、イエスは、ペトロの信仰告白に続いて、そしてペトロが苦難の道からイエスを引き離そうとした後に、弟子たちに言います。「わたしの後に従いたい者は、自分を捨て、**自分の十字架**を背負いなさい」。創世記22・6の「アブラハムは、焼き尽くす献げ物に用いる薪を取って、息子イサクにそれを背負わせた」に関して、ミドラッシュは「自分の十字架を肩に背負っている者のように」（ゲネシス・ラバ56）と解釈しています（W・ツォイデマ）。**イサクは自分の十字架を担ぐようにして、焼き尽くす献げ物に用いる薪を肩に担ぐのです**。それと対応してイエスもまた、サドカイ派の祭司階級とローマの権力国家による共同の迫害を予期しつつ、弟子たちにイサクの道を準備し、自分たちのイサクの道を行くよう要求します。「……**自分の**十字架を背負ってわたしに従いなさい」（マルコ8・34）。

そのように、アブラハムの息子（マタイ1・1）であるメシア・イエスは、十字架の死に至るまでイサクの道を歩み、イサクの道を反復します。イエス・キリストはイサクの道を再現するのです。**イエス・キリストがイサクの道を反復することによって、アブラハムの祝福は異邦諸国民の世界にまで及びます**（詩編72・17、ガラテヤ3・14）。イサクの道は信頼の道です。アケダー伝承は、拷問を目の前にして、予期される殺害や死を目の前にして、人々がイスラエルの神への信頼を言い表すことのできる聖書的ユダヤ教的言語伝承です。**イエスは木を背負います、イエスはヨハネ19・17では**（マルコ15・21と違って）**自ら十字架を背負うのです。ネストレは、そのために正しくも創世記22・6を指し示しています。さらに、「彼らはその場所（ゴルゴタ）に来た」**（ルカ23・33）**と記されています。これは創世記22・9の文字通りの引用です**（七十人訳）。イエスはイサクの道を行きます。**そしてアブラハムがイサクの道に同伴する**（創世記22章）**ように、アブラハムの神であるイエス・キリストの父もまた、彼のメシア的子の苦難の道を共に行き、そして十字架の拷問の死に至るまで彼の道に同伴するのです。**そのように、マルコ1・11とともにレビの遺訓18・6以下も、イエスの洗礼についての古いユダヤ人キリスト者の伝承を理解しました――「天が開き、栄光に満ちた〔天の〕神殿から、**父であるアブラハムからイサクに語りかけられたと同じように、父の声と共に**聖なる霊が彼の上に降る」。

それではイサクの縛り伝承は新約聖書の受難物語において何を意味するのでしょうか？　ツォイデマは彼の著書『イサクは再び犠牲にされる』の中で、この伝承をわれわれに新しく理解させてくれました。つまり、迫害の時代や苦難の経験の中で、すでにイエス・キリストの到来以前に、ユダヤ教の殉教者たちは、再び信頼に満ちて神に自らを結びつけることによって、イサクの縛りでもって自らを神の真理の証言者として確認するのです。そのようにして、イサクの縛りの物語伝承は、**殺人者たちが最終的に犠牲者たちに勝利することはない、ということ**が表現される一つの重要な希望の伝承です（マックス・ホルクハイマー）。死と十字架、拷問と殺害において神の信実を確かめること、これがイサク伝承の意味です。それゆえにわれわれは、この伝承からもまた新約聖書の受難物語を理解することを全く新しく学ぶべきなのです。

新約聖書は、イエスの道をイサクの道に深く刻み込み、またその逆にイサクの道をイエスの道に深く刻み込んだのです。そのことを**ローマ8・32**もまた思い出させてくれるし、「ネストレ版」ではまたしても創世記22・12、16を指示しています。これまで詳述したことに従えば、このテキストは次のように訳されるべきです。

もし神がわたしたちの味方であるならば、誰がわたしたちに敵対し得るであろうか？　この方はご自分の**独り子を**惜しむことができずに、わたしたち全てのために犠牲に**せねばならなかったのだ**。

ゲツセマネの試練は、ダーフィット・フルッサーが正しくも言ったように、イエスが逃避するか否か、あるいは神の国と神の義の到来に対して忠実であり続けるか否かのテストないし試験でした。ローマ8・32が〈イエス・キリストの父なるイスラエルの神がイエスをして死を免れさせることはできず、到来する神の国と神の義と律法の成就の歴史のためにイエスを犠牲に**せざるを得なかった**〉ことについて語ることによって、アブラハムが息子イサクと共に苦しんだように、イエス・キリストの父であるイスラエルの神は、イスラエルの約束のメシアであるイエスと共に苦しまれるのです。このイエスの道の途上において「神は我らのためにいます」（ローマ8・31）のであり、神はわれわれに敵対することは為し得ないのです。

4　イエス――メシア的「神の僕」（イザヤ42章）

マルコ1・11でイエスに対し洗礼の際にメシア的職務への全権を与えた神の声、天からの声は、「あなたは**わたしの子**である」という詩編2・7に関連するだけではありませんし、また「あなたの息子、あなたの愛する独り子」という創世記22・2に関連するだけでもありません。その声は、「**わたしの魂は彼を喜ぶ**（**わたしの心に適う者**）」というイザヤ42・1にも関連します。これによってイエスは、イスラエル民族と異邦諸国民の約束のメシアに選ばれるだけではありません。また、これによってイエスは、イサクの道を行き、そのことによって律法への服従と殉教の道を行き、それを耐え抜くようにと召しを受けるだけではありません。イエスはそれを越えてイザヤ42・1に関連する派遣の委託によって、**神の僕の道**を歩むよう決定されるのです。イザヤ42・1にはこう記されています――「見よ、**わたしの僕**、わたしは彼を支える。わたしの選んだ者をわたしの心は喜ぶ」。

(a) 神の僕――一個人の姿とイスラエルの民

旧約聖書学と釈義は、第二イザヤの場合「主(JHWH)の僕」によって一個人の姿が意味されているのか、それともイスラエルの民が意味されているのか、今日まで一致していません。W・H・シュミットは、その著書『旧約聖書の信仰』の中で次のように説明します。

たしかに、「預言者は誰についてこう言っているのでしょうか。自分についてですか。だれか他の人についてですか」(使徒8・34)という問いへの答えは依然として異論の余地のあるままである。神の僕はイスラエルへの一つの委託を受け取っているのであるから(イザヤ49・5以下)、彼は(49・3にもかかわらず)イスラエルそのものでなく、一個人である。彼はしかし、過去、あるいは将来のひとりの人格、あるいは預言者自身なのか?……いずれにせよ、メシア的預言と神の僕の歌との間には交換関係があるように思われる。

これに対して、R・レントルフは彼の『旧約聖書の神学』において、神の僕がイスラエルの民を指すとの解釈を支持しました。「イザヤ49・3において、その僕は、明らかに『イスラエル』と呼びかけられている」と。そのようにしてレントルフは、他の者たちと共に、「イスラエルと異なる『神の僕』の姿の仮説」を強く否定したのです。同様にK・バルトは、神の僕の歌の釈義の際にこの問いを避けることはしませんでしたが、しかし、この問いに二者択一の意味で答えてはいません。

この神の僕である相手において、一個人が考えられているのか、……それともイスラエルという集合体が考えられているのかという問いは、おそらく二者択一的に答えることはできないから、やむことがないであろう。この形姿の中には、一個人と民族が、そしてその両者が……眺められ得るであろう。間違いないことは、いずれにしても、この神の僕において、またこの神の僕によって、イスラエルそのものも、主（JHWH）の相手として登場しているということである。したがって、これら一系列の箇所においては、イスラエルは、異邦諸民族の世界との主（JHWH）の終末史的出会いにおける主（JHWH）の相手として登場し、異邦人のただ中における主（JHWH）の強力な証人として登場している。

バルトがイザヤ42・1と「救いはユダヤ人から来る」というヨハネ4・22を視野に入れて強調しているように、イスラエルには異邦諸国民の世界に対する一つの普遍的な宣教の使命（Mission）があります。神の僕イスラエルには異邦諸国民への終末的な宣教の使命があるのです。

あらゆる二者択一を否定しつつ、ラビのR・グラートヴォールのイザヤ42章に関するユダヤ教の釈義も同様に次のように述べることができます。「神の僕——一個人、全体としてのイスラエル、おそらくメシア、いずれにせよ『選ばれた者』——は、彼を満たしている『霊』によって法を、つまり新たな正しい法秩序を実現させ」、しかもそれを「とりわけ諸国民の間の諸関係において実現させる」と。

イエスは洗礼の際に、**メシア的神の僕の道**へと召し出されます。そのことによって、神の僕はまず、一つのメシア的個人の姿、すなわちイエスに関係づけられるのです。これは、イザヤ42・1に対する預言者のタルグム（アラム語訳）にも一致します。それは次のように訳しています。「見よ、わたしの僕、メシア」（H・ヘーガーマン、O・ベッツ）。洗礼の声の際にイザヤ42・1が事実視野にあることを「わたしはわたしの霊を彼の上に置いた」というその続きもまた示しています（イザヤ61・1ならびにルカ4章を参照）。まさにそのことを、マルコ1・10は、霊がイエスに降ったと報告しているのです。「神が彼の僕の上に彼の霊を置くであろう、とイザヤ42・1に約束されていることは、まさに（洗礼の際に）成就したのである」（J・エレミアス）。

L・ベックは、彼の著書『ユダヤ教の信仰の歴史の記録としての福音書』（一九三八年）の中で、イエスの洗礼の際の天からの声を視野に入れて、イザヤ42・1の神の僕のもう一つ別のメシア的委託に注意を喚起しました。この僕の課題は、「法を異邦諸国民にまでもたらし、島々が彼の教え（トーラーの釈義）を待ち望む」（イザヤ42・1、4）ことです。まさにこのことを、イエスは主（JHWH）の僕として実行するのです。彼（イエス）は、律法（トーラー）の与える指標となる法をただイスラエルのために解釈するだけでなく（マタイ5―7章）、いわゆる「宣教命令」において、彼の弟子たちがイエスによって解釈されたモーセ律法の教えを異邦諸国民にまでもたらすよう指示します――「そしてわたしがあなたがたに命じておいたことを、全て守るように彼らに教えなさい」（マタイ28・20）。洗礼の際の神の僕としてのイエスの召命に基づいて、イエスはそれによってイスラエルに限定される派遣だけでなく（マタイ10・5以下、十二弟子の選びを参照）、**異邦諸国民の世界**に関連づけられる派遣を持ちます。それはこの二重の次元におけるメシア的神の僕の派遣です。

W・ツィンマリは正しくも、第二イザヤにおいてモーセの伝承もまたその反響を見出さないか否かという問いを設定しています――「イスラエルの故国帰還がまず最初の職務として彼に委託された後に、法を異邦諸国民にまでもたらす（イザヤ42・1、3以下）という、主（JHWH）の僕の秘義に満ちた姿の背後に、この対応関係が隠されてはいないだろうか？……ここに隠されているモーセ―予型論への問いは、真剣に考慮するに値する」。

W・H・シュミットもまたこの関連を暗示しています――「そのようにしてますますこれらの歌が僕の卑賤さを際立たせている。その際、おそらくモーセの後期の像（出エジプト記32・30以下、民数記12・3等）のモチーフも有効になるだろう」。

(b) イエスはメシア的神の僕の道を反復する

イエスは、神の僕の道を彼の苦しみと受難の中でも歩みました。イエスはその際に、全イスラエルのためだけでなく、あらゆる異邦諸国民のためにもその代理の死を引き受けたのです。そのようにして、イエスは、ダニエル7・14によれば異邦諸国民が行なうはずの「彼に仕える」ということをさせるために、メシア的人の子として来たのではなく、主(JHWH)の僕として仕えるために、そして「多くの人のために贖いとして彼の命を与えるために」(マルコ10・45＝イザヤ53・10以下)来たのでした。イエスは、最後の過越の食事の際の〈杯の言葉〉の最古の表現によれば、彼から間もなく暴力的に奪い取られる彼の生命を、多くの人のために、つまりイスラエルと異邦諸国民のためにささげるであろう(マルコ14・24＝イザヤ53・12)、と言われるのです。

イエスは……自分の死を、死に陥る多くの人々のための代理と呼ぶ。この内包的な〈ポロイ〉(多く＝全て)という語は、イザヤ書53章との一つの関連づけを含んでいる。……イエスは、この言い回しでもって、代理しつつ死に赴く神の僕として自分自身を心得ているのだ、と語っている。イザヤ書53章を抜きにしては、晩餐の言葉は理解されないままである。(J・エレミアス)

それゆえに、十字架につけられたキリストは十字架上での彼のとりなしの祈りを、イスラエルのみに限定したのではなく、ローマの兵士たちにも向けたのです（ルカ23・34）。
その結果、ここでもまた、イザヤ書53章の思想がおのずから理解される。そしてこの章は、（しかもヘブライ語のテキストによれば！）、「そして彼は、多くの者たちの罪を負い、罪ある者たちのためにとりなしをした」（12節）という言葉で終わっている。（J・エレミアス）

（c）神の僕・イエス――異邦諸国民の光

以下のことは、これまで述べてきたことから結論づけられます。メシア的**神の僕・イエス**は、ただ**神の僕・イスラエル**と共にのみ異邦諸国民の世界に到来します（H-J・クラウス）。その際に確認されなければならないことは――またシャガールは一九四〇年の『十字架につけられた者たち』という絵の中でこれを行なったのですが――神の僕であるイエスがイスラエルの中で、またイスラエルのために彼の道を歩み、そして神の僕としてイスラエルと共に異邦諸国民のところにやってくる、ということです。イエスは、イザヤ42・6の委託を受けとります。すなわちイエスは、彼の民イスラエルのために契約の仲介者となり、異邦諸国民の光となるのです。

ただイスラエルの諸部族を立たせ、イスラエルの（捕囚から）救出された者たちを連れ帰らせるためにだけ、あなたがわたしの僕となっているというのでは、わずかすぎる。わたし

はあなたを異邦諸国民の光にするであろう。（イザヤ49・6）

その理由からD・ボンヘッファーは、一九四四年七月一八日付けのE・ベートゲに宛てた彼の手紙の中で次のように書くことができました。

宗教的行為ではなくて、この世の生活の中で神の苦しみに参与することがキリスト者を作る。これが、メタノイア（悔い改め）なのだ。それはまず自分自身の困窮や諸問題、諸々の罪や不安を考えることではなく、イエス・キリストの道に、イザヤ書53章がいまや成就されるというメシア的出来事の中に、自分が巻き込まれることだ！

「あらゆる人間的生は、代理によって決定されている」というボンヘッファーの『倫理』にある命題は、神の僕の代理ということの人間学的、人道的な意味を指し示しています。

5　イエス――彼の父の「ハシディズム的な子」（ルカ2・49）

前一〇〇年―後二〇〇年の間のパレスチナのユダヤ教の時代に、カリスマ的な能力を持つ奇跡行為者たちがいました。ラビ伝承において彼らは、「ハシディーム・ハ・リショニーム」、つまり

「昔の敬虔者たち」と名づけられています。偉大なエルサレムの教師D・フルッサーとS・H・サフライが、A・ビュッヒラー（一九二二―六八年）のユダヤ教カリスマ的伝承に関する諸研究を取り上げ、また決定的に更に（その研究を）先へ進めたことは彼らの特別な功績です。そのほかに、G・ヴェルメシュの研究『ユダヤ人イエス』（一九七三―九三年）、その中でも特に「イエスとカリスマ的ユダヤ教」に関する章を挙げることができます。私は、D・フルッサーとS・H・サフライのこの主題に関する多くの講演を聴き、彼らと詳細に語り合ってきたので、特に彼らと彼らの弟子H・クレーマースに私自身を方向づけたいと思います。

サフライは、以下のようにイエスの道行きと宣教の場所の設定を与えました。「実際にわれわれはガリラヤ出身のハシディームのリストの中にナザレのイエスをも組み入れることが正しい。つまり、彼をその生活様式と言葉に基づいて、ファリサイ派の世界に関係づけることが当然可能だからである。しかしながら彼は、ファリサイ派の世界の内部においては、ファリサイ派のハシディームの潮流に最も近く立っている」。

フルッサーは、彼の『イエス』という著書の中で、イエスのハシディズム運動とイエスのハシディームへの部分的所属を、「（その）息子」という表題の下に設定します。カリスマ的奇跡行為者たちの運動はこの場合、ガリラヤだけでなく、弧を描く人ホニが示すように、エルサレムにも属しているのです。たとえイエスを完全にカリスマ的奇跡行為者の運動に数え入れることができなくても、彼はしかし、この伝統に一定程度関係づけることができます。イエスに「わたしの息子よ」と語りかけ、そしてこれまで既に展開されてきた諸々の道への職務にイエスを選ぶマルコ1・11と9・7の天からの声は、この**ユダヤ教のハシディズム的次元**をも持つものです。「あなたはわたしの息子である」（マルコ1・11）は、この**初期ユダヤ教的**伝承の関連にも属するのです。第二神殿破壊以前の時代の三人の姿においてこのことは模範的に明らかにされ得るでしょう。

(a) ガリラヤのハニナ・ベン・ドサ

ガリラヤにおいてイエスの一世代後に活動したハニナは、イエスのように特に彼の諸々の奇跡の癒しを通して知られていました。フルッサーは、洗礼の際の声（マルコ1・11）と変貌の際の声（マルコ9・7）への接近が明確になるように、彼を紹介しています。「ハニナを天からの声が『わたしの子〔息子〕』と呼んだことは偶然ではない」、しかも伝承によればすぐその場で二度そうしたのです。「全世界はわたしの子ハニナのゆえにのみ養われる。そしてわたしの子ハニナは、安息日から次の安息日までわずかなイナゴ豆で満足する」。

しかし、もし全世界が神の子ハニナのゆえに養われるのであれば「ここに代理ということの一部分が起こる」、と新約聖書学者K・ヴェングストは正しくも言っています。「そのように、神はハニナを二度も『わたしの子』と呼ぶ。その関係は父と息子の間のそれのように親密で懇意である。父は、子が彼に願うことを行うであろう」。

ハニナについて、祈りによる遠方の癒しとして二つの病人の癒しの出来事が伝えられています。

その癒しの出来事は、カファルナウムの百人隊長の僕の癒しに関するイエスの物語の近くへとわれわれを導きます（マタイ8・5―13とその並行記事、ヨハネ4・46―54）。ハニナが、遠くに住んでいて熱病にかかった僕のために請願する者がやってくるのを見たとき、彼は上の部屋に上がって、エリヤのように頭をひざの間にうずめて祈り（列王記上18・42）、そして彼に癒しを求めている者に、その熱は患者から既に去った、と言いました。

彼らは、ラビのハニナ・ベン・ドサについて次のことを物語った。「彼は病人たちのために祈り、その際に、この人は回復するだろう、あの人は死ぬだろう、と言った。」そこで彼らは彼に言った。「どこからあなたはこのことを知るのですか？」彼は彼らに答えた。「もし私の祈りがよどみないのであれば、私はそれが〔神によって〕受けいれられていることを知る。もしそうでないなら、私はそれが〔神によって〕拒絶されていることを知る」（b Ber 34a）。

ハニナが祈りをささげている間に毒蛇に噛まれたけれども奇跡的な免疫を持っていたという物語も、新約聖書ではマルコ16・18と使徒28・1―6に並行記事を持っています。

（b）弧を描く人ホニ

ホニは前六五年に死にました。かつて彼は、エリヤがそうしたように雨乞いをしてくれと懇願されたことがあります。彼らは、弧を描く人ホニに向かって言いました。「雨が降るように、祈ってください！」ホニは祈りましたが、さしあたって雨が降ることはありませんでした。それからホニは、自分の周りに一つの弧を描き、その弧の中心に自ら立ち、神に祈りました。

世界の主よ、私はあなたの御前に**一家**（**ben bajit**）の**一人の息子**のようであるので、あなたの息子たち（つまりイスラエル）は私に頼みました。私はあなたの偉大な名において誓います。あなたがあなたの息子たちを憐れむまで私はここを離れません。

正統派のエルサレムのファリサイ人シメオン・ベン・シェタッハは、ホニに伝言を送りました。

もしあなたがホニでなかったなら、〔神を冒瀆したゆえに〕わたしはあなたに破門の判決を下したであろうに。しかし私はあなたに対して何ができよう？……あなたは父に取り入る一人の**息子のような存在**である。そして父は息子の願いをかなえるのである。……もし息子が父に「**アッバ**〔父よ〕」と言うならば、……父は息子に全てを与える。（b Taan 23a）

フルッサーは以下のように解説します。「神に近い奇跡行為者は、神の家の同居人のようであり、神の息子のようである」。K・ヴェングストは、それに関してヨハネ11・41以下のラザロの物語の並行記事を引き合いに出しています。その箇所でイエスは言っています、「父よ、わたしの願いを聞き入れてくださって感謝します。わたしの願いをいつも聞いてくださることをわたしは知っています」。

ホニは、マカベア家の兄弟アリストブロスとヒルカノス間の内戦のあいだ、**身を隠して**いました。しかし彼は、エルサレムを包囲したアリストブロスの徒党を呪うようにと、隠れ家から無理やりに連れ出され、それを拒絶して殺害されました。ヨセフスが『ユダヤ古代誌』14・22―24で報告しているように、ホニが祈りの中で「全ての者の王である神よ、……あなたは人が敵を呪って求めることをいかなる人にもお許しになりませんように！」と語った後に、そこにいたユダヤ人たちの幾人かが石打によって彼を殺害したのです。そのようにホニは、リンチでの犠牲者となり、**殉教者となりました**。サマリア人に対する弟子のヤコブとヨハネの絶滅願望に対してイエスが厳しく批判している新約聖書の並行記事ルカ9・51―58が、ここでただちに思い浮かびます。それゆえにC・トーマは言います――「イエスもまた、ホニの場合と同様に、わけても彼が民族の敵あるいは一つの党派の敵に神の復讐を呼びかけることに決して加担しなかったからである」。そしてフルッサーは補足します――「ホニはあきらかに戦争の恐怖から身を隠したのではなく、それが敬虔な奇跡行為者の態度であったのである。彼は、後の『隠遁者』ハナンのように、一人の隠れた義人であった」。

(c)隠遁者ハナン

ハナンは、ガリラヤのホニの孫でした。祖父ホニのごとくハナンも隠遁生活を送りました。フルッサーによれば、アッバ(父よ)という神への祈りの呼びかけよりなお一層特徴的であるのは、「弧を描く人ホニがおそらく行なったように、ハナンがよく身を隠していたこと」です。そしてフルッサーが指摘するのは、「イエスもまた群衆から身を隠し、彼が癒した人々に対して、彼の癒しについて一切言い広めないように命じた」点です。

以下のような物語が隠遁者ハナンについて語られています。

> 世界が雨を必要としたときにはいつも、律法学者たちは生徒たちを彼のもとに送った。そして生徒たちは彼の上着の裾をつかんで「アッバ、アッバ、私たちに雨を下さい」と叫んだ。彼(ハナン)は聖なる御方(神)の前で、「神に祝福あれ! 世界の主よ、雨を与え給うアッバと雨を与えることのできないアッバとを区別するすべを知らない**あの子どもたちのために、どうかそうしてやってください**。」(b Taan 23b)

この伝承によれば、ハナンは、同時に天におけるアッバと一人の人間としてのアッバである自分自身とを区別することによって、神をアッバと呼んでいます。**謙遜**は、初期ハシディームの一つの特別な徴でした。マタイ11・28以下のイエスの言葉がここでもまた比較されるでしょう――「疲れた者、重荷を負う者はすべてわたしのもとに来なさい。わたしがあなたがたを休ませてあげよう。あなたがたはわたしのくびきを負い、そしてわたしに学びなさい。なぜならわたしは柔和で謙遜だから」（J・エレミアスの翻訳）。さらに、神へのアッバの語りかけがすぐに神の御名を聖とすることと神の支配の到来と結びつけられる「主の祈り」におけるように、このアッバ・ハナンにおいてもまた「全能ないしは創造者としての神の力の強調が『アッバ』によって表現される神の近さと全く一致し得る」（E・テンゲス）のです。

フルッサーは、イエスに関する彼の著作の増補版（一九九七年）において、二つの更なる観察を付け加えています。律法学者たちが自分たちの願いを自ら申し立てるのではなく、子どもたちを通して言わせたことは、一方では律法学者たちと奇跡行為者たちとの間のある種の緊張を暗示しており、他方ではしかし子どもたちのハナンに対する特別な近さをも暗示しています。「子どもたちは、律法学者たちよりもハナンにはるかに容易に近づくことができた。その点において、ハナンはわれわれが確実に知っている唯一の古代の敬虔者である」。これは、子どもたちや「子どもたちのゆえに」自分の祈願をかなえてくれるように神としてのアッバに祈ったハナンの祈りについてのこの物語を、イエスが子どもたちを自分の近くに呼び寄せて子どもたちと神の国の間の近さについて語るイエス伝承のテキストに接近させます（ルカ18・15、マルコ10・13―16、マルコ9・33―37)。

このラビの文献においてのみ現われ、イエスの祈りの語りかけに固有なものである「アッバ」という神への呼びかけは、したがって、ホニにおいては明示的に、ハナンにおいては間接的に見出されます。このことは、アッバの呼びかけの反ユダヤ主義的誤用において繰り返し主張されたように、イエスが神へのアッバという呼びかけでもってユダヤ教から外れたのではないし、あるいはユダヤ教に優っているのではない、ということを示しています。

〈アッバという神への呼びかけは、イエスの祈りのしるしであり固有性であって、その神に近いイエスを、遠い神とともにある当時のユダヤ教から根本的に区別する〉という私の教師J・エレミアスのテーゼについて、フルッサーはこうコメントしています――

「エレミアスは、タルムードの文献の中に『アッバ』という神への呼びかけを見出さなかった。しかし、そのことはカリスマ的祈祷に関する非常に乏しいラビの資料においてはたいした意味を持たない。」

この非常に激しく議論された問題において、ゲッティンゲンのユダヤ教学者B・シャラーも同様に彼の教師エレミアスのテーゼと一線を画しています――

「『天にまします我らの父よ』は、一つの広く行きわたっていたユダヤ教の祈りの呼びかけである。……それは今日もなお至る所で使われている。神を『父』と呼ぶ単純な呼びかけは少し事情が違う。そのような呼びかけをルカの『主の祈り』のテキストは収録しており(ルカ11・2)、またその背後にはパウロがガラテヤ4・6とローマ8・15で引き合いに出しているアラム語の『アッバ』が存在している公算が大きい。『アッバ』、そのように今日までユダヤ人の子どもたちは自分たちの父を呼んでいる、……しかし、成人たち（息子たちや娘たち）もまたそう呼んでいるのである。ユダヤ人たちが神をこの特別に親密な表現形式で呼びかけたことに関しては、ホニを除いては（E・テンゲスを参照）ユダヤ教の祈りの中に**直接の典拠はない**。これは、したがって、イエスの祈りの言葉の一つの独自性であるかもしれない。しかしこのような推論に当たっては慎重でなければならないだろう。なぜなら、当時の時代の全ての祈祷が保存されているのでは決してないからだ。〈アッバという神への呼びかけは、ユダヤ教的には不可能である〉などと（エレミアスのように）主張することは決してできないであろう。神を父と呼びまたそう呼びかけることは、いずれにせよ、徹底的にユダヤ教的なものである。」

フルッサーは三人のハシディームのカリスマ的指導者ホニ、ハニナ、ハナンを紹介した後、次のように問うています。「神に対して父に対する一人の息子のようであったそのような聖なる男たちが、また神に『父』（アッバ）と呼びかけたこと以外にどのような可能性があったであろうか？」。フルッサーはこの問いに肯定的に答え、そして付け加えます。「イエスはこれと同じ仕方で行なったのだ」。

H・クレーマースによると、キリスト教の側では、初期ハシディームと彼らの「アッバ」という神への呼びかけに対するイエスの近さは、同じように肯定されます。特に奇跡の文脈において

「神の息子」とみなされ、そして神への「アッバ」という呼びかけによってよく知られるイエスとの並行現象は明白です（タイセン／メルツ）。しかし、もしタイセン／メルツがハシディームとイエスの間の違いについて、「奇跡行為者たちでなく、神が彼ら（カリスマ的指導者）の奇跡を遂行するのだ」と言うならば、同じことはやはり、マルコ2・5「神はあなたの罪を赦される」を視野に入れて、イエスについても言われなければなりません。そして、初期ハシディームの奇跡活動においては終末論的次元が欠けている、という彼らのテーゼに対しては、すでにH・クレーマースは次のように力説していました――

　ハシディームの倫理は終末論的倫理である。なぜなら、彼らはその有益な愛の行為によってエリヤの到来を準備することを考慮しているからである。預言者エリヤがハシディームの伝承の中で果たした役割に注目されたい。彼はハシディームを訪ね、彼らに助言をし、そして彼の終末論的到来は間近に期待されるのである。

　イエスの洗礼のハシディズム的次元について、つまり、ハシディームとイエスとの関連についてのこの節の最後に、一人のハシード（敬虔者）に関する最も美しい物語の一つを想い起こしておきましょう。その物語は、困窮時にその隣人を助けることが必要であったとき、この仕方で安息日律法を破るためではなく、反対に安息日を聖化するために、ガリラヤのハシディームが正統派のファリサイ派の安息日ハラハー（律法規定）といかに相違していたか、を示しています。フルッサーは、その並行記事としてヨハネ５・１以下を指示し、注釈を加えています――「イエスもまた、同じ段落で（ヨハネ５・18）訴えられているようには、安息日を破らなかった」。ハシードであるアッバ・タハナに関する物語において、彼に神の喜びを告げる天来の声（バト・コル）は、「……あなたはわたしの心に適う者」というマルコ１・11の洗礼の際の声の全く近くへとわれわれを導きます。

その物語はこうです――

ハシードであるアッバ・タハナは、安息日の準備の日に、時は既に暗くなっていたが、自らの肩に包みを背負って彼の町へ出かけた。そこで彼は、岐路（分かれ道）に横たわっていた一人のハンセン病患者と出会った。その患者は彼に向かって言った。「ラビ、憐れみの業を私に行なって下さい、そして私を町へ連れて行ってください」。彼（アッバ・タハナ）は考えた。「もし私が、私の包みを置いたままにすれば、私と妻は安息日に何によって生活したらよいのであろうか？　しかし、私がもしこのハンセン病患者をそのまま放って置けば、私は魂に罪過を負うことになる」。彼はどうしたか？　彼は、自らの良い衝動に悪い衝動を支配させ、そのハンセン病患者を町まで連れて行った。それから彼は戻ってきて、自分の包みを再び取って、ようやく真っ暗ななか（安息日の開始後）その町へ辿り着いた。そこで彼を見た者全員が驚いて言った。「この人が本当にハシードであるアッバなのか?」その結果、彼自身もまた心の中で考えた。「まさか私は安息日の神聖を汚したのではあるまいか?」……そのとき天来の声が鳴り響いて、彼に語りかけた――「さあ、喜んであなたのパンを食べ、気持ちよくあなたの酒を飲むがよい。あなたの業を神はとっくに受け入れてくださっているのだから!」(コヘレト9・7)。

(d)「アッバ」という神への呼びかけの根源

すでに述べたように、フルッサーはハシディームとイエスの間の歴史的かつ内容的な平行現象を支持しているにもかかわらず、自身の分析の最後にこう言っています。

もしイエスが神に対して神の子のように立つなら、それは〔ハシディズム的な〕奇跡行為者たちの神との近さ以上である。イエスが神の子であるということは、彼にとって洗礼の際の天来の声による神の選びの結果でもある。

そしてフルッサーは、彼のイエスについての著書の英語版の中で補足しています。

カリスマ的敬虔者たち/義人たちは、他の人々が同じような〔神への〕近さに達することができるという可能性を確かに排除しなかったにもかかわらず、彼らの神との結びつきが他の人々より親密であったことを信じていた。しかしながらそれと比べてイエスの自己理解はより高度であった。……三つの福音書によると、イエスは信仰者たちの共通の父としての神と、**彼の父**としての神とを区別している。イエスは神を「**あなたがたの父**」と呼び、他方で彼は「**わたしの父**」としての神について語る。

その際、マタイ6・9の「主の祈り」はイエスのこの区別の例外ではありません。なぜならイエスは、この祈りを弟子たちに指示し、また与えたからです。フルッサーによると、ヨハネ福音書もまたこの区別を内容的に正しく確認しています。神の息子であり、復活したイエスは、「わたしは、**わたしの**父、また**あなたがたの**父のところへ上る」（ヨハネ20・17）と、ミリアム（マリア）に対して、彼女との彼の復活の出会いの中で言います。

われわれはこれまで、フルッサーによって明示されたイエスとハシディームの間のこの違いを、イエスがマルコ1・11によれば**メシア的子**、イスラエルと異邦諸国民のための神の約束のメシアとして召し出され、選ばれたことの中に確認してきました。フルッサーがこのメシア的次元をマルコ1・11とマルコ9・7においてもそのほかでも否定しているにもかかわらず、しかしこの次元は、フルッサーによって非常に明白に示されたイエスとハシディームとの相違の背後にある秘密です。

フルッサー自身はその相違を、イエスのカリスマ的自己理解をこえて、黙示的啓示者（マタイ11・25—27）としてのイエスの自覚において、そして創世記22章に方向付けられるイエスのエルサレムでの殉教への道において、確認しようとします。これは確かに正しく、われわれによっても肯定されます。しかしこれは、それらのテキストを理解するためには十分でありません。

　われわれのこれまでのマルコ1・11の洗礼の声の分析によると、イエスの場合アッバという神への呼びかけには四重の根源があります。まずそれは、（a）**聖書的・イスラエル的なもの**です（エレミヤ3・4、19）。次にそれは、（b）**メシア的**に根拠づけられています（マルコ1・11＝詩編2・7、89・27）。さらにそれは、（c）**アケダー（イサクの縛り）**に方向付けられています（マルコ14・36、創世記22・7「わたしの父よ」）。イサクが彼の父アブラハムに語りかけるように、イエスは神に対しそのように語りかけるのです。最後に、アッバという神への呼びかけは（d）**ハシディズム的**である、つまりハシディームの神に対する近さに比べることができるといえます。テュービンゲンのO・ミヒェルは、すでに五〇年代にハシディームの運動とその伝承に対するイエスの近さに賛意を表明していました——たとえば「あなたがたは知らなかったのですか？　わたしがわたしの父の家にいるのは当たり前だということを」（ルカ2・49）というイエスの言葉を視野に入れて。

　より簡潔に表現しましょう。神の子としてのイエス・キリストの選びとそれへの応答としての「アッバ」という神への呼びかけは、イエスの場合、四つの根源を持っています。それは**イスラ**

エル的であり、**メシア的**であり、**アケダー**に由来し、また**ハシディズム的・ユダヤ教的**なのです。

エピローグ――イエスの洗礼についての伝承の多次元性

(a) イエスの洗礼とキリスト者の洗礼

新約聖書によれば、イエスの洗礼には、イエスにのみ限定された排他的な意味はありません。イエスの洗礼には、それに分与させるような次元があるのです。キリスト者たちは自分たちの洗礼において、メシア・イエスご自身がその洗礼で受けたものに共に与ります。彼らは神の息子たち、また神の娘たちになり、聖霊を受け、そしてメシア・イエスの道とその律法への忠実の中に導き入れられます。既に示されたように、イエスの洗礼（マルコ1・9―11）が三一論神学的次元を持っているように、マタイ28・19によれば異邦諸国民出身の人間たちは、父である**主**（JHWH）の**御名**によって、メシア的子であるイエスの名によって、そして聖霊の名によって洗礼を受けます。しかり、それ以上です。すなわちローマ8・15、ガラテヤ4・6によれば、キリスト者たちは「息子とされることの霊、また娘とされることの霊」を受けたのであり、その霊において彼らは「アッバ、愛する父よ」と呼ぶのです。そしてイエスが洗礼後、霊によって荒れ野に駆り立てられる（マルコ1・12、マタイ4章）ように、今やキリスト者についても「神の霊によって導かれる者たちは、神の息子たち、神の娘たちである」（ローマ8・14）と言われます。ローマ8・15、ガラテヤ4・6は、したがって、イエスの洗礼と祈りへの一つの反響〔エコー〕です。キリスト者たちの〈アッバの呼びかけ〉はその場合、キリスト者たちが〈神の息子であり娘であること〉の徴であり、彼らが霊を受けたことの徴です。この霊をイエスはまず洗礼の時に受けたのです。エレミアスは以下の点において正しいでしょう――

弟子たちへの〈主の祈り〉の譲り渡しは、彼〔イエス〕にならって〈アッバ〉と呼ぶ権利を授けることを意味する。そのことによって彼〔イエス〕は弟子たちを彼の神関係に与らしめたのである。

K・バルトは、一九六七年六月の六日戦争の間、まだイスラエル国家が死の脅威にさらされていた週に、彼の洗礼論に次の一節を付け加えました――その洗礼論は、イエスの洗礼がキリスト者たちに分与させることについての意味の一つの展開なのです。

〔異邦諸国民出身の〕人間は、その洗礼において〔そしてその洗礼と共に始まった――誡めを行ないつつ希望の中にある――〈キリスト教的生〉の道において〕、活動的な一員としてイスラエルの聖なる民の中に〔もっとよく言えば、イスラエルの民との神の契約の中に〕歩み入るのである。この民はイザヤ42・6によれば「諸国民の間での契約の仲介者」に任じられている。

（b）〈神の子〉イエスは〈神の子〉イスラエルを代表する

Fr－W・マルクヴァルトの特別な功績は、〈神の子〉へのイエスの召命の**聖書的・ユダヤ教的**次元に注意を喚起したことです。彼は、「ヘブライ語聖書においてはイスラエルの民全体が〈神の子〉と呼ばれ、そのうえ個々人もまた〈神の子〉と呼ばれるとすれば、彼らが〈神の子〉であるのはただ〔イスラエルの〕民の代表としてのみそうである」ことを指摘します。それゆえに、「〈神の子〉イエスを〈神の子〉イスラエル民族と関連づけること」が、アウシュヴィッツ以後の教義学の課題です。マルクヴァルトは、「イスラエルの〈子としての名〉とエジプトからのイスラエルの召命との関連」を指摘しています。主（JHWH）であるイスラエルの神はそこでモーセに言います――「イスラエルはわたしの子、わたしの長子である」（出エジプト4・22）と。そして「エジプトからわたしはわたしの子を呼びだした」（ホセア11・1）。これがマタイ2・15で再び取り上げられるのは偶然ではありません。エジプトへの逃避とエジプトからの帰還においてイエスは、メシア的神の子として、神の子なるイスラエルの歴史を**反復する**のです。

> ユダヤ人ナザレのイエスは、イスラエルの長子権の秘義をその身に帯びており（出エジプト4・22以下、ホセア11・1）、その秘義の中にこれまたアダムの秘義〔と約束〕が保持されている。（H－J・クラウス）

新約聖書がイエスを〈メシア〉として、また〈神の子〉として告白することによって、それはイエスの道を「イスラエルの道とイスラエルの職務の反復のように」理解します。「イエスは、イスラエルのように〈神の子〉なのだ」。それによりマルクヴァルトは次のように考えます。

神の子イスラエルへの省察の中で神の子イエスを解釈するという課題がキリスト論的に立てられる。……イエスとイスラエルは、その共通の神の子性においてキリスト論的に考えることができる。

マルクヴァルトはここで、L・ベックが一九三八年に最古の福音書におけるイエスの洗礼について、〈神の子であるイエスにおいて、イスラエルの民は人格化されるのだ〉と詳述したことを、事実上取り上げています。マルクヴァルトはそのことを次のように言います――「聖書の現実理解の中には、pars pro toto（全体のための一部分）という法則が働いている。一つの部分は全体を代表する」と。更にマルクヴァルトは別様にも表現しています。

イエスをキリスト論的に〈神の子〉と呼ぶことができるとすれば、それは神ご自身がその前に（まず）神の子として選んだこの民における彼の歴史を釈義することにおいてである。

（c）「わたしの父」という神への呼びかけのイスラエル的次元

神の子としてのイスラエルの選び（出エジプト4・22、ホセア11・1、エレミヤ31・20）に対して、イスラエルは「わたしの父よ」という神への呼びかけによって答えます。マルクヴァルトは、主（JHWH）が自分自身に向かって語っている箇所のエレミヤ3・19を指摘します。

わたしは思っていた、どのようにしてあなたを〔わたしの〕息子の地位に据えようかと。……そしてわたしは自分に向かって語った、「わたしの父」とあなたはわたしに呼びかける、そしてわたしに従い、もう離れることはないだろうと」。それに対応することはエレミヤ3・4を視野に入れても言うことができるであろう。そこでは主（JHWH）が荒野における最初期の頃を想い起こし、またそれをイスラエルに思い出させる――「今でもあなたはわたしに呼びかけてはいないか、「わたしの父よ、……あなたは！」と。

マルクヴァルトは、そのような聖書的証言を眼前にして正当に判断して言います。

キリスト教の神学者たちが、〈「わたしの父よ」というイエスの神への呼びかけはユダヤ教的には裏付けられず、ただイエスだけのものであり（そこに表明されている親密性はイエスの神関係における何か新しいものである）、ユダヤ教は「われらの」父について語るが「私わ」父については語らない〉というような主張をどのようにして思いつくに至ったかは、われわれにとっては常に謎であり続けるだろう。われわれはここ〔エレミヤ3・19に〕にその反証の一つを持っている。「私の父」〔アヴィ〕とイスラエルから呼びかけられることは、まったく神がイスラエルに期待していることなのである。

エレミアスは、「わたしの父よ」というイエスの祈りの呼びかけとユダヤ教の祈りの呼びかけの間にある一つの深い溝を見ていました。

この親密な言葉〔アッバ〕で神に呼びかけることは、ユダヤ教的な感覚にとっては口に出せないものであり、またそれゆえに考えられないことであろう。イエスがあえてこの歩みを実行しようとしたのは、何か新しいことでありまた前代未聞のことであった。

マルクヴァルトはこれに対して、イエスの「アッバ」という神への呼びかけにおいて生起している「イスラエルという〈祈る我〉の現実化」について革新的に語っています。イエスの場合の「アッバ」という神への呼びかけは聖書的・ユダヤ教的であり、そして——私がマルクヴァルトを越えて示したように——それはユダヤ教的・ハシディズム的でもあります。そしてその呼びかけはそれ自体イスラエルの民の祈りの伝承の一つの**メシア的**現実化です。

私はこれまでの論述において、メシア的「神の子称号」の聖書的・ユダヤ教的基礎づけだけでなく、「わたしの父」というイエスの祈りの呼びかけをも指摘してきました。そして私は、マルクヴァルトと共に強調したい——「父なる神に対する世界の関係は、神の子なるイスラエルとの世界の関係によって立ちもするし倒れもする」と。言い換えれば、異邦諸国民出身のわれわれキリスト者にとって、そうするようにイエスがわれわれに全権を与えた「アッバ」という聖書的・ユダヤ教的な神への呼びかけは、ただ同時にユダヤ民族との生き生きとした関係においてのみ可能であり、また許されるのです。

(d)「わたしの父よ」というイエスの神への呼びかけのメシア的次元

マルクヴァルトを越えて、しかし私は——いま詳細に示されたように——「わたしの父」(アヴィ)というイエスの神への呼びかけの**メシア的**次元を固守したいと思います。というのも、その次元は聖書的・ユダヤ教的にメシア的諸伝承とダビデ家のための主(JHWH)の約束に基づいているからです。サムエル記下7・14—16や特に詩編89・27、ソロモンの詩編17編以下、十八祈願の第一五祈願以下は、マルクヴァルトの諸分析の中で(同じようにE・テンゲスによる情報豊かな著書においてもまた)奇妙なことに何の役割も果たしていません。詩編89・27ではまたもや主(JHWH)の言葉において言われています。「彼(ダビデの家出身の王)は、わたしに呼びかけるであろう。『あなたはわたしの父である』と」。マルクヴァルトは、神のメシア的子であるイエスについてほとんど言及することがありません。もしそうするとすれば、彼は、イエスが「人類のための〈子〉（息子）として」選ばれていることについて話すでしょう。

マルクヴァルトと違って、私はマルコ1・9―11に耳を傾けつつ次のように要約的に述べたいと思います。「神の子」へのイエスの召命には、四重の次元があります。それは、（a）聖書的・イスラエル的であり、（b）メシア的であり、（c）アケダーに方向づけられており、そして（d）ユダヤ教的・ハシディズム的です。

「神の子」としてのイエスの召命は、無論、ただそれが同時に聖書的・ユダヤ教的であり、つまり根本的にイスラエルの民と関係を持ち続け、そしてそれと分離することができないときにのみ、メシア的です。「神は、イスラエルの真ん中に『住み』、『天幕を張る』ように、『イエスの内に』いまし給う。……神とイエスは、神とイスラエルのように結び合わされているのである」と、マルクヴァルトは正当にも語っています。「神の子」へのイエスの召命は、したがって、イエスによる十二弟子の召命と復活以前の彼らの派遣のイスラエルへの限定（マタイ10・5以下）が示すように、十二部族の民としてのイスラエル全体の選びの中に含まれているし、含まれたままであり続けます。それに対応することは、「わたしの父よ」というイエスの神への呼びかけにも**妥当します**。その呼びかけは、それが根本的に「わたしの父よ」（エレミヤ3・4・19）というイスラエルの神への呼びかけに関連づけられているゆえに、またその限りで、メシア的です（詩編89・27）。なぜなら、メシアはイスラエルの民全体を代表し、「人格化している」からです（ベック）。「アッバ」というイエスの神への語りかけは、実際に祈るイスラエルの「現実化」です。ダビデの詩編が証明しているように（E・ツェンガー）、イスラエルの民はダビデにおいてそしてダビデと共に祈るのです。そのようにユダヤ人と異邦諸国民から成る新約聖書の教会は、イスラエルと異邦諸国民のメシアであるイエスの名において祈ります。なぜならイエスは、イスラエル全体のための神のメシア的子として、「人類のための」神の子でもあるからです。そして神の子としてのイエスは、「異邦諸国民のための光」であるという、イスラエルの民の道と職務を反復するのです（イザヤ42・6、49・6）。

マルクヴァルトは、彼のキリスト論を『ユダヤ人イエスに対するキリスト教的信仰告白』というタイトルのもとで展開しました。私はマルクヴァルトを越えて、神のメシア的子であるユダヤ人イエスへのキリスト教的信仰告白について語りました。なぜなら、マルクヴァルトが、

イエスはキリストと呼ばれたとき、密かに常に「！」イスラエルのメシア的希望に異論を唱えた。……イエスが一人のメシアとしてだけでなく、「唯一の」メシアとして、そしてさらに「イスラエルの」メシアとして解釈されたところでは、常に「！」そのキリスト教的信仰告白は明白に論争的なものとなった。

と言うとき、私はそのような一般化した判断をする彼に従うことはできないからです。このこと

（マルクヴァルトの主張）は実際に、教会の反ユダヤ主義的なキリスト論の幅広い潮流にはあてはまります。しかしこのことは、新約聖書には当てはまらないし、また悔い改めと新たな開始によって生まれた一九八〇年以降のキリスト論的信仰告白にも当てはまりません。さらに私は、神のメシア的子（マルコ1・11）であるイエスに対する信仰告白を、聖書的・ユダヤ教的コンテキストの中に位置づけて、そして神の国の到来への希望によって、ユダヤ教のメシア的希望を否定するのではなく、その反対に強めたのです。

しかしそうであるにもかかわらず、私は次のマルクヴァルトの命題に――私の手による僅かな補足を施しつつではありますが――同意することができます。左に掲げる要約は、私がマルクヴァルトを越えてメシア的次元と**アケダー**伝承と**ハシディズム的**・ユダヤ教的伝承を強調し、それらをマルクヴァルトによって正しくも強調された**聖書的・イスラエル的**次元に関連づけたにもかかわらず、天からの多次元的な洗礼の声（マルコ1・11）の分析の際に私をも導いてくれたものなのです。

マルクヴァルトは彼のキリスト論『ユダヤ人イエスに対するキリスト教的信仰告白』第二巻第七節への導入命題の中でこう書いています。

肉における神の啓示が現実となった場所は、聖書的に証言され、そしてユダヤ教によって［当時も、そして］今日まで生きられたイスラエルの歴史である。それゆえ、ユダヤ人［私は

「任命されたメシア、イスラエルのメシア」と補足します」であるイエスへのキリスト教的信仰告白が、聖書的・ユダヤ教的に考えられ得るかどうか、またどのように考えられ得るか、という問いは、この信仰告白に対応する一つのキリスト論にとって全く無条件の問いである。……われわれは、そうする［聖書的・ユダヤ教的に基礎づける］権利を付与されているし、また義務付けられてもいる。なぜなら、イエス文書［新約聖書］の告知をヘブライ語聖書とその聖書によって証言された歴史に関連づけなおすことは、根本的なことだからである。新約聖書はナザレのイエスを「メシア」［私は「イスラエルのメシア」と補足します］と呼び、彼の活動をイスラエルの道と職務の反復とする［物語りつつ告知する］ことによって、新約聖書それ自体がその告知の意味と正当性のために、旧約聖書を公的な証人としての機関にするのである。イエスは「神の子」である、ちょうどイスラエルが――神の僕として自らの民とすべての異邦諸国民の人間たちの中にあって活動する、という同じ子としての義務において――そうであるように。

（岡田仁・武田武長共訳）

7

説教「これがヨハネの証しである。『見よ、神の小羊』」

ヨハネ福音書一章一九―三四節

本日の説教テキストはヨハネ福音書1・19―34です。
説教の中で解き明かされ、私たちを正しい考えと想起へと導いてくれるこの聖書テキストから、私はいま一度、1・29をお読みします。
「見よ、世の罪を代理して担う神の小羊。見よ、世の全体責任をとり除く過越の神の小羊」。

愛する教会の皆さん。

ザッヘ（事柄）それ自体は、計り知れないほど深く、完全に汲み尽くすことなどできません。しかしこのザッヘそれ自体は、私たち一人ひとりすべてに関わります。それゆえに私たちはこのザッヘから始めなければなりません。このザッヘは宗教改革者たちの心を深くとらえ、二〇世紀における神学の新しい出発にも関わり、さらにいうまでもなく、教会闘争期の告白教会をもとらえたものです。私は、このテキストの中心に、キリスト者たちの証しと世のための教会への問いがあると考えます。より単純明快に言えば、私たちがそもそも何のために立ち、何ゆえにここに存在するのかという問いです。エルサレムからヨハネのもとに派遣された祭司、レビ人、ファリサイ派たち一行を決して悪く言ってはいけないと考えた点において、カルヴァンは人後に落ちませんでした。彼によると、この人たちは神の教会の指導的な地位にあった尊敬すべき人たちであり、それゆえ洗礼者ヨハネに対して、あなたはそのようなことを語る資格があるのかと問わねばならなかったのです。

1

キリスト教会の証しの中心と目的は何でしょうか？　本日のテキストは、全体を支え、現在形で書かれている表題をかかげています、「これがヨハネの証しである」と。そして、もし私たちが、ヨハネの証しが何であるかを問うとするならば、最初に私たちは非常に単純な答え、つまり明らかに否定的な答えを受け取ります。ヨハネは言います、「私は違う」。私は彼を知らない。私はただの声なのだ」。キリスト教の証しとは、「距離を保ち、隔たりを保持し、分をわきまえる」ことです。ヨハネは問われます。「あなたはイスラエルのキリスト、約束のメシアなのか？」彼は答えます。「私は違う」。ルターは感動的な言葉でこの光景を描写しました。「私たちキリスト者はすべて、キリストそのものでありたいと願っている。私たちすべての者にとって、キリストでありたいと願い、私たちが助けられたり解放されたりする以上に、自らを助け、自らを救いたいと願うことは、生まれつきのものだ」。自分で自分を助けよ、そうすれば神が助けてくれる！これが、私たちキリスト者も従っている人生訓です。しかし私たちのテキストは、自己を過大評価するな、自己に過大要求するなと述べます。ヨハネは誘惑に抵抗し、否認します。彼はただ言います。「私はキリストではない、私はそれではない」。尋問者たちは正当な質問をさらに続けます。「それでは少なくとも救いを導くエリヤなのか？」ヨハネは毅然としたまま告白します。「私は違う」。「しかしあなたはたしかに、モーセの最後の書で約束されている預言者、神の教え、神の律法（トーラー）を最終的に解釈し、断固として示す預言者だ」。そこでヨハネは告白するのです。「私は違う」。いかなるキリスト者といえども、ハイデルベルク信仰問答の問1が示すこの認識から逃れることはできません。それは端的に次のような命題を述べています。「生においても死においてもあなたの唯一の慰めは何ですか」。答えはこうです。「私のからだも魂も、生も死も私自身のものではありません」。

ヨハネは続けて答えています。「私はその人を知らなかった。しかし神が私を〔その人の〕洗礼へと遣わしたとき、神は私に言った、その上に聖霊が降り、聖霊が留まる人、それがその人だと」。キリスト教の証しは常にこの出発点を自覚し続けるでしょうし、それを忘れることはないでしょう。ヨハネが後にマケルス要塞の牢獄から「あなたは来るべき方ですか、それとも、私たちは他の方を待つべきですか」とイエスに質問を寄越したとき、彼もまたこの出発点の中に留まりました。地上における囚われ、苦悩、死、罪に直面して、「あなたは来るべき方なのですか」ということの問いを繰り返さないキリスト者共同体はないと、私は申し上げたい。

ヨハネは最後に、私たちがキリスト者であることを測ることができるし、また測ることが許されている返答をします。「私はただ呼ぶ者の声である」。もし「来るべき方のために」道を備えるのならば、神の道を備えることになるのです。ヨハネは、第二イザヤと共に新しい出発、つまり、すべての囚われと罪からの出発、そして赦しと解放の賜物を告知します。そこで私は申し上げたい。キリスト者であることにおいて新たな出発を遂げるときはいつでも、また共同体としてその委託を新たに自覚したところではどこでも、この証しが記憶されています。ただの声にすぎない！　マティアス・グリューネヴァルトがキリスト磔刑図であのようにはっきり描いたものが再発見されます。つまり、洗礼者ヨハネが自分の腕をありえない角度で自分の体から遠ざけ、十字架につけられた方を指し示す。キリスト者共同体の徴はこうです、「私はそれではない。私は彼を知らない。私はただの声である。神の到来のための道備えにすぎない」。

　この意味で、一九三四年一月、クリンゲルホル教会の教会会館においてカール・インマー牧師によって組織された改革派の告白教会会議は、この過ちを、つまり神の言葉の上に自ら立とうとする人間の独断という過ちを、ドイツ・キリスト者に対してだけでなく告白教会自らに対しても警告したのです。この会議は当時次のように述べています。「神の言葉に人間が服従するのであって、人間が神の言葉の上位に立つのではありません。それゆえに神の意志と私たちの願いは同じではありません」。カール・バルトが次の日にゲマルケ教会（ヴッパータール）で解説したように、キリスト者であるとは自らの分を越えないということを意味します。それは距離と隔たりを保持するということです。キリスト者であるとはもっと単純なことを意味します。すなわち、ヨハネに応答するということです。ここまでが第一点です。真実の証しは、「私はそれではない」と語るのです。

2

さて二点目ですが、ヨハネは「私は彼を知らなかった」と告白したあと、31節後半で続けて言います。「私の任務は、イスラエルのために神の名を明らかにすることに尽きる」。別の表現で言えば（26節）、「あなた方の中には、あなた方の知らない方が隠れておられる」。来るべきメシアは既にここにおられる、しかし隠れていて知られていない、それゆえに探さなければならないということこそ、イエス時代のユダヤ教、そしてその後のユダヤ教の深い知識でした。エルサレムからヨハネのもとに人々が派遣されたのもそのためであり、彼らの行動と尋問があれほど注意深かったのもそのためです。人々はメシアを発見しなければならないのです。メシアは簡単には見つかりません。メシアは、はっきり掴めるものではありませんし、衆人環視の事実のように目の前に置かれているわけでもありません。彼を認識するためには特別な目と耳、特別なセンスとメシアを期待する感受性が必要なのです。――そのことを分かっていただくために、洗礼者ヨハネの時代に由来するユダヤ教の一つの分かりやすい物語をお話しします。

ラビ・イェホシュアは、ある時洞窟の入り口でエリヤと出会い、彼にこう尋ねました。「メシアはいつ来られるのですか？」エリヤは答えました。「行って本人に聞きなさい」。イェホシュアは尋ねました。「では、彼はどこにいるのですか？　彼を見分けるしるしはいったい何ですか？」そこでエリヤは答えます。「彼は、ローマの門の入り口で、貧しい病人たちの中に座っています。彼らはみな、自分のたくさんの傷の包帯を一度に解《ほど》いてから巻き直していますが、彼だけが一つ一つの傷に包帯を巻きまた解《ほど》いています。というのも、彼は『神が、イスラエルと世界に救いをもたらすために私を呼ぶかもしれない。その時には遅れてはならない』と考えているからです」。イェホシュアはメシアの所へ出かけ、彼に挨拶しました。「平和があなたと共にあるように」。メシアは答えました。「レビの息子よ、平和があなたと共にあるように」。イェホシュアは彼に問いました。「メシアよ、あなたはいつ来られるのですか？」メシアは答えました。「今日だ」。

私たちの歴史に関するこの知識、すなわちメシアが隠されているという知識は古くから知られていますが、同時に今日も現実的な意味を持っています。それはとりわけ世界審判のたとえを示していますが、本来は、メシアが病人や飢えた人や渇いている人、裸の人や家のない人たちの中に隠れていることのたとえなのです。無名のメシアは、病人や異邦人の姿で私たちと出会います。これらの人々の中にメシアを発見するためには、神の霊が与える感受性が必要です。

これが洗礼者ヨハネの任務なのです。――私が派遣されることによって、隠れているメシアがイスラエルの民に明らかにされるだろう。

彼の証しの内容はいったい何でしょうか。キリスト者であるとは、ただ証し人であろうと望むことであって、担おうとすることを意味するのではありません。なぜか？　人は既に担われているからです。見よ神の小羊。私は先に、マティアス・グリューネヴァルトが極度に誇張して描いたイーゼンハイムの祭壇画の洗礼者ヨハネの指について述べました。しかし私はもう一つのことを付け加えなければなりません。それは私があのコルマールの祭壇の前で初めて教えられたことですが、中世の時代、人々は病人や長患いの人たちを祭壇に運び、十字架につけられた方の像の前に置いたのです。そのようにして病人たちは、十字架につけられた方の面前で癒しと赦しを経験しました。そのとき私は初めて、なぜマタイ福音書がイエスの最初の諸々の癒しのすぐ後に、「彼は私たちの患いを負い、私たちの病いを担った」〔マタイ8・17〕という旧約聖書を引用しているかが分かりました。

3

洗礼者ヨハネは次のように告げました。「見よ、世の全体責任を担い去る（weg-trägt）神の小羊」。しかしこの証しをどのように理解することができるでしょうか、またどうすればこの証しを誤解しないですむでしょうか。例えばこんな誤解です。教会内外でしばしば次のような問いが出されました。いったいどうして神はこれほどサディスティックでありえたのか、どうして御子を殺することができたのか。いったいどうして神は、息子を殺人者たちの手に渡し、彼がローマの残虐な処刑具である十字架によって処刑されるのを許すほど残酷でありえたのか。

私たちがこの問いに答えようとするなら、聖書の適当なところから自分勝手に証拠となる聖句を取り出すことは許されませんし、その聖書引用を自分たちの神学的関心に従って選択することも許されないでしょう。しかし教会的伝統の中ではそのような仕方で、たとえばイエス・キリストの代理がもつ贖罪的性格が取り出されて一面的に強調されたのです。

もしも旧《ふる》い正典、つまりより旧い／第一の契約から出発するなら、私たちは洗礼者ヨハネと共に次の三つの点を強調しなければなりません。ヨハネはメシア・イエスを、

（a）イサクの小羊として
（b）過越の小羊として
（c）神の僕の小羊として

証ししているのです。

私はこの三点を極めて簡潔に記述し、内容的な説明を試みたいと思います。

（a）イエス・キリスト＝イサクの小羊／殉教者の小羊

ヘレニズム期のセレウコス王朝（古代シリアの王朝、前三一二―前六三年）とローマ帝国（前二〇〇年―紀元後二〇〇年）におけるユダヤ教迫害の時代に、アブラハムの試練物語（創世記22章）においてイサクの苦難と試練がますます中心的な意味をもつようになりました。「イサクは今も

犠牲とされている」（W・ツォイデマ）。マルコ1・11でイエスは、洗礼の際に「あなたは私の息子、愛する者」（創世記22・2を参照）という天からの呼びかけによって、イサクの道を辿り直すべく召命を受けたのです。イエスはそれによって、ローマ人とサドカイ派の祭司階級が強制した殉教の苦難の道を歩み、第一の戒めを守り、イスラエルの神の御名を崇める殉教者の小羊となりました。だからパウロはローマ8・32で、神はその独り子を惜しんで守ることができなかったのではなく、私たち全てのために犠牲にしなければならなかったのだと述べているのです。したがってヨハネ3・16はこう告げています。神は、「その唯一の息子を与えるほど世を愛されたので、彼を与えねばならなかった」。この聖書のメッセージがどのように理解され得るかを私に教えてくれたのが、暗殺されたマーティン・ルーサー・キングの墓前におけるキングの父とラビ・アルベルト・フリートランダーとの対話でした。キングの父はフリートランダーにこう言ったのです。「私はアブラハムです、ここに横たわっているのは私のイサクです」。

『ユダヤ教の本質』（一九〇五年）でレオ・ベックが記した大苦難の予告はこの点について明確に述べています。イサクは殉教者の小羊であると。すなわちイサクはその受難と殉教（暴力の被害者）においても主体（自己犠牲）であり続け、神の御名を崇め、第一の戒めを守り、心を尽くし魂を尽くし力の限り神を愛し――そしてラビたちが付け加えたように――「たとえ彼（神）が汝の生命を取られるとしても」これを行うのです。

(b) イエス・キリスト＝過越の小羊／解放の小羊

もしも旧約聖書すなわちより旧い／第一聖書の正典に従うなら、私たちは創世記22章の次に、出エジプト記における奴隷からの解放物語に、つまり過越の小羊／解放の小羊／免除の小羊（出エジプト11―15章）の伝承と出会います。この過越の小羊はここで非常に深く奴隷状態からの解放と関わっています。奴隷たちがエジプトから解放されたのは、免除の小羊の血が戸口の側柱に塗られたからです。その血は奴隷状態から解放された人々の救済と保護のしるしなのです。

ヨハネ福音書はこの過越の伝承を受け取り、共観福音書史家たちよりももっと強くこれを際立たせました。その結果、共観福音書史家たちと違って、イエスは三度、エルサレムの過越祭にやって来ます。過越の小羊がエルサレムの神殿で屠られるその時に、イエスは十字架につけられます（ヨハネ18・28）。つまりイエスは真の過越の小羊だと主張しているわけです（ヨハネ1・29）。イエスは十字架上で骨を折られてはいません。過越の小羊も骨を折られてはならないからです（ヨハネ19・33）。イエスの墓が空《から》で発見され、復活された方が男女の弟子たちに現われたその日が過越の三日目です。イエスの復活は、過越の週のうちに起こります（ヨハネ20章）。そうしてヨハネ福音書によればイエスは、ユダヤ教の過越の夜の古い言葉「今晩私たちは救済された／解放された、今晩私たちは救済される／解放される」という言葉との関連で理解される、確実な解放の／赦しの／そして復活の小羊なのです。

中世の画家たちが神の小羊を復活の勝利の旗と共に描いた時、キリスト教の伝承はこのことを知っていました。私は、ベンツ（東フォアポンメルン、ウーゼドム島）の教会に飾られている復活の解放の小羊／勝利の小羊の絵をありありと思い浮かべます。その羊は、死の上に立って、腐敗と破壊のいっさいの権力の上に立って、勝利の旗を振っています。さらによく眺めると、その羊は傷を負っています。しかしそれは画家が描いた傷ではありません。たしかに中世の時代には、小羊の傷から主の晩餐の杯の中に血が流れこむ絵がよく描かれました。しかしこの傷はそうではなく、ヒトラーの兵士がこの絵の掛けられた教会の窓を銃で撃ってつけた傷です。というのも、その教会では一人の告白教会の牧師が説教していたからです。彼は教会員と一緒に言葉と行為によってナチのイデオロギーに抵抗しました。まもなくその牧師は招集され、他の多くの告白教会の牧師たちと共に、ヒトラーの参謀らによってあえて最も熾烈な前線へと送られたのです。やがて彼は戦死しました。

この物語は、この羊が腐敗と破壊に満ちた権力に勝利したこと、しかし同時に、自ら傷ついた解放の羊であることを具体的に説明しています。

（c）イエス・キリスト＝神の僕の小羊／罪責の小羊

洗礼者ヨハネの証しによれば、メシア・イエスは、最終的に世の全体責任を担い去る、また代理して担う、罪責の小羊です。イザヤ書53章の神の僕は、不当に訴えられ、その後処刑されました。彼は犯罪者のもとに自分の墓を見出しました。私たちは、彼が神によって打たれ、神によって虐殺されたのだと思っていました（イザヤ53・3）。しかし彼は私たちの罪のゆえに死を遂げたのです（イザヤ53・6）。そこでヨセフ物語の中で計り知れぬほど深く言及されているように、神は人間の悪を善に変えられました。「あなたがたは私に悪をたくらみましたが、神はそれを善に変えました」（創世記50・20）。全体（で担うべき）責任（Gesamtschuld）は、聖書において、共同（集団）で担う責任（Kollektivschuld）ではありません。なぜなら共同責任は絶えず「不可避な運命」のままですが、全体責任はそうではないからです。しかしまた全体責任は、個人責任以上のものです。全体責任は、若い世代が父や母の過去の罪の歴史に対する責任を引き受けようとしないところにも生じます。私は、過去の罪の歴史を個人の生活においても、また一国民の社会生活全体においても承認することを拒絶するあらゆる形式を視野に入れてこのことを述べています。私は特に、エルサレムのダヴィッド・フルッサーが私に注目するよう促してくれたマタイ23・30以下のイエスの言葉を皆さんにお示ししたいと思います。そこではイエスは、次世代の人々にも、過去の父母たちの罪の歴史の責任を負わせ、彼らをも罪責の中に置いています。イエスは言います。「あなたがたは言う、もし自分たちが父や母たちの時代に生きていたら預言者たちの殺害に加担しなかっただろうと。しかしそう語ることによって、あなたがたは自らの意に反して、預言者たちを殺害した息子や娘たちであることを自ら証明している」。このことは、過去の罪の歴史、すなわち自分の教会と国民が犯した罪の歴史から距離をおき、父や母たちの罪の歴史を、個人としても社会全体としても政治的に引き受けようとしない者は、新たに罪を犯している、ということを意味します。このことを視野に入れて、ジャーナリストのラルフ・ジョルダーノは『第二の罪』という本を書いたのです。

罪責の小羊、神の僕の小羊であるイエスは、私たちの病を負い、彼は代理で自分の民の罪だけでなく、世界全体の罪を担います。彼がその罪を担うから、私たちは自由であり得るのです。彼がその罪を担うから、私たちはすべての病人、あらゆる個々の罪も、全体責任でさえ、彼のもとに持ってくることができるのです。これは、あなたと私、そして私たちが生きて関わっている現実と何の関係ももたない空しい理論でしょうか？

特にディートリヒ・ボンヘッファーは、世の全体責任を担う神の小羊による代理の現実を、一年また一年と明らかに認識していくようになりました。一九四〇年一〇月、西部戦線でヒトラーの勝利が最高潮のときに、彼は代理についてこう書いています。「神の愛は、現実から離れて世に背を向ける魂へと引きこもるのではなく、最も激しく世の現実を経験して苦しむ。この人を見《エッケ・ホ》よ《モ》」。

一年半後の一九四二年には、ボンヘッファーは「倫理」の章の中でこう書いています。その時すでに彼は政治的抵抗運動に向かっていました。「イエスが私たちのために代理として生きてくださったのだから、すべての命は彼によって代理へと規定されている」。さらにその二年後、ヒトラー暗殺計画が失敗する四日前、一九四四年七月一六日にボンヘッファーは書いています。「問題は方向転換だ。つまり、最初に自分の問題や困り事や心配事を考えるのではなく、イエス・

キリストの道に、つまりイザヤ書53章がいまや成就されるというメシアの出来事の中に、巻き込まれるのだ」と。

またカール・インマー牧師が一九三七年秋に逮捕され、ベルリンのゲシュタポ拘置所に連行され、そこで二度の尋問のあと卒中発作に見舞われたとき、イザヤ書53章の言葉が牧師の眼前にありました。彼つまりイエスは犯罪者の一人に数えられた、と。――国家が神の真理の証人を犯罪者とみなす時代は、当時カール・インマーが述べたように、厳しく困難な時でした。

告白教会の時代も今日も、キリスト者であるとは、キリストに従うことを意味します。しかし、キリストに従うとは、代理の生を生き、代理の生を苦しむということなのです。なぜなら、すべての人間の生は、洗礼を受けて十字架につけられたキリストによって、本質的に代理の生へと規定されているからです。そう、それどころかキリストに従うとは、罪責を引き受けるということ、十字架につけられた方に従うことによって罪責を引き受けるということです。つまり、私自身が行わなかった罪の歴史を引き受けるということでもあるのです！　私自身は実行犯に属していなかったがゆえに法的には拘束され得ないけれども、しかし、わが国民の全体責任から自分を解き放つことができないゆえに、その全体責任を引き受けるということです。過ぎ去ろうとしない過去を嘆くな！　むしろ引き受けられることを願う過去を知れ！　相手にも責任があるのだからお互い様といって済ませるな！　「ヒトラーはスターリンへの応答だ」とか、「アウシュヴィッツは収容所群島への反応だ」とか、「反ユダヤ主義は当時としては仕方ない共産主義恐怖だった」と言って正当化する、などなど。そうではなく、責任と損害を引き受けよ、キリストは全体責任を代理して担う神の小羊なのだから。

以上すべてを私たちは簡単な一文に要約できます。キリスト者であるとは、十字架につけられた方に応答するということ、また――今日世界のさまざまな地域で実証されているように――犯罪者の一人に数えられるかもしれないということです。キリストの教会とは、キリストに従うことにおいて自分自身の歴史の苦難と責任を共に引き受けることです。彼のようにではなく、彼と共にこの責任を担うことを意味します。見よ、これが世の全体責任を代理して担う神の小羊。それゆえすべての生は、キリストに従うことにおいて代理の生へと規定されているのです。

さて最後に、教会においても、神学においても、キリスト者である私たちがしばしば忘れてきた決定的重要事項があります。すなわち、私たちは十字架を背広から切り離しました。赦しを解放から切り離しました。私たちは洗礼者ヨハネの証しにせいぜい一歩しか近づかず、まったく従いませんでした。ここに教会の根本的な罪を見ることができます。

キリストによる代理は解放の始まりです。赦しは、自分だけで享受することを願わない賜物であり、解放への途上にある賜物です。エジプトから脱出する際の過越の小羊、免除の小羊と同じように、キリストは世の全体責任を担う解放の復活の小羊であり、この小羊によって私たちが、世界が、罪の奴隷から、権利を剥奪された奴隷から、解放されうるのです。キリスト者であるとは、この第三の意味においてとても単純な、しかしとても重要なことを意味します。つまり、キリスト者であるとは、神の復活の小羊であるイエス・キリストのこの解放の歴史に応答することであり、その歴史に参与することなのです。

ヨハネの証しは、左のように、私たちにとって明白な指針です。

1. これがヨハネの証しである。
2. この方が世の全体責任を担う。
3. この方が神の復活の小羊である。

それゆえキリスト者であるとは全く単純に、ヨハネに応答すること、十字架につけられたキリストに応答すること、ここに成就される神の解放の歴史の中に身を置くこと、を意味します。

私は最初に、隠れたメシアを探すラビの物語をお話ししました。説教を終えるにあたり、もういちどこの物語を皆さんにお話しします。それは、私たちの歴史がどのようにして終わりに向かうのかということに関連します。

ラビ・イェホシュアは、隠れたメシアをローマの貧しい人々の中に見つけ、彼に質問しました。「いつあなたは来られるのですか？」するとメシアは答えました。「今日だ」。その後ラビ・イェホシュアはローマからエリヤの所に戻りました。エリヤはラビに尋ねました。「メシアはあなたに何と言われたのですか？」ラビ・イェホシュアは言いました。「彼は私に嘘をついて騙しました。彼は『私は今日来る』と言ったのです！　でも彼は来ませんでした」。エリヤはラビに言いました。「メシアはあなたにこう言いたかったのです。『君たちが私の声に従うときが今日だ』」。ヨハネの証しが、私たちにとって、父母たちの記憶において、確実に生き生きとしたものとなりますように、そして生きておられる神が、今日も明日もいつまでもこの証しを私たちに贈ってくださいますように。アーメン。

（岡田仁訳）

8

説教「あなたたちは神の力を知らない」

マルコによる福音書一二章一八―二七節

愛する兄弟姉妹の皆さん！

イエス・キリストは語っておられます。「アブラハムの神、イサクの神、ヤコブの神は死んだ者の神ではなく、生きている者の神なのだ。すべての人は神において生きているからである！」と。

私たちは〔教会暦で〕〈死者を覚える日曜日〉あるいは〈永遠を覚える日曜日〉を守ります。またこの日曜日を私たちは〈教会暦の最後の日曜日〉とも呼びます。過ぐる年に愛する者を失い、まだその傷が癒えていない親族の方々が、慰めを求め、亡くなった人たちを覚えるために、この日の礼拝に招かれます。

キリスト者はこの日、「主よ、生涯の日を正しく数えて〔死ぬこと〕を教えてください。知恵ある心を得ることができますように」（詩編90・12）という詩編の祈りを想起するよう促されます。キリスト者はまた「主よ、教えてください、私の終わりを、私の生涯の目的地を」（詩編39・5）と祈ったもう一人の詩編の祈り手を想起しなければなりません。

私たちは皆この日、私たちが自らに与えることができない慰めと教えを求めます。

私たちは〈死者を覚える日曜日〉と言います。かつて或る人が言いました、「亡くなった人たちの生への問いを抑圧することは、きわめて非人間的なことである。亡くなった人たちの権利を忘れるものは、自分の子どもたちの生に対しても無関心となる」（モルトマン）と。

しかし何となく私たちはこの〈死者を覚える日曜日〉という言葉に良い感じがもてません。それがやはり異教的な響きを持っているからです。イエスはご自分に従おうとする者に言われます、「死んでいる者たちに、自分たちの死者を葬らせなさい。あなたは行って、神の国を言い広めなさい」（ルカ９・60）と。死を克服し給う生ける神の支配を宣べ伝えるように、と言われるのです。私たちの人生は死に向かって近付いていくのでしょうか？　死が私たちの生の終わりなのでしょうか？　もしそうでないのなら、すなわち私たちが洗礼によって死を私たちの背後にし、ただ私たちの前に生のみを持っている（ルター）のだとしたら、私たちはキリスト者としていったい〈死者を覚える日曜日〉と語ることは許されるでしょうか？

それゆえに、私たちは最近は〈永遠を覚える日曜日〉と言うほうが多くなっています。死者たちは永遠の中にいるのであり、この時間の世界から永遠の世界に移っているのだ、と私たちは言います。しかし、時間から永遠の中へ、形而上学的な超越の中に移ること、これはどちらかと言えばむしろ一つの哲学的な観念です。不死の魂が肉体を離れて神の永遠の中に移っていく。しかしこのことによって私たちは結局は私たち自身をあてにしているのであり、死の後にも生き残る私たちの中にある何か神的なものをあてにしているのです。永遠が時間の上に覆いかぶさる。そして私たちはこう考えるのです。一人の人間が死ぬと、その人はただちに直接に神の永遠と出会うのだ、と。或る人は、死とともにそして死において私たちは神の永遠と出会い、あらゆる時間と同時的である神の永遠の流れの中に飛び込むのだ、と言いました（G・ローフィンク、これはカトリックの立場です）。しかし、聖書は別の言い方をしています。聖書にとって神の永遠は神の無時間性ではなくて、時の充満です。そのようにパウロはガラテヤの信徒への手紙において語っています。「しかし、時が満ちると、神はその御子をお遣わしになりました」（ガラテヤ4・4）と。

おそらくそれゆえに今日私たちは〈死者を覚える日曜日〉あるいは〈永遠を覚える日曜日〉とは言わないで、〈教会暦の最後の日曜日〉と言うようになっているのです。このことはあることを暗示しています。教会暦の最後の日曜日はたしかに教会暦を締めくくります。しかし、この日曜日は多くの人たちが考えているような〔その一週前の戦死者を記念する日曜日〕全国民哀悼の日の延長なのではありません。むしろこの最後の日曜日は前方を、待降節第一主日を指し示し、神の到来を指し示しているのです。

〈死者を覚える日曜日〉――これはあまりにも異教的です、そして私たちを過去に戻るように指示します！

〈永遠を覚える日曜日〉――これはあまりにも哲学的です、そして私たちをただ上のほうに無時間的な彼岸へと向かわせます！

〈待降節第一主日前の最後の日曜日〉――これこそキリスト教的です、そして私たちと私たちの過去と私たちの彼岸を前方へ、待降節（アドヴェント）へ、将来へ、来るべき世の生命（ニカイア・コンスタンティノポリス信条）へ、時の充満へ、神の到来へと向かわせます。

まさにこのことを今日の聖書箇所は語っているのです。「主（ＪＨＷＨ）は死んだ者の神ではなく、生きている者の神なのだ。すべての人は主において、アブラハムの神、イサクの神、ヤコブの神において生きているからである！」

私たちが一般に懐疑論者あるいはいわゆるリアリストと呼んでいるサドカイ派の人々とのイエスの論争の物語は、〈死者を覚える日曜日〉とか〈永遠を覚える日曜日〉とか〈待降節前の最後の日曜日〉とかいう、私たちの言い方すべてを知っているように思われます。なぜならイエスは彼の答えの中でこれらすべての可能性を順々に吟味しておられるからです。イエスは四つの答えを与えておられます。

1

イエスの第一の答えはこうです。「あなたたちは大変な思い違いをしている！」〈死者を覚える日曜日〉、サドカイ派の人々は主張します――「死者の復活はない、ただ死者の記憶、死者の記念があるだけだ」と。

サドカイ派の人々はモーセ五書に限定しています。そこでは周知のように復活について言及されることはなく、すべてはモーセの決別の言葉で終わっており、また――私たちの聖書がこう訳すのはきわめて問題なのですが――「モーセの死」(申命記34章)で終わっています。

サドカイ派の人々はまず、死が七重にも襲いかかった或る家族の、心を揺り動かす出来事を物語ります。結婚した七人の兄弟は順々に死に、子どものいない一人の寡婦を後に残しました。七重の打撃による死、病気、飢餓、感染症、事故、戦争、殺害、自死。七つの死因。そしてサドカイ派の人々は、死者をどのように記憶すべきかを語ります。「モーセは私たちのために書いています。『ある人の兄が死に、妻を後に残して子がない場合、その弟は兄嫁と結婚して、兄の跡継ぎをもうけねばならない』と」。これは共同体の正義の物語です。サドカイ派の人々は共同体の正義にかなった死者の記念を支持しています。すべての人は共同体に属し、相互に助け合い、相互に責任を負いあうのです。死んだ兄のために跡継ぎをもうけることをモーセは命じている、とサドカイ派の人々は正当にも語ります。そしてイエスはモーセのこの誡めを非常に真剣に受けとめられます。なぜならイエスご自身、この共同体の正義がなかったならば生まれておられなかったからです。創世記38章によれば、タマルは強引にユダによって子どもを授かり、ペレズを産みます。しかしタマルとペレツはイエスの系図に連なっています(マタイ1・3)。ルツ記によれば、異邦人の女性で寡婦のルツはボアズによって子どもを授かり、オベドを産みます。それがエッサイの父であり、エッサイはダビデの父です。それゆえにルツもオベドもイエスの系図の中に出てくるのです。

このようにサドカイ派の人々は、その夫であった死んだ兄とその寡婦に跡継ぎをもうけることによって、死者を記念するのです。このようなことは今日においてもまだタンザニアでは行なわれています。そのようにして死者たちは子どもたちの中に生き続けるのです。人はそのようにして生きている者たちと死者たちとの交わりの中で生きるのです。“The living dead”「生きている死者」、亡くなった人たちはタンザニアやアフリカではそう呼ばれています。

しかし、このような例でもって、サドカイ派の人々は同時にイエスを試そうとしているのです。23節でこう言っています。「彼らが復活するとしたら、その女は誰の妻になるのでしょうか。七人ともその女を妻にしたのです」。イエスはまずこう言われます。「あなたたちは大変な思い違いをしている」と。これがイエスの第一の答えです。

死者たちを記念する？　私たちだけが死者を記念するのでしょうか？　イスラエルの神、主こそがまず第一に死者を覚え給うのではないでしょうか？　そしてもし神こそがまず第一に死者を覚え給うのならば、死者は死んだままなのでしょうか？

2

イエスの第二の答えはこうです。「（彼らは）天において神の天使たちのようになるのだ」。イエスはサドカイ派の人々に答えられます。「死者の中から復活するときには、（死んだ兄の弟がそうする必要があったように）めとることも、また（夫が死んだ場合に跡継ぎのない寡婦にとってそうする必要があったように）再び嫁ぐこともなく、天において天使たちのようになるのだ！」〈永遠を覚える日曜日〉、イエスは言われます――天使たちは神の天的な世界に生きていて、神の周辺を形づくり、いわば神の廷臣たちとなっており、死というものが存在しない天の世界に生きているのだ、と。モーセ律法はいまだ救われていない世界にとってのみ妥当します。神の新しい世界においては、七人の兄弟が順々にめとり、子どものいない寡婦が七回も嫁ぐ必要性はもはや起こらないでありましょう。天使たちはすでに神の世界に生きています、死というものはなく、彼らは神の天的な世界に生きているのです。

イエスの答えは残念ながらしばしば間違って理解されています。イエスは、私たちが天使になるのだ、とは言っておられません。そうではなく、私たちは天使のようになるのだ、と言われるのです。つまり、私たちはもはや災いに襲われることなく、死や苦しみや滅びに脅かされることはなくなるだろう、と言われるのです。

イエスの答えはまたしばしば一面的に理解されます。私は説教の前に二人の人に尋ねてみました。彼らはサドカイ派の人々に対するイエスの答えの中から、イエスが「彼らは天において天使のようになるのだ」と答えられたことしか覚えていませんでした。しかし、イエスはそれ以上のことを語っておられるのです。そのように私たちはイエスの答えを分離してしまい、それを彼岸の日曜日あるいは永遠の日曜日にしてしまったのです。「天において天使たちのように」というのは、しかし、イエスの半分の答えに過ぎません。私たちはそれをイエスの答え全体から切り離してはならないのです。

亡くなった人たちはどこにいるのでしょうか？　イエスは答えられます――亡くなった人たちは、天使たちが神のみもとにあって、死に見舞われることなく、神に仕えている、あの神の天的な世界にいるのだ、と。神の天使たちの世界が存在するのです。ルターの夕べの祝福は祈りとしてそのことを私たちに卓越した仕方で教えてくれます。「（神よ）、あなたの聖なる天使が私たちと共にあってくださいますように、そして悪しき敵が私たちの上に力を振るうことがありませんように！」　またユダヤ教の子どもの祈りもあります。「サタンが私を飲み込もうとするとき、『この子に触れてはならない』と天使たちに歌わせてください！」

私たちも主の祈りにおいて天の世界について祈ります。「天にましますわれらの父よ！」と。そして第三祈願において私たちは祈ります。「あなたのトーラー〔律法〕の意志（Tora-Wille）が天におけるごとく、地にも行なわれんことを！」と。イエスご自身、神の天的な世界について語っておられます。「わたしの父の家には住む所がたくさんある」（ヨハネ14・2）。私たちはそのことを巫術師（シャーマン）によってはじめて語られる必要はありません。パウロも、殉教者たちのパラダイスである「第三の天にまで引き上げられた」（Ⅱコリ12・1以下）ことがあると語っています。

私たちが安易に懐疑論者また当時のいわゆるリアリストと呼んでいるサドカイ派の人々は、天使論をも認めないのです。イエスの語られたことは、それゆえ、ここまででは彼らを納得させることはできないのです。

しかしいったいなぜサドカイ派の人々は本来的に決定的に思い違いをしているのでしょうか？

3

イエスの第三の答えはこうです。「あなたたちはあなたたちの『聖書』を知らない」。

このことによってイエスは、サドカイ派の人々自身が有効な土台と見なしているもの、すなわちモーセ五書について、彼らに尋ねておられるのです。そこではモーセ第二書（出エジプト記）に、イスラエルの神、主（ＪＨＷＨ）が「わたしはアブラハムの神、イサクの神、ヤコブの神である」とモーセに語りかける、「（燃える）柴」の物語が記されています。神はモーセに「わたしは当時アブラハムの神であったが、今はあなたの神、すなわちモーセの神である」と語り給うのではなく、「わたしはアブラハムの神である」と語り給うのです。今日、今、わたしは、アブラハムの神、イサクの神、ヤコブの神として、あなたの神なのである。モーセの神という呼び方は旧約聖書のどこにも出てきません。そうではなくて、アブラハム・イサク・ヤコブの神として、神はまたモーセの神でもあるのです。

なぜイエスは「アブラハムの神、イサクの神、ヤコブの神」と三回繰り返されるのでしょうか？　この三回の繰り返しはヘブライ語の聖書全体の中で一度だけ、すなわち「柴」の物語の中に出てきます。「柴」の物語で、神は、この「アブラハムの神、イサクの神、ヤコブの神」を釈義することによって、ご自身をモーセに説明し給うのです。「わたしは、エジプトにいるわたしの民の苦しみをつぶさに見、追い使う者のゆえに叫ぶ彼らの叫びを聞き、その痛みを知った。それゆえ、わたしは降って行き、エジプト人の手から彼らを救い出す」（出エジプト３・７―８）。

アブラハムの神、イサクの神、ヤコブの神――この神は関係の中に生き、生き生きとして存在し、生き生きとして行為し給うお方であり、特定の人間たちの名前でもってご自身を呼び、それらの名前とご自身を強固に結びつけ給うお方です。この神は共に歩み給う神であり、アブラハムとサラと共に歩み給う神です。エジプト脱出のときイスラエルと共にいまし給う神は、解放の神です。このことは旧約聖書のここにおいてだけ出てきます。

イエスはサドカイ派の人々に答えて言われます。「あなたたちはあなたたち自身の聖書を知らない、あなたたちはあなたたちのモーセ五書を知らない。なぜなら、モーセ五書はそのことを語っているからである」と。モーセ五書はまさに「モーセの死」でもって終わるのではなくて、アブラハムの神、イサクの神、ヤコブの神、共に移動する神について語っているのです。この神は、一人の人間にご自身を結びつけ給うたなら、この関係を決して放棄し給わないのです。アブラハムの神、イサクの神、ヤコブの神は、まさしく彼岸の神、哲学者の神ではないのです。

亡くなった人たちはアブラハムとサラのふところにいるのだ、とイエスは言われます。彼らは神の約束の担い手たちの中で庇護されているのです。彼らは、アブラハムとサラから始まり、イサクとリベカと共に継続し、ヤコブとレアとラケルの歴史においてさらに先へと進み――今日まで続いて譲り渡される、神の約束の歴史の中で庇護されているのです。

アブラハムのふところの中に――このことは私たちの賛美歌にも歌われていませんか？「ああ主よ、私の魂を最後の日には天使たちにアブラハムのふところの中へと持ち運ばせてください」（『ドイツ福音主義教会賛美歌』397番3節）。

よく知られたイエスのたとえによれば、ラザロはアブラハムの「ふところ」にいます（口語訳ルカ16・19―31）。スイスのビール湖畔のフィネルスの教会とバンベルクの大聖堂の中では、亡くなった人たちがアブラハムのふところにいる様子を描いた絵を見ることができます。そしてフィレンツェの大聖堂の中の絵には、アブラハムのふところでそれぞれさまざまな顔つきをしている亡くなった子どもたちすら描かれています。

アブラハムとサラのふところの中にいるということは、イスラエルの神の約束の歴史の中に庇護されているということなのです。この約束の歴史の中で私たちは失われることはありません。そこで私たちはむしろ、ねんごろに守られるのです。それがイエスの第三の答えです。「あなたたちはあなたたち自身の聖書を知らない。あなたたちは、神がモーセにアブラハムの神、イサクの神、ヤコブの神としてご自身を現わされることが何を意味するか、知らないのだ」。

4

イエスの第四の答えはこうです。「あなたたちは神の力を知らない！」

イエスは最後にサドカイ派の人々に答えられます。「あなたたちは大変な思い違いをしている。あなたたちは神の力、神の動力学、神の動力を知らないからだ。神は死んだ者の神ではなく、生きている者の神なのだ。つまり、神は生きている死者たち（living deads）の神なのだ。すべての人は主（ＪＨＷＨ）である神によって生きているからである！」（ルカ20・38）

その前にイエスが「あなたたちはあなたたちの聖書、モーセ五書を知らない」と言われたとすれば、今やイエスは「あなたたちは私たちが神の力を褒めたたえる私たちの共通の祈りを知らない。あなたたちは神の力を知らないのだ」と言われるのです。

というのは、イエスはユダヤ教の祈りの伝承の中に立っておられるからです。ガリラヤのカナ出身のユダヤ人であるイエスの母ミリヤムは彼女の息子に早くから祈ることを教えました。そしてイエスはユダヤ教の『十八の祈願』を日に三回祈っていたのです。イエスは今サドカイ派の人々に対するこの最後の答えでもってあの『十八の祈願』の第二祈願を示唆しているのです。この第二祈願には「神の力」という表題がつけられています。この第二祈願の祈りはこういうものです。

あなたは力に満ち、
死者たちを生き返らせ、救いに富み給う。
生きている者たちを愛のうちに保持し、
大いなる憐れみによって死者たちに命を与え給う。
倒れる者たちを支え、病める者たちを癒し、捕らわれ人たちを解放し、
塵の中に眠る者たちにご自身の信実（Treue）を働かせ給う。
主（ＪＨＷＨ）よ、力強き御業に満ちたあなたのようなお方が他にいるでしょうか！
死者たちを生き返らすほど、あなたは信実であり給う。
主よ、死者たちを生かし給うあなたは、誉むべきかな！

ユダヤ人のように祈ることを学んだ者は「亡くなった人たちはどこにいるのか」という問いに対する答えを知っている、とイエスは言われるのです。彼らは生ける神の力の中にいるのです。亡くなった者たちはどこにいるのでしょうか？　彼らはみんなアブラハムの神、イサクの神、ヤコブの神によって生きているのです！

この関係と信実の神において彼らは生きているのです。その信実は死によっても脅かされることはなく、死を通してすら続いておりまた続いていくでありましょう。

それゆえ、かつてサウルがエン・ドルの口寄せの女を訪れたように（サムエル記上28章）オカ

ルト的な交霊術師のところに行ってはなりません！　なぜなら、彼らの偽りの魔術的オカルト的な行為は、サムエルが生ける神、アブラハムの神、イサクの神、ヤコブの神にあって生きているという、真理によって存在するに過ぎないからです。

亡くなった人々はどこにいるのでしょうか？　ラテン・アメリカの基礎共同体の礼拝においては、亡くなった人々や、消された人々や、殉教者たちの名前が呼び挙げられるとき、共同体全体は「彼らはここにいる！」と叫ぶのです。

オーソドックス（正教）のキリスト者たちが礼拝と主の晩餐の儀式を守るとき、彼らは、「雲のような証人の群れ」（ヘブライ12・1）との交わりの中に、すでにキリストにあって一つとされている天の教会との交わりの中にあることを、知っています。

日本のキリスト者たちが亡くなった教会員たちの名前を刻んだ銘板を会堂に掛けるとき、彼らは亡くなった人々が自分たちの周りにいることを知っており、彼らは亡くなった人たちと生きている人たちとのキリストにある交わりの中にあることを知っているのです！　彼らは死者たちが「キリストの交わり」（カルヴァン）の中にあることを知っているのです。

私たちは四つの答えをイエスから聞きました。イエスの第一と第二の答えは〈死者を覚える日曜日〉あるいは〈永遠を覚える日曜日〉という私たちの疑わしい言い方に向けられています。イエスの第一の答えは「あなたたちは大変な思い違いをしている！」というものでした。イエスの第二の答えは「天においては神の天使たちのようになり、もはや死によって脅かされることはないのだ！」というものでした。

イエスの第三と第四の答えは、〈待降節（アドヴェント）前の教会暦最後の日曜日〉と言うほうが良いのだ、と私たちに教えようとしているのです。

イエスの第三の答えは「あなたたちは――アブラハムの神、イサクの神、ヤコブの神、人間との取り消しえない関係を保持する神について語っている――あなたたち自身の聖書を知らないのだ！」というものでした。イエスの第四の答えは「あなたたちは、『誉むべきかな主（ＪＨＷＨ）、死者たちに生命を与え、死者たちを甦らせる生ける神』と私たちが祈りにおいて日毎に褒めたたえる、神の力を知らないのだ！」というものでした。

亡くなった人たちはどこにいるのでしょうか？

彼らはアブラハムのふところにいるのです、アブラハムとサラの約束の交わりの中にいるのです、約束の父たちと母たちのもとにいるのです。

亡くなった人たちはどこにいるのでしょうか？　彼らはキリストにあって存在し、イエス・キリストの到来を待ち望む交わりの中にあるのです。なぜなら、「わたしたちの中には、だれ一人自分のために生きる人はなく、だれ一人自分のために死ぬ人もいません。わたしたちは、生きるとすれば主のために生き、死ぬとすれば主のために死ぬのです。したがって、生きるにしても、死ぬにしても、わたしたちは主のものです。」（ローマ14・7以下）

亡くなった人たちはどこにいるのでしょうか？　彼らはキリストと共にまだ道の途上にいるの

です、ご自身その将来に向かっての、「神の国と神の義」（マタイ6・33）の将来に向かっての道の途上におられるイエス・キリストの道の途上にいるのです。ですからパウロはフィリピの信徒への手紙（1・23）で、「（わたしは）この世を去って、キリストと共にいたいと切望しており」、神の新しい世界へ向かってのキリストの道の途上に共にいたい、と言っているのです。

死者たちはどこにいるのでしょうか、亡くなった人たちはどこにいるのでしょうか？　彼らはアブラハムの神、イサクの神、ヤコブの神、イエス・キリストの父なる神にあって存在しているのです。なぜなら彼らは皆この神によって生きているからです！

このようにして、異教的な匂いを持った〈死者を覚える日曜日〉は、また哲学的な彼岸信仰を持った〈永遠を覚える日曜日〉は、ついには〈待降節（アドヴェント）前の最後の日曜日〉となるのです。

私たちは、亡くなった人たちがアブラハムの神、イサクの神、ヤコブの神、イエス・キリストの父なる神にあって庇護されており、死者たちの復活の日を私たちと共に待っているのだと、信じることが許されているのです。彼らは「わたしたちを除いて、完全な状態に達し」（ヘブライ11・40）たいとは思わないのです。私たちだけが彼らを待っているのではなくて、彼らは私たちと共に待っているのです。私たちだけが彼らを待っているのではなくて、彼らは私たちのために待っているのです。彼らはそれどころか私たちのために目覚めており、私たちのことを思ってくれているのです。それが亡くなった人たちと生きている者たちとのキリストにある交わりなのです。カルヴァンはそのことを知っていたし、その宗教改革的な処女作『プシコパニキア』（『死者の魂の目覚め』）においてそのことについて書いています。「死者たちはキリストと共に目覚めており、私たちのためにキリストの交わりの中にいるのである」。

決定的なことは、イエスがマルタとの対話の中で私たちに忘れがたい仕方で約束されたことです。

マルタはイエスに言った。「主よ、もしここにいてくださいましたら、わたしの兄弟は死ななかったでしょうに。」……イエスが、「あなたの兄弟は復活する」と言われると、マルタは、「終わりの日の復活の時に復活することは存じています」と言った。イエスは言われた。「わたしは復活であり、命である。わたしを信じる者は、死んでも生きる。生きていてわたしを信じる者はだれも、決して死ぬことはない。このことを信じるか。」マルタは言った。「はい、主よ、あなたが世に来られるはずの神の子、メシアであるとわたしは信じています。」（ヨハネ11・21―27）

亡くなった人たちが神の命の中に庇護されていること、キリストにおいては死者たちの生きている者たちとの交わりが存在し、生きている者たちの死者たちとの交わりが存在すること、そしてキリストは亡くなった人々と生きている人々と共に、まだ、神の国への、「来るべき世の生命」

（ニカイア・コンスタンティノポリス信条）への途上におられること――。

この確信を、生ける神、「わたしたちの主イエス・キリストを死者の中から復活させた」（ローマ4・24）神、アブラハムの神、イサクの神、ヤコブの神、イエス・キリストの父なる神が、私たちに与えてくださるように！　アーメン！

（武田武長訳）

編者あとがき

著者のベルトールト・クラッパート（Bertold Klappert）はドイツのヴッパータール神学大学の組織神学の教授を一九七五年から定年までつとめ、定年後も乞われて現在も教授として講義を続けている。このドイツ告白教会が創設した神学大学に自覚的に留まり続けていることの中に、バルト＝ボンヘッファーの線で告白教会の伝統を現在に活かそうと努めてきたクラッパートの神学的姿勢が表われている。クラッパートは告白教会の神学を受け継ぐ第三世代に属する代表的な神学者である。

ドイツで出版されたクラッパートの主な著作としては次のようなものをあげることができる。

Diskussion um Kreuz und Auferstehung (Hrsg.), Wuppertal 1967
Die Eschatologie des Hebräerbriefs, München 1969
Die Auferweckung des Gekreuzigten. Der Ansatz der Christologie Karl Barths im Zusammenhang der Christologie der Gegenwart, Neukirchen 1971
Promissio und Bund. Gesetz und Evangelium bei Luther und Barth, Göttingen 1976

Israel und die Kirche. Erwägungen zur Israellehre Karl Barths, München 1980
Umkehr und Erneuerung. Erläuterungen zum Synodalbeschluß der Rheinischen Landessynode 1980 (Hrsg.), Neukirchen 1980
Schritte zum Frieden (Hrsg.), Wuppertal 1983
Bekennende Kirche in ökumenischer Verantwortung. Die gesellschaftliche und ökumenische Bedeutung des Darmstädter Wortes, München1988
Versöhnung und Befreiung. Versuche, Karl Barth kontextuell zu verstehen, Neukirchen 1994
Worauf wir hoffen. Das Kommen Gottes und der Weg Jesu Christi, Gütersloh 1997
Miterben der Verheißung. Beiträge zum jüdisch-christlichen Dialog, Neukirchen 2000

なお、クラッパートの六〇歳と六五歳のときの祝賀論文集が出版されている。

Hören und Lernen in der Schule des NAMENS. Festschrift für Bertold Klappert zum 60. Geburtstag, Neukirchen 1999
Momente der Begegnung. Impulse für das christlich-jüdische Gespräch. Bertold Klappert zum 65. Geburtstag, Neukirchen 2004

クラッパートの神学が日本で初めて紹介されたのは、一九九三年に邦訳出版された論文集『和解と希望――告白教会の伝統と現在における神学』（寺園喜基編、新教出版社）を通してであった。その年の秋にクラッパートは初めて来日し、天城、東京、仙台、大阪、福岡の各地で講演や説教をし、神学研修会で討論をし、日本のキリスト者と教会に出会い、日本の教会と神学に強いインパクトを与えた。その記録は『バルト＝ボンヘッファーの線で――クラッパート教授来日特集』（寺園喜基編、新教コイノーニア15）として出版されている。クラッパートはその後も一九九八年秋に第二回目の、二〇〇六年秋に第三回目の来日をし、二〇一〇年秋には第四回目の来日を果たしている。実は、二〇〇九年秋に富坂キリスト教センターはクラッパートを講師として招き合同牧師研修会を開催する予定であったが、ディートリント夫人の突然の難しい心臓手術のために来日が急遽中止となり、来日は一年延期となった。そのような事情から、二〇一〇年秋のクラッパート招聘実行委員会を構成したのは、富坂キリスト教センターと日本バルト協会と日本ボンヘッファー研究会の三団体であった。二〇一〇年九月に箱根で行なわれた日本バルト協会・日本ボンヘッファー研究会共催の〈クラッパートを囲む神学研修会〉の折に、富坂キリスト教センター主催の合同牧師研修会などでのクラッパートの講演なども含めて、クラッパート来日講演・説教集を編集するようにと、富坂キリスト教センター運営委員長でもあった私に依頼があった。しかし編者の健康上の事情で編集作業が遅延したことを心からお詫び申し上げたい。

本書は、日本におけるクラッパートの六編の講演と二編の説教を編者が選び、日本バルト協会と日本ボンヘッファー研究会と富坂キリスト教センターの関係者が翻訳を分担して出来上がったものである。翻訳者には心からお礼を申し上げる。なお、訳語などにおいて不統一があることについてはどうか御寛恕いただきたい。それぞれの講演と説教について簡単に説明をしておきたい。

序文「日本の読者へ」は本書のために著者が書き送ってくれたものである。翻訳は編者の武田武長が行なった。

第一講演「ソクラテスの死とキリストの死」は、二〇〇六年九月に第三回目の来日のときに箱根でのバルト協会・ボンヘッファー研究会共同神学研修会で行なわれたものであるが、その後西南学院大学神学部の講演会でも行われたものである。原題は次の通り。"Sokrates überwand das Sterben, Christus überwand den Tod." 翻訳者はそのとき通訳を担当した天野有（西南学院大学教授）である。

第二講演「カルヴァン神学のアクチュアリティー——死後もキリストの交わりの中で『霊ー魂』が目覚めていること」は、二〇〇九年秋に予定されていたクラッパート来日が不可能になり、翌二〇一〇年九月に第四回目の来日がかなったときに、西南学院大学であらためて行なわれたものである。原題は次の通り。"Die Aktualität der Theologie Calvins – Die Wachsamkeit der 'Geist-Seele' in der Christusgemeinschaft..." 翻訳者は同じくそのときの通訳者天野有である。

第三講演「カルヴァンと旧約聖書——今日の我々にとってのカルヴァン神学の意味」は、二〇〇九年九月に予定されていた来日が中止となったが、カルヴァン生誕五〇〇年記念の特別講義として日本キリスト教会神学校が予定通り九月四日に柏木教会で実施し、通訳者による講演原稿の代読という形で行なわれたものである。原題は次の通り。"Die Aktualität der Theologie Calvins — Calvin und das Alte Testament (Institutio II 10, 1-23)." 翻訳者はそのときの通訳者武田武長である。

第四講演「イスラエルの神の『御名』の解釈としての三位一体論」は、二〇〇六年秋第三回来日の際に箱根でのバルト協会・ボンヘッファー研究会共同神学研修会でなされ、九月一二日に西南学院大学でも行なわれたものである。原題は次の通り。"Die Trinitätslehre als Auslegung des NAMENS des Gottes Israels – Die Bedeutung des Alten Testaments und des Judentums für die Trinitätslehre." 翻訳者はそのときの通訳者片山寛（西南学院大学教授）である。

第五講演「アブラハムは一つにし、かつ区別する——ユダヤ教・キリスト教・イスラームの三者間対話の基礎づけと展望」は、二〇一〇年秋第四回来日のとき、富坂キリスト教センターの山上国際学寮主催の市民公開文化講演会で九月一六日に行なわれたものである。原題は次の通り。"Abraham eint und unterscheidet – Begründungen und Perspektiven eines nötigen Trialogs zwischen Juden, Christen und Muslimen." 翻訳者はそのときの通訳者相賀昇（日本基督教団田園都築教会牧師）である。

第六講演「イエスが受けたメシア的霊の洗礼」は、二〇一〇年九月六—九日に三鷹で開催された富坂キリスト教センター主催の合同牧師研修会のために用意されたものの全体である。その一部（イサクの縛り伝承）は二〇一〇年九月の箱根でのバルト協会・ボンヘッファー研究会共同神学研修会でも講演された。その全体の原題は次の通り。"Die messianische Geisttaufe Jesu (Markus 1, 9-11)." 翻訳は岡田仁（牧師・富坂キリスト教センター総主事）と武田武長の共訳である。

第七編の説教「これがヨハネの証しである。『見よ、神の小羊』」は、二〇一〇年九月一二日に日本基督教団荻窪教会の主日礼拝で行われたものである。原題は次の通り。"Dies ist das Zeugnis des Johannes: Siehe – das Lamm GOTTES!" 翻訳者はそのときの通訳者岡田仁である。

第八編の説教「あなたたちは神の力を知らない」は、二〇一〇年九月五日に日本基督教団吉祥寺教会の主日礼拝で行われたものである。原題は次の通り。"Ihr kennt die Macht Gottes nicht!" 翻訳者はそのときの通訳者武田武長である。

本書が日本における今日と明日の教会と神学の形成のための一つの指針となることを祈りつつ、また今秋クラッパートが第五回目の来日を果たし、仙台で行なわれる〈クラッパートを囲む神学研修会〉が実り豊かなものになるようにと祈りつつ、本書を送り出したいと思う。最後に、本書の出版のために新教出版社の小林望社長が尽力してくださったことに心から感謝を申し上げる次第である。

二〇一六年八月一一日　佐久にて

武田武長

著者　ベルトールト・クラッパート（Bertold Klappert）
1939年、宣教師の息子としてスマトラに生まれる。ヴッパータール神学大学、ゲッティンゲン大学をへてボン大学でクレックとガイヤーの下で学位取得。1975年から2004年までヴッパータールで組織神学の教授を務めた。たびたび来日している。邦訳『和解と希望——告白教会の伝統と現在における神学』（1993年、新教出版社）。

編者　武田武長（たけだ・たけひさ）
1942年中国河南省開封市生まれ。上智大学外国語学部ドイツ語学科、東京大学文学部宗教学科卒業。マインツ、ミュンヘンの各大学を経てベルリン自由大学（神学・ユダヤ教学科）でFr.- W. マルクヴァルトのもと学位取得。2008年フェリス女学院大学教授定年退職。現在同大学名誉教授。著書『世のために存在する教会』、訳書『カール・バルト説教選集』他。

ソクラテスの死とキリストの死
日本における講演と説教

2016年9月30日　第1版第1刷発行

著　者……ベルトールト・クラッパート
編　者……武田武長

発行者……小林　望
発行所……株式会社新教出版社
〒162-0814 東京都新宿区新小川町 9-1
電話（代表）03 (3260) 6148
振替 00180-1-9991

印刷・製本……モリモト印刷株式会社

ISBN 978-4-400-32408-9 C1016　2016 ©

クラッパート
寺園喜基編
和解と希望
告白教会の伝統における状況神学の試み

「アウシュヴィッツ以後の神学」に取り組む中で示される、バルト、ボンヘッファーの線上にあるエキュメニカルな神学の現代的意味。
四六判　5340円

寺園喜基編
バルト＝ボンヘッファーの線で
クラッパート教授来日特集

93年来日時に語られた講演・説教・討議の記録。神学がすぐれて状況関連的な営みであることを示し、新しい教会の可能性を提示する。
A5判　1650円

佐藤司郎
カール・バルトの教会論
旅する神の民

バルト神学の初期から後期に至る教会論の展開と深化を追跡し、そこに内在する論理と歴史状況との照応を綿密に検討した労作。
A5判　5500円

ボンヘッファー
森野善右衛門訳
現代キリスト教倫理
増補改訂版

40年代に書き始められ逮捕直前まで綴られた倫理学草稿の集成。「形成としての倫理」「究極のものと究極以前のもの」「教会とこの世」他。
四六判　4000円

カルヴァン
渡辺信夫訳
キリスト教綱要
改訳版

プロテスタント最初の組織神学と呼ばれる必読の古典が、40年ぶりの改訳により驚くほど明快・流麗な文体で蘇る。全4篇を3分冊に。
A5判　各巻4500円

表示は本体価格です。